»So haben wir in der guten meynung helffen zůgraben den brunen des lebens darüs von allen enden der weltt geschöpfft mag werden trostlich und hailsam wyßheit vns vsserwelt vnd fürgenomen ain hoch gemain schůl vnd Vniuersitet in unser stat Tüwingen zu stifften vnd vftzurichten«

Aus dem Freiheitsbrief des württembergischen Grafen Eberhard im Bart für seine Universität Tübingen, 9. Oktober 1477

»Brunnen des Lebens« – Orte der Wissenschaft

»Brunnen des Lebens« – Orte der Wissenschaft

Ein Rundgang durch 525 Jahre Universität Tübingen

Fotos von Manfred Grohe

Herausgegeben im Auftrag
der Eberhard Karls Universität von Ulrich Köpf,
Sönke Lorenz, Anton Schindling und Wilfried Setzler

Verlag Schwäbisches Tagblatt

Impressum

© Herausgeber, Fotograf und
Verlag Schwäbisches Tagblatt Tübingen 2002
Umschlag, Vor- und Nachsatzblatt: Uli Gleis, Tübingen
Druck: Gulde Druck GmbH, Tübingen
Bindearbeiten: Verlagsbuchbinderei Dieringer, Gerlingen
Printed in Germany

ISBN 3-928011-48-0

Inhaltsverzeichnis

Vorwort des Rektors
Vorwort der Herausgeber

Sönke Lorenz   9
Von der Gründung bis zur Reformation

Stiftskirche: Chor, Gedächtnisplatte, Eberhard im Bart, Mechthild von der Pfalz, Professoren, Barbara Gonzaga, Universitätskapelle, Chorgestühl, Epitaph Kingsattler · Bursa: Aufgänge, Gedenktafel, Eingangshalle · Münzgasse: Truchseß zu Höfingen, Grabstein Plantsch · Evangelisches Stift: Kreuzgang, Bauinschrift · Szepter · Johannes Stöffler · astronomische Uhr · Reuchlins Augenspiegel

Matthias Asche und Anton Schindling   37
Von der Reformation bis zur Französischen Revolution

Stiftskirche: Herzog Ulrich, Herzog Christoph · Evangelisches Stift: Außenhof, Kapelle, Speisesaal · Hohentübingen: Schlossportal · Alte Aula · Münzgasse · Martinianum · Juristenkollegium Karzer-Leonhart Fuchs · Nonnenhaus · Botanischer Garten · Druckerei Gruppenbach · Pietro Paolo Vergerio · Collegium Illustre · Wilhelm Schickard · Johann Georg Gmelin · Jacob Andreae · Regina Bardili · Gelehrtenfamilie Osiander · Nikodemus Frischlin · Bachgasse · Silberschatz · Verleger Cotta · Herzog Carl Eugen

Ulrich Köpf und Sylvia Paletschek   75
Von der Ära Napoleon bis zum Beginn des Zweiten Kaiserreichs

Lazarettgasse · Wilhelmsstift · Friedrich List · Naturwissenschaftliche Fakultät · Johann Heinrich Ferdinand Autenrieth · Anatomisches Institut · Museum · Uhland-Denkmal · Neue Aula · Alte Botanik · Alte Chemie · Universitätskrankenhaus · Hygieneinstitut · Altes Pysiologisches Institut · Christian Ferdinand Baur · Robert von Mohl · Karl Georg von Wächter · Weilheimer Kneiple · Mörikes Kegelbahn · Rektorenkette · Schlosskirche · neues Universitätsviertel · Pfleghof · Silcherdenkmal

Hans Otto Binder und Wilfried Setzler   103
Vom Wilhelminischen Zeitalter bis zum Kriegsende 1945

„Palmenhaus" · Alter Botanischer Garten · Altes Physikalisches Institut · Carl Weizsäcker · Kanzlerhaus · Universitätsbibliothek (Bonatzbau) · Neue Aula · Haspelturm · Nervenklinik · Augenklinik · Hautklinik · Alte Kinderklinik · Alte Chirurgische Klinik, Frauenklinik · Verbindungshäuser · Adolf Schlatter · Theodor-Haering-Haus · Georg Dehio · Pankok-Haus

Wilfried Setzler   143
Vom Neuanfang 1945 bis heute

Carlo Schmid · Leibniz Kolleg · Hegelbau · Eduard Spranger · Kupferbau · Ernst Bloch · Neuphilologikum · Lothar-Meyer-Bau · Mensen · Clubhaus · Theodor Eschenburg · Institut für Politikwissenschaft · Wirtschaftswissenschaftliches Seminar · Sportinstitut · Hohentübingen · Schlossmuseum · Theologicum · Zahnklinik · Schnarrenbergklinikum · Gräberfeld X · Neue Anatomie · Morgenstelle · Neuer Botanischer Garten · Sternwarte · Sand · Max-Planck-Institute · Studentenwohnheime · „Haus der Begegnung" · Hans Rothfels · Heinrich-Fabri-Institut · Berghaus Iseler · Zeicheninstitut · Großer und kleiner Senat · Geschwister-Scholl-Platz

Autoren und Herausgeber   209

Vorwort des Rektors

Der Anlass für die Publikation dieses Bildbandes ist die 525. Wiederkehr der Gründung der Eberhard Karls Universität durch den württembergischen Grafen Eberhard im Bart. Die Universität begeht dieses Jubiläumsjahr, in dem auch Baden-Württemberg seinen 50. Geburtstag feiert, mit einem reichhaltigen Programm. Dessen Kern bildet eine festliche Woche vom 1. bis 7. Juli. Zu dieser Festwoche werden neben vielen anderen Prominenten Bundespräsident Johannes Rau und Ministerpräsident Erwin Teufel in Tübingen weilen. Das Sommerfest der Universität gehört ebenso zum Festprogramm wie Festkonzerte der Camerata vocalis, das Alumni-Wochenende vom 5. bis 7. Juli und ein Vortrag von Professorin Ingrid Gamer-Wallert zur Bedeutung der Palme in der Geschichte des Hauses Württemberg und seiner Universität.

Die Idee, zur Dokumentation der 525-jährigen Universitätsgeschichte einen Architekturbildband herauszugeben, wie es ihn noch von keiner Universitätsstadt gibt, stammt von den Herausgebern Ulrich Köpf, Sönke Lorenz, Anton Schindling und Wilfried Setzler. Sie haben dieses Buch in seiner Konzeption und in seiner Herstellung engagiert begleitet und seine rechtzeitige Fertigstellung sichergestellt. Die Erläuterungstexte wurden von den Herausgebern und über vierzig Mitarbeitern aus dem universitären Umfeld verfasst. Die perfekte und originelle Umsetzung dieser Idee erfolgte durch den Meisterfotografen Manfred Grohe, der mit diesem Band ein Stück seines universitätsbezogenen Lebenswerkes verwirklichte.

Wilfried Setzler hat die Gesamtkoordination und das mühevolle Zusammentragen der zahlreichen Bestandteile des Gesamtwerkes übernommen, zudem die großartige gestalterische Konzeption erstellt und realisiert. Martin Bernklau hat beim Korrekturlesen und beim Lektorat des Bandes mitgewirkt. Michael Seifert hat das Projekt von Seiten der Universitätsverwaltung umsichtig und zielstrebig betreut. Allen Beteiligten danke ich für ihre engagierte Beiträge zu einer Teamarbeit, deren Erfolg ins Auge springt.

Die Zusammenarbeit der Universität Tübingen mit dem Verlag Schwäbisches Tagblatt ist neben vielem anderen ein innovatorischer Bestandteil der Entstehung dieses Bandes gewesen. Dies ist immer komplikationslos und erfreulich gewesen. Die Drucklegung des Bandes wurde nur möglich durch eine Förderung der Vereinigung der Freunde der Universität Tübingen (Universitätsbund e.V.) und der Oswald Nussbaum-Stiftung.

Professor Dr. Dr. h. c. Eberhard Schaich

Vorwort der Herausgeber

Zu ihrem 525-jährigen Jubiläum legt die Eberhard Karls Universität Tübingen einen Band vor, der ein Novum in der deutschen universitätsgeschichtlichen Literatur bedeutet. In Bildern und kommentierenden Texten werden Gebäude der Universität aus sechs Jahrhunderten vorgestellt. Die Architekturformen der Bauten reichen von der Spätgotik bis zur Postmoderne. Darunter sind architektonische Meisterwerke ebenso wie nüchterne Zweckbauten. Mit den Gebäuden verbinden sich nicht nur bedeutsame Erinnerungen zur Personen- und Wissenschaftsgeschichte der Universität, sondern auch zur politischen und gesellschaftlichen Geschichte des Landes Württemberg und Deutschlands. Der Charakter eines Architekturbuches steht prononciert im Vordergrund. Ergänzend zu den Gebäuden werden allerdings auch Kunstwerke aus den reichen Sammlungen der Universität sowie Porträtbilder von bedeutenden Tübinger Gelehrten vorgestellt.

Die Fotos wurden von Manfred Grohe im Laufe des Jahres 2001 aufgenommen. Sie spiegeln also fast alle den aktuellen Zustand der Gebäude wieder. Nur ganz wenige historische Abbildungen der Bauten wurden eingefügt, wo es aus sachlichen Gründen angezeigt war. Neben den bekannten Tübinger Ansichten finden sich auch zahlreiche unbekannte Motive und überraschende Perspektiven.

Die vier Herausgeber wurden vom Rektorat und dem Senat der Universität beauftragt, den Band zusammen mit dem Fotografen zu erarbeiten. Herzlicher Dank für Hilfe und Unterstützung ist dem Rektor der Universität Tübingen Prof. Dr. Dr. h. c. Eberhard Schaich und dem Leiter des Presseamtes Michael Seifert auszusprechen.

Die kommentierenden Texte zu den Bildern wurden von einem großen Kreis von Mitarbeiterinnen und Mitarbeitern verfasst, welche unterschiedlichen Generationen angehören und unter denen ebenso emeritierte Professoren wie junge Studierende sind. Ihnen allen ist herzlich zu danken. Selbstverständlich wurde größter Wert darauf gelegt, dass die kommentierenden Texte jeweils auf der aktuellen wissenschaftlichen Forschung basieren. Auch wenn der Band keine Fußnoten und Literaturhinweise enthält, beansprucht er dennoch für sich die Qualität einer wissenschaftlichen Arbeit.

Der Titel des Bandes spielt auf eine metaphorische Formulierung des Universitätsgründers, des württembergischen Grafen Eberhard im Bart, an, der in einer Urkunde vom 9. Oktober 1477 schreibt, er habe mit seiner Stiftung einen „Brunnen des Lebens", aus dem tröstliche und heilsame Weisheit geschöpft werden könne, graben wollen. Nicht von ungefähr zieren ja auch Brunnen den zentralen Geschwister-Scholl-Platz vor der Neuen Aula. In der Formulierung „Brunnen des Lebens" fand der Stifter der Universität vor 525 Jahren ein vielschichtiges Bild für die Zweckbestimmung seiner Hohen Schule und der Wissenschaft in seiner Gegenwart und für die kommenden Generationen.

Tübingen im April 2002
Ulrich Köpf, Sönke Lorenz,
Anton Schindling, Wilfried Setzler

Von der Gründung bis zur Reformation

Das mittelalterliche Schulwesen lag in den Händen von Klerikern und war unbestritten Sache der Kirche. Und als sich in einem schrittweisen historischen Prozess seit dem 12. Jahrhundert neue Formen des Lehr- und Wissenschaftsbetriebes entwickelten, die schließlich in Paris und Bologna zu jenen Einrichtungen führten, die wir heute als Universitäten bezeichnen, geschah dies unter maßgeblicher Beteiligung des Papsttums. Fortan blieb die Kurie – bis auf wenige Ausnahmen – in den sich zumeist über einen gewissen Zeitraum hinziehenden Vorgang einer Universitätsgründung in entscheidender Weise einbezogen.

Dem trug auch der 1445 in Urach geborene und nach dem frühen Tod seines älteren Bruders Ludwig II. (1439–1457) 1459 zur Regierung gelangte Graf Eberhard im Bart Rechnung, als er sich mit einer ausführlichen und besonders auf die materiellen Gegebenheiten eingehenden Supplik nach Rom wandte und die Errichtung eines Generalstudiums in Tübingen beantragte.

Unter dem Datum vom 13. November 1476 entsprach Papst Sixtus IV. seiner Bitte und wies den Abt von Blaubeuren sowie die Pröpste von Sindelfingen und Herrenberg an, falls sich die Angaben des Grafen bestätigten, in Tübingen eine Hochschule zu installieren. Mit Urkunde vom 11. März 1477, ausgestellt in Urach vom Blaubeurer Abt Heinrich Fabri, wurde das positive Ergebnis der Prüfung festgehalten, die päpstliche Bulle der Öffentlichkeit mitgeteilt und die Gründung der Universität mit folgenden Worten verkündet: „Wir erklären mit apostolischer Autorität, dass in der Stadt Tübingen entsprechend dem apostolischen Schreiben auf ewige Zeiten ein Generalstudium mit welcher Fakultät und erlaubten Wissenschaften auch immer errichtet werden kann und soll und wir es mit derselben Autorität hiermit errichten".

Am 3. Juli erging die gedruckte Bekanntmachung der Gründung und bevorstehenden Eröffnung, am 1. Oktober begannen ankündigungsgemäß die Vorlesungen, und am 9. Oktober wurde der von der Stadt Tübingen mitbesiegelte Freiheitsbrief ausgestellt. An diesem Tag fand auch die erste Senatssitzung statt, auf der die Universitätsstatuten erlassen wurden.

An der Gründung der Hochschule hatten neben Eberhard im Bart vor allem sein Freund und Mentor Johann Vergenhans alias Nauklerus (1425–1510) und – in kaum zu überschätzender Weise – seine Mutter Mechtild von der Pfalz erheblichen Anteil. Plan und Durchführung der Universitätsgründung lassen Sorgfalt, Umsicht, Gespür für das Mögliche und Machbare, aber auch jene zielbewusste und energische Entschlossenheit erkennen, der Eberhards Wahlspruch *Attempto* Ausdruck verleiht.

Der entscheidende Schritt bei der Vorbereitung war die weitgehende Verlegung des Chorherrenstifts Sindelfingen nach Tübingen. Neben der Propstei und acht Chorherrenpfründen wechselten zwei Drittel der Einkünfte von St. Martin in Sindelfingen an die zur Stiftskirche erhobene und alsbald durch bedeutende Baumaßnahmen umgestaltete Tübinger Pfarrkirche St. Georg. Mit dieser vom Papst genehmigten Verlegung war 1476 die materielle Grundlage geschaffen worden, die in Rom als Voraussetzung für eine Universitätsgründung galt. Erst danach wandte sich Eberhard mit der Bitte um die Erlaubnis zur Universitätsgründung an den Papst. Als Begründung führte der Graf unter anderem an, ein so großes, volkreiches und fruchtbares Territorium wie das von Württemberg bedürfe dringend einer Volluniversität, wofür sich die Stadt Tübingen sowohl wegen ihrer Lage als auch wegen der Möglichkeit, viele Menschen zu beherbergen und zu verköstigen, bestens eigne.

Der Text der Bulle lässt erkennen, dass mit dem Territorium beide Teile der Grafschaft Württemberg gemeint sind, die seit 1442 in einen Uracher und einen Stuttgarter Landesteil zerfallen war. Obwohl auch Graf Ulrich V. namentlich angesprochen wurde, erscheint es doch mit Blick auf den Initiator Eberhard verständlich, wenn als Standort für die neue Hochschule nicht die Residenz Stuttgart oder eine andere württembergische Stadt in Graf Ulrichs Herrschaft Berücksichtigung fand.

Um so mehr stellt sich aber die Frage, warum die Hochschule ausgerechnet in Tübingen errichtet wurde. Die Begründung der Bulle hilft nicht weiter, sie enthält nur den üblichen Topos. Warum also hat Eberhard beispielsweise nicht Sindelfingen ausgewählt, womit die komplizierte Stiftsverlegung hätte vermieden werden können; oder sich für

Herrenberg entschieden, wo die Württemberger erst 1439 ein mit Propst und acht Chorherren ausgestattetes Stift gegründet hatten? Warum erhielt nicht die seit 1442 systematisch zur Residenz ausgebaute Stadt Urach den Zuschlag, verwaltungstechnischer Mittelpunkt von Eberhards Landesteil und verkehrsmäßig keinesfalls ungünstig gelegen? Eberhard hat sich anders entschieden und in Tübingen diese für den Ausbau so mancher spätmittelalterlichen Landesherrschaft typische Bildungsinstitution etabliert.

Die Gründe scheinen vielfältig. Zu nennen sind beispielsweise das seit dem 11. Jahrhundert gewachsene Gewicht der Stadt als Mittelpunkt der weitreichenden Herrschaft der Pfalzgrafen von Tübingen, verbunden mit wichtigen zentralörtlichen Funktionen in Wirtschafts- und Rechtsleben, ihre Stellung als größte Stadt in Eberhards Territorium, die Lage an wichtigen Verkehrswegen, besonders dem schiff- und floßbaren Neckar, die Nähe zur Herrschaft der Mutter, deren hohenbergischer Teil ein begehrtes Objekt in Eberhards Plänen war. So kann man beobachten, wie sich bald nach Eberhards Regierungsantritt 1459 das Gewicht von Tübingen bemerkbar machte und die Stadt immer mehr zum bevorzugten Aufenthaltsort des Grafen wurde.

Gegründet zu einer Zeit, da der scholastische Richtungsstreit zwischen Realisten und Nominalisten bereits seine Dynamik und Schärfe weitgehend eingebüßt hatte, konnte sich die Tübinger Hochschule von Anfang an beiden Wegen öffnen, so dass *via antiqua* und *via moderna* gleichberechtigt nebeneinander standen. Von einer anderen Seite erfuhr der Wissenschaftsbetrieb jedoch nachhaltige Impulse, die schließlich völlig neue Wege der Wissensvermittlung und der Fächereinteilung einschlagen ließen. Gemeint ist jene mit dem Namen Humanismus etikettierte Bildungsbewegung, die im Italien des 14. Jahrhunderts ihren Ausgang nahm. Ihr vorrangiges Ziel war ein besseres Latein, das sich wieder stärker an den antiken Vorbildern orientiert, und – mit einem zeitlichen Abstand – die Kenntnis des Griechischen sowie schließlich auch des Hebräischen. Es ging dabei aber auch um eine grundsätzliche Positionsveränderung von Bildung, beruhte doch das humanistische Bildungsprogramm auf dem Glauben an die menschenformende Macht der antiken Autoren. Dabei wird die Bildung als Selbstzweck und nicht mehr als Vorbereitung auf die transzendente Sinnerfüllung des irdischen Lebens verstanden; mit anderen Worten: Für den Humanismus stellte der gebildete Mensch als solcher das Bildungsziel dar.

Die Hochschulen haben unterschiedlich auf die neue Strömung reagiert. In Tübingen scheint man den Bemühungen um eine Renaissance der *humaniora* nicht mit Ablehnung begegnet zu sein. Bereits Eberhard im Bart und die meisten seiner engsten Mitarbeiter – vor allem Johannes Vergenhans – standen der neuen geistigen Strömung aufgeschlossen gegenüber.

Das zeigt die 1481 eingerichtete besoldete Stelle für „ainem der in Oratorien lyset", das heißt eine Lektur für Rhetorik. Es zeigt aber auch Eberhards Reise 1482 nach Rom, zu Sixtus IV., bei der es um eine Neuordnung der finanziellen Ausstattung der Universität ging. Begleitet von Johannes Vergenhans, Gabriel Biel (um 1418–1495) und dem frisch als „Redner" (Geheimschreiber und Dolmetscher) gewonnenen Johannes Reuchlin (1455–1522) machte Eberhard in Florenz Station. Die württembergische Reisegesellschaft nahm auch Kontakt zur Akademie auf, die unter ihrem weltberühmten Haupte Marsiglio Ficino (1433–1499) das Zentrum der neuplatonischen Bewegung bildete und wegweisend für die Entwicklung des Humanismus wurde.

Seit 1496 gewann mit der Anstellung Heinrich Bebels (1472–1518) der Tübinger Unterricht in den humanistischen Fächern Kontinuität und rasch auch Anerkennung und Nachahmung von Seiten der Scholaren. Die Entscheidung für Bebel fällt noch in die Zeit Eberhards im Bart. Die Berufung humanistischer Gelehrter zu Räten und Professoren und die Einrichtung einer Lektur für die *studia humanitatis* waren mehr als nur ein Nebenprodukt – und beileibe kein zufälliges – der Kulturpolitik Eberhards. Seiner Politik, dem Land moderne Strukturen zu geben, ihm einen vorderen Rang unter den deutschen Territorien zu verschaffen und die Wirkungsmöglichkeiten des Herrschers und sein Prestige zu erhöhen, diente auch eine moderne Kulturpolitik. In diesem politischen Rahmen waren für Eberhard die Humanisten unentbehrlich.

Aber die Artistenfakultät hat sich nicht ohne lang anhaltende Gegenwehr dem Humanismus ergeben, in Tübingen – wo seit dem Regierungsantritt von Herzog Ulrich 1503 der Druck eines an der Hochschule nur wenig interessierten Fürsten fast völlig ausblieb – stand die Scholastik durchaus nicht auf verlorenem Posten. So wäre die Auseinandersetzung mit der Artistenfakultät – besser gesagt, mit ihren maßgeblichen Repräsentanten – Bebel schlecht bekommen, wenn der Tübinger Humanismus allein auf seinen schmalen Schultern gestanden hätte. Man darf nicht die Mitglieder der

Die von Abt Heinrich Fabri veröffentlichte Bulle des Papstes Sixtus IV.
über die Gründung der Universität Tübingen vom 11. März 1477.

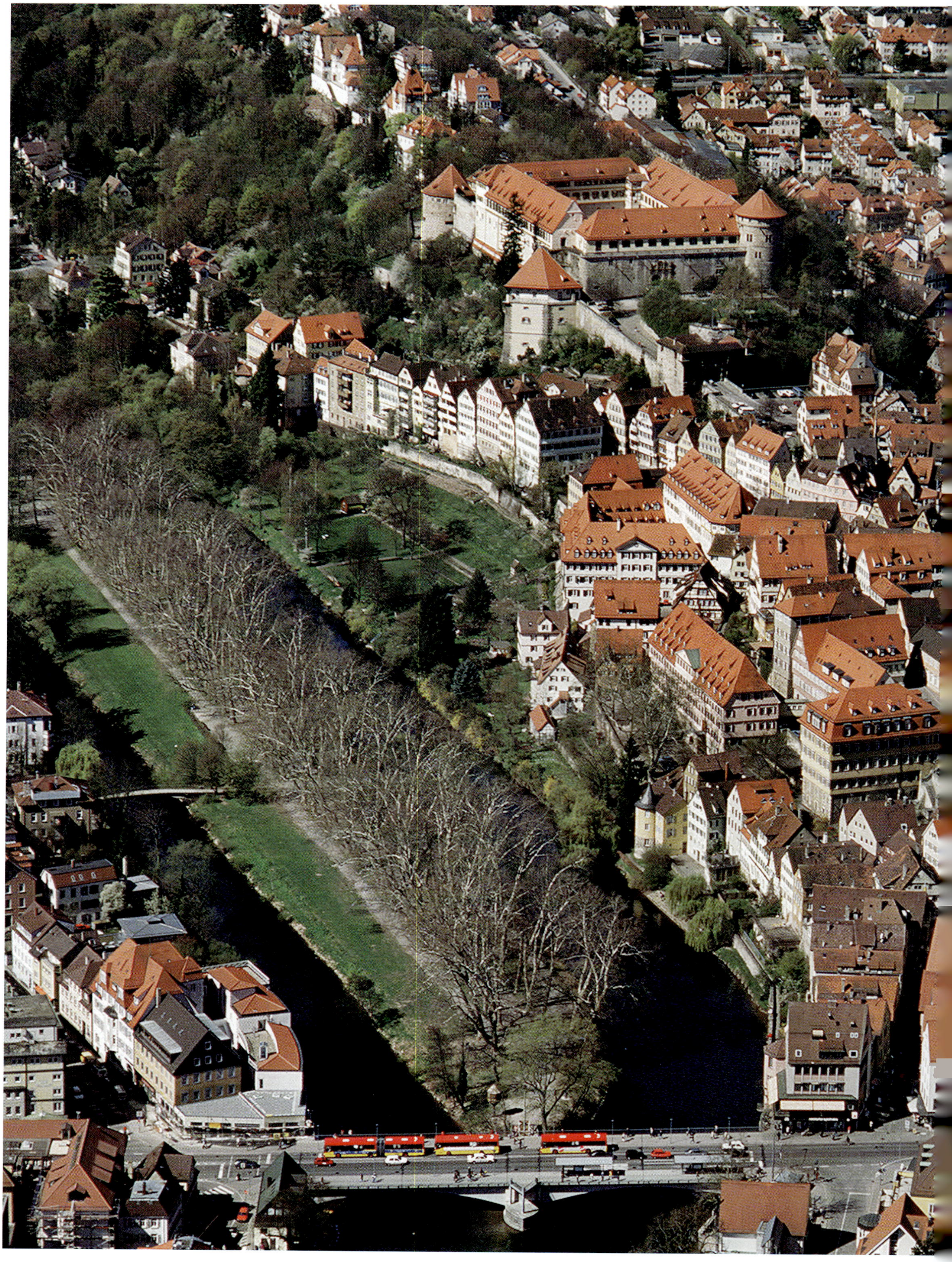

höheren Fakultäten vergessen, beispielsweise Johannes Vergenhans und den berühmten Kirchenrechtler Martin Prenninger (1450–1501), die die institutionellen, geistigen und gesellschaftlichen Bedingungen der Wirksamkeit Bebels erst schaffen halfen. Nicht zu übersehen ist ferner die humanistische Potenz bei Hofe, allen voran Johannes Reuchlin, von Wirkmächtigkeit aber auch Ludwig Vergenhans (um 1425/30–1512), Peter Jacobi (1459–1509) und andere.

Die Kräfte in der Universität und am Stuttgarter Hof, die sich schon seit längerem den *studia humanitatis* verpflichtet wussten, haben über Eberhards Tod 1496, die Absetzung seines Nachfolgers, des jüngeren Eberhard (1498), und den Regierungsantritt von Herzog Ulrich hinaus ihren Einfluss wahren können. Die aktive Rolle jedoch, die andere Landesherren bei der humanistisch geprägten Reform ihrer Hochschulen seit dem zweiten Jahrzehnt des 16. Jahrhunderts einnahmen, lässt sich in Württemberg nicht beobachten.

Der enorme Auftrieb, den die *studia humanitatis* seit 1511 in Tübingen gewannen, steht mit der Übersiedlung der bereits seit längerem mit Reuchlin, Bebel und anderen Tübinger Humanisten verbundenen Offizin des Thomas Anshelm in Zusammenhang, die in Tübingen bis zum Juli 1516 über 70 Drucke produzierte. Anshelms Wirken bedeutete eine erste Glanzzeit des Tübinger Buchdrucks. Wenn man ihn nennt, muss man aber auch seine enge Verbindung mit Johannes Reuchlin erwähnen, dem Anshelm seine eigentliche Bedeutung verdankt – ja mehr noch, ohne den Einfluss von Reuchlin ist Anshelms Wechsel nach Tübingen kaum vorstellbar.

Mit dem Drucker steht aber auch der Wechsel von Georg Simler (gestorben 1536) und Johannes Hiltebrant (1480–1514) an die Universität Tübingen in engstem Zusammenhang. Die beiden Pforzheimer Schulmeister und Humanisten, bei denen auch der Knabe Philipp Schwarzerd 1508/09 Latein und Griechisch gelernt hatte, dienten dem Drucker und Verleger – ebenso wie Reuchlin und später auch Melanchthon – als wissenschaftliche Mitarbeiter. Ohne ihre Hilfe hätte die Offizin niemals ihre große Bedeutung auch und gerade für den Humanismus gewonnen. Wenn man tiefer in das Pforzheimer Beziehungsgeflecht um Reuchlin, Anshelm und die dortige Trivialschule eindringt, dann gewinnt auch Melanchthons Wechsel 1512 von Heidelberg nach Tübingen einen ganz konkreten Hintergrund. Melanchthon kam sozusagen wieder nach Hause, zu seinem Mentor Reuchlin und den Lehrern seiner Pforzheimer Schulzeit, und über sie in einen Humanistenzirkel, der sogar über eine eigene Offizin verfügte.

Die politischen Rahmenbedingungen, die während Herzog Ulrichs Herrschaft für die Universität Tübingen von Bedeutung waren, sind wohl kaum positiv zu bewerten. Von Kulturpolitik kann bei Ulrich für die Zeit bis 1519 keine Rede sein, wird doch deutlich, dass er – ganz anders als Eberhard im Bart – kein Konzept besaß, von der Hand in den Mund lebte und letzlich ein politisches Klima schuf, das nicht ohne negative Folgen für den Tübinger Wissenschaftsbetrieb blieb. So wirft Herzog Ulrichs menschliches und politisches Fehlverhalten auch ein Licht auf Anselms Umzug nach Hagenau im Sommer 1516 und Melanchthons Wechsel nach Wittenberg im Sommer 1518. Um den herzoglichen Rat Reuchlin fürchteten seine

Grabmal des Universitätsgründers Eberhard im Bart.

Freunde, er selber blieb lange loyal, doch zuletzt wandte er Ulrich, „dem Fürsten der Räuber", in bitterem Groll den Rücken und zog im Herbst 1519 nach Ingolstadt.

Aber auch unter der Herrschaft Österreichs, dem das Herzogtum Württemberg nach Ulrichs Vertreibung überlassen wurde, kam es zu keinem Aufschwung der Studien. Zwar verstand man es weitgehend, die reformatorischen Kräfte vom Land und von der Universität fernzuhalten, aber die Probleme des Lehrplans konnten keiner Lösung zugeführt werden, von einer Neuordnung des Wissenschaftsbetriebes ganz zu schweigen. Wohl berief die Universität 1521 Reuchlin auf eine Lektur für Griechisch und Hebräisch, aber sein Tod am 30. Juni 1522 machte den schönen Hoffnungen und Plänen ein Ende.

Erst als Herzog Ulrich 1534 mit Hilfe Landgraf Philipps von Hessen tatsächlich die Rückeroberung Württembergs gelang, kam es zu einschneidenden Veränderungen, die schließlich Tübingen für geraume Zeit zur bedeutendsten Universität im evangelischen Lager werden ließen. In den schwierigen und langwierigen Prozess der von humanistischen Vorstellungen mitgeprägten Reform der Universität, die noch Jahrzehnte in Anspruch nehmen sollte, wurde auch Philipp Melanchthon eingeschaltet. Der Reformator und *Praeceptor Germaniae* weilte im September und Oktober 1536 erneut und für ein letztes Mal in Tübingen. Drei Wochen lang prüfte er die personellen und wirtschaftlichen Ressourcen und stellte die Weichen für eine erfolgreiche und an den Vorgaben des Humanismus ausgerichtete Reform der Hochschule.

Sönke Lorenz

Stiftskirche: Chor von außen

Die Bautätigkeiten an der Tübinger Pfarrkirche St. Georg setzten bereits 1470 ein, als man laut einer erhaltenen Inschrift mit den Arbeiten am Chor begann, dem für eine Stiftskirche unbedingt nötigen Kirchenraum, in dem die Chorherren ihren Gebetsverpflichtungen nachkommen konnten, dem Choroffizium. Bereits 1470 trug sich Eberhard also mit dem Plan, die Pfarrkirche rechtlich in ein Kollegiatstift umzuwandeln und den vorhandenen Kirchenbau des 13. Jahrhunderts durch einen Chor zu erweitern oder ihn durch einen Neubau zu ersetzen, wie es zwischen 1478 und 1489 tatsächlich geschah. Nur die Untergeschosse des Turms sind vom Vorgängerbau übernommen. Damit ist nicht gesagt, dass er bereits 1470 an eine Universitätsgründung oder die Verlegung des Sindelfinger Stifts dachte, aber der Plan in Tübingen ein Chorherrenstift zu errichten, spricht eindringlich für den herausgehobenen Stellenwert der Stadt in Eberhards Plänen.

Die Verglasung der Stiftskirche erfolgte durch eine Werkstattgemeinschaft Straßburger Glasmaler, unter denen Peter Hemmel von Andlau ein besonderer Künstlerrang zukommt. Das Bildprogramm wurde im Zuge der Universitätsgründung festgelegt. So stand der Stifter stets bildlich vor Augen, und zwar gleich mehrfach und mit seiner Familie (einschließlich der illegitimen Kinder Ludwig und Margarethe), wenn sich die Universität im Chorraum – der ältesten Aula unserer Hochschule – unter der selbst Goethe tief beeindruckenden farbigen Verglasung versammelte.

Die ursprüngliche Anordnung der Glasmalerein in den Fenstern der Stiftskirche ist weitgehend der Zeit zum Opfer gefallen, lediglich das zentrale Fenster im Chor, das breiter angelegte Achsenfenster, bietet noch die ursprüngliche Anordnung. Es stellt zusammen mit den beiden Fenstern links und

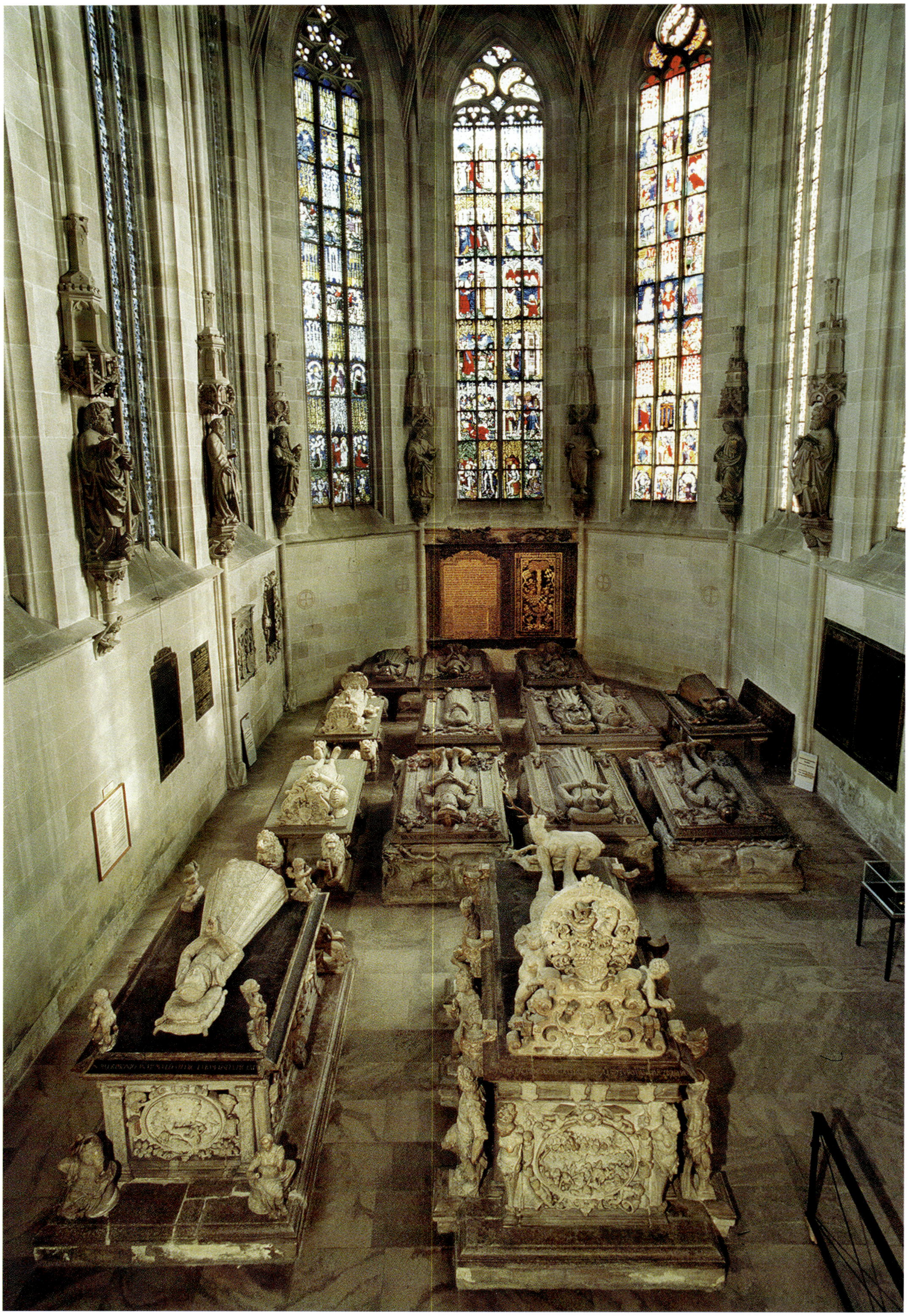

rechts daneben für seine Großeltern Eberhard IV. und Henriette von Mömpelgard und seine Eltern, Ludwig I. und Mechthild von der Pfalz, eine monumentale Ahnenprobe des Stifters dar, verbunden mit einem theologischen ikonographischen Programm.

Es folgten rechts die Fensterstiftung der Tübinger Pfarrei mit St. Georg sowie links mit St. Martin die der von Sindelfingen nach Tübingen transferierten Chorherren, das sind die ersten Tübinger Universitätsprofessoren – nach weitverbreiter Ansicht im Vordergrund der erste Rektor Johannes Vergenhans und der Kanzler Johannes Tegen. Auf der Südseite hatte Eberhard im Bart ein weiteres Fenster gestiftet, das ihn, seine Frau und seine Eltern mit Nothelfern und heiligen Patronen zeigt.

Sönke Lorenz

Stiftskirche: Chor, von der Universität gestiftete Gedächtnisplatte für Eberhard

Seinem Willen gemäß wurde Eberhard, seit 1495 in den Herzogsstand erhoben, im Stift St. Peter zum Einsiedel im Schönbuch bestattet. Dieses nur wenige Kilometer von Tübingen entfernte Stift der Brüder vom gemeinsamen Leben hatte Eberhard 1492 errichten und ausstatten lassen. Hier wurde sein in die blaue Kutte eines Bruders gehüllter Leichnam 1496 beigesetzt.

Das Grab bedeckte eine schlichte Platte. Sie ist uns nur durch eine spätere Zeichnung bekannt. Die Umschrift umrahmt das von einer mit Eberhards Devise *Attempto* versehenen Palme und dem herzoglichen Wappen gestaltete Innenfeld, das links unten noch das anscheinend nicht voll ausgeführte Wappen seiner Frau, Barbara Gonzaga von Mantua, enthält.

Auch die Universität Tübingen hat ihrem Gründer ein Epitaph gesetzt, das sich noch heute im Chor der Tübinger Stiftskirche befindet. Es ist die bekannte Tafel aus bemaltem Blei mit Kupfereinlagen. Sie zeigt ebenfalls die – hier sehr schlanke – Attempto-Palme und das mit den Helmzieren und Fahnen von Württemberg und Teck sowie dem Orden vom Goldenen Vlies geschmückte herzogliche Wappen. In der Umschrift wird Eberhard als *Fundator huius scholae* bezeichnet.

1537 wurden die Gebeine Eberhards in die Tübinger Stiftskirche überführt, wo sie noch heute ruhen, eingeschlossen von einem 1551 geschaffenen Grabmal, dessen Liegefigur ein Schriftband umgibt, das Eberhard ebenfalls als HVIVS SCHOLAE FVNDATOR tituliert.

Dass ihm das Attribut „Fundator" aber nicht bloß von den Hinterbliebenen aus Pietät oder ehrfurchtsvoller Untertänigkeit zugelegt wurde, beispielsweise auch von seinem Erzieher und Berater Johannes Vergenhans, sondern dass er sich selbst so sah, belegen gleich etliche Quellen. Hier sei nur auf das gedruckte Flugblatt vom 3. Juli 1477 verwiesen, mit dem Graf Eberhard von Württemberg die Gründung der Hochschule bekanntgab und zum Universitätsbesuch einlud. Gleich mehrfach verwendet er – bezogen auf seine Person und das Tübinger *studium* – die Ausdrücke *erigere* und *fundare*, also errichten und gründen oder – wie man auch sagt – stiften.

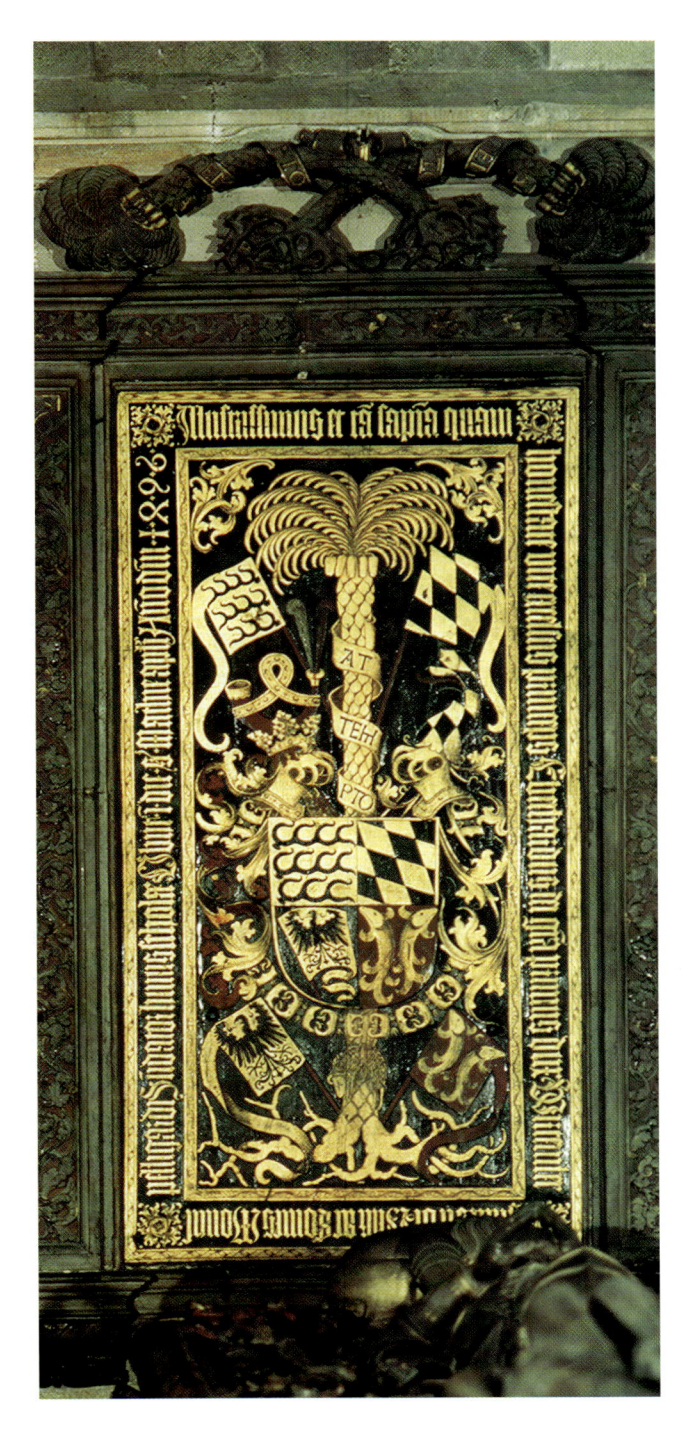

Sönke Lorenz

18

Stiftskirche: Chor, Eberhard im Bart (1445–1496)

Eberhard V. von Württemberg wurde am 11. Dezember 1445 in Urach geboren. Dem dritten Sohn aus der Ehe von Graf Ludwig I. von Württemberg und Mechthild von der Pfalz fiel nach dem frühen Tod des Vaters (1450) und des Bruders (1457) der Uracher Landesteil als Erbe zu. Nach einer eher „stürmischen" Jugendzeit unternahm er 1468 eine Pilgerfahrt ins Heilige Land. Von da an führte er neben dem württembergischen Wappen den Palmbaum und die Devise „Attempto" als Zeichen der Erinnerung und als Symbol eines persönlichen Sinneswandels.

In seiner langen Regierungszeit erreichte er die Wiedervereinigung der beiden seit 1442 geteilten Landesteile und die 1495 von Kaiser Maximilian vollzogene Erhebung Württembergs zum Herzogtum. Gestützt auf das landesherrliche Kirchenregiment gelang ihm nicht nur die erfolgreiche Universitätsgründung in Tübingen (1476/77), sondern auch eine Kloster- und Kirchenreform besonderer Prägung. Verheiratet war er seit 1474 mit Barbara Gonzaga. Aus dieser Ehe ging 1475 einzig eine noch im ersten Lebensjahr verstorbene Tochter hervor. Herzog Eberhard im Bart schied am 25. oder 26. Februar 1496 aus dem Leben. Gekleidet in die Tracht der Brüder vom gemeinsamen Leben wurde er in St. Peter zum Einsiedel bestattet. Nach der Aufhebung des Stifts überführte man 1537 den Leichnam in die Tübinger Stiftskirche.　Sönke Lorenz

Stiftskirche: Chor, Mechthild von der Pfalz (1419–1482)

In Heidelberg als Tochter von Pfalzgraf Ludwig III. und Mechthild von Savoyen geboren, war Mechthild (1419–1482) von 1436 bis 1450 mit Graf Ludwig I. von Württemberg verheiratet. Ihre zweite Ehe ging sie 1452 mit Erzherzog Albrecht VI. von Österreich ein, dem Bruder Kaiser Friedrichs III. 1467 wurde sie erneut Witwe. In den ihr verschriebenen und überlassenen Gebieten regierte sie bis zu ihrem Tod als Territorialfürstin.

Seit 1455 ist Mechthild mehr oder weniger häufig in Rottenburg anzutreffen, dem Verwaltungsmittelpunkt ihrer Herrschaft, die die Grafschaft Hohenberg umfasste sowie die Grafschaft Haigerloch, die württembergischen Ämter Böblingen und Sindelfingen, Dörfer in den Ämtern Herrenberg und Leonberg, die Orte Hirschau und Wurmlingen sowie diverse Lehen und Nutzungsrechte.

Ihr intellektueller Hintergrund wird bereits deutlich, wenn man sich in Erinnerung ruft, dass sie in Heidelberg aufwuchs, wo seit 1388 eine Universität existierte. An der Gründung der Hochschule von Freiburg im Breisgau 1456 wohl nicht mitbeteiligt, förderte sie aktiv und entscheidend die Gründung der Tübinger Universität – beispielsweise als Patronin des Stifts Sindelfingen. Überhaupt war sie ihrem Sohn eine wichtige Ratgeberin, dem sie allerdings vergeblich wichtige Teile ihres Herrschaftsbereichs zu überlassen versuchte – so die von Erzherzog Siegmund von Tirol erfolgreich behauptete Grafschaft Hohenberg.　Sönke Lorenz

alter regulierte Chorherrenstifte hinzu, die – ähnlich den Mönchen – ihr Leben nach einer strengen Regel ausrichteten, beispielsweise die Augustiner-Chorherren, denen wir nach 1477 in Sindelfingen begegnen.

Das Bild im Martinsfenster der Stiftskirche zeigt in einer dicht gedrängten Gruppe fünf jener Chorherren; es ist das einzige Beispiel dieser Art von Peter Hemmel und seiner Werkstatt. Zu sehen sind unter anderen der erste Universitätskanzler Johannes Degen (mit roter Kappe) sowie der erste Universitätsrektor und zweite Kanzler, Johannes Vergenhans, langjähriger Berater Graf Eberhards und von 1482 bis 1508 Propst an der Stiftskirche (mit violetter Kappe).   Sönke Lorenz

Stiftskirche: Chor, Barbara Gonzaga (1455–1503)

Barbara, 1455 als Tochter von Markgraf Ludovico II. von Mantua und Barbara von Brandenburg geboren, war eine gebildete Frau. Sie hatte die 1436 von Vittorino da Feltre in Mantua gegründete Schule besucht, deren Lehrprogramm vom Humanismus geprägt war. Wohl aus Prestige suchten ihre Eltern von vornherein im Reich nach einem Ehemann für ihre Tochter, nachdem schon 1463 der Erbe Federico eine Wittelsbacherin geheiratet hatte.

Für Eberhard mag ihre hochrangige Verwandtschaft nördlich der Alpen wichtig gewesen sein. Zudem hatte sie einen einflussreichen Kardinal zum Bruder, der an der Kurie vermitteln konnte, so etwa in den Auseinandersetzungen um das Konstanzer Bistum und wohl auch bei den Unternehmungen zur Gründung der Universität Tübingen. Krönung dieser guten Beziehung zur Kurie war die Überreichung der goldenen Rose durch Papst Sixtus IV. 1482.

Schon Ende der 1460er Jahre hatte es erste Kontakte bezüglich einer Heirat gegeben, doch erst 1473 trat Eberhard ernsthaft an die Gonzaga heran. Im April 1474 fand in Mantua dann die kirchliche Eheschließung Eberhards und Barbaras statt, im Juli zu Urach das prunkvolle Fest.

Ein für Barbara unüberwindbares Problem war ihre Kinderlosigkeit: Am 2. August 1475 brachte sie ihr einziges Kind zur Welt, ein Mädchen, das bereits im ersten Lebensjahr verstarb. Zehn Jahre nach ihrer Hochzeit sprach sie in einem Brief an ihre Familie von ihrem Elend und nannte sich unglücklich und verachtet.   Sönke Lorenz

Stiftskirche: Chor, Professoren

Die Stiftskirche war jener vielschichtigen Lebensform verbunden, die man gemeinhin der monastischen gegenüberstellt. Ihr Grundgedanke ging von einer der *vita communis* verpflichteten Gemeinschaft von Geistlichen aus, deren vornehmste und zugleich wesentliche Aufgabe in der feierlichen Abhaltung des Gottesdienstes bestand. Neben solchen der Welt zugewandten Gemeinschaften, als säkulare Kollegiatstifte oder weltliche Chorherrenstifte bezeichnet, traten bereits im Hochmittel-

21

Stiftskirche: Universitätskapelle, Fresko der vier Fakultäten

Die sogenannte Universitätskapelle weist sieben aufwendig ausgemalte Gewölbeabschnitte auf, fünf sind mit einem Schriftband versehen.

Der *facultas theologica* ist mit der Akelei die Blume mit dem wohl weitesten theologischen Bedeutungsfeld beigegeben, besonders verband man sie mit Christus. Die *facultas juridica* bezeichnet mit der Rose eine Blume von ebenfalls reicher theologischer Bedeutung, die vorwiegend auf Maria und ihre Liebe hinweist. Bei der *facultas medicine* wählte man lediglich einfache Blattformen, während die *facultas artium*, die noch Naturwissenschaften und Mathematik mit umfasste philosophische Fakultät, eine Distelpflanze mit Wurzeln erhielt, die auf das Leiden Jesu und die Vertreibung aus dem Paradies hindeutet. In dem von den vier Fakultätsblumen eingeschlossenen Gewölbeabschnitt ist eine weitere Pflanze abgebildet, doch kann man das Schriftband nicht mehr entziffern. Die Blume kann als Taglichtnelke oder als Vergissmeinnicht gedeutet werden. Die beiden Gewölbeabschnitte, die die Universitätskapelle vom Brautportal trennen, weisen Löwenzahn auf.

Keine der übrigen Kapellennischen ist annähernd anspruchsvoll ausgestattet worden wie die Universitätskapelle – dies spricht für ihren Rang im Tübinger öffentlichen Leben.

Sönke Lorenz

Stiftskirche: Kirchenschiff, das Chorgestühl (Professorensitze)

Mit der von Herzog Ulrich nach der Rückgewinnung des Landes 1534 umgehend eingeführten Reformation verlor die Stiftskirche ihre namengebende Funktion. Der Chor diente fortan nicht mehr dem Offizium des Kollegiatkapitels, sondern wurde zur Grablege der Dynastie. Der Herzog ließ das Chorgestühl entfernen – es fand im Kirchenschiff einen neuen Platz – und 1537 die Gebeine Eberhards hierher verlegen.

Das Grab wurde 1551 ebenso mit einem aufwendigen bronzenen Epitaph geschmückt, wie das von Herzog Ulrich, der, 1550 in Tübingen gestorben, hier seine letzte Ruhestätte fand. Im Jahr 1554 transportierte man das Doppelgrab der Eltern des Universitätsstifters, Ludwig I. und Mechthild von der Pfalz, von der Kartause Güterstein in die Stiftskirche. Während das Epitaph Mechthilds den Transport unbeschädigt überstand, zerbrach unterwegs das Grabmal Ludwigs und musste erneuert werden. Als mit dem Tod Herzog Ludwigs III. 1593 die regierende Linie des Hauses Württemberg ausstarb und mit Friedrich die in Mömpelgard/Montbéliard residierende Nebenlinie zur Herrschaft gelangte, fand letztmalig ein regierender Herzog sein Grab in Tübingen. Fortan sollte – wie schon im Mittelalter – die Stuttgarter Stiftskirche wieder als Grablege der Dynastie fungieren. Sönke Lorenz

IHESV CRISTE FILIDEI VIVI QVI SEDES AD DEXT

Stiftskirche: Empore, Epitaph Kingsattler

Johann Kingsattler genannt König wurde 1486 in Öttingen geboren und starb 1534 als Professor an der Tübinger Juristenfakultät.

Über sein Leben und vor allem seinen Werdegang unterrichtet seine Autobiographie, ein singuläres Zeugnis aus der vorreformatorischen Zeit unserer Hochschule. Es schildert die Mühsal einer von Mittellosigkeit behinderten akademischen Karriere, die ihn mit 12 Jahren eine siebenjährige Wanderschaft von Schule zu Schule beginnen ließ, bevor er 1505 in Freiburg immatrikuliert wurde. Sein unsteter Bildungsweg begann auf der Trivialschule in Öttingen, führte ihn nach Hall und, für nur einige Tage, nach Heidelberg, von wo aus er nach Heilbronn entwich, um dort unter erbärmlichen Umständen seine Schulbildung fortzuführen. Über die fränkischen Orten Weissenberg und Amberg gelangte er nach einem wiederum nur wenige Tage dauernden Zwischenspiel in Heidelberg nach Schlettstadt, wo eine berühmte, dem Humanismus verpflichtete Lateinschule bestand. Wegen des großen Zulaufs dort wich er jedoch nach Pforzheim aus und blieb, immerhin als Hilfslehrer, anderthalb Jahre. Es folgten ein Wechsel an die Artistenfakultät in Freiburg, ein dreimonatiger Aufenthalt in Offenburg als Hilfslehrer des dortigen Schulleiters, und wiederum der Wechsel nach Freiburg, wo er 1506 das Bakkalaureat erwarb. 1507 ging Kingsattler für ein Jahr in das Prämonstratenserstift Allerheiligen auf dem Schwarzwald, um dessen Scholaren zu unterrichten, kehrte aber nach Freiburg zurück, als ihm sein Vater etwas Geld brachte und ihm damit die Anschaffung der für den Erwerb des Magisteriums nötigen Bücher ermöglichte. 1509 nach Tübingen gewechselt, erwarb er hier den Grad eines Magister artium, stieg zum Konventor der Realistenburse auf und wandte sich der Rechtswissenschaft zu.

1514 heiratete er Agnes Stöffler, die mit einer reichen Mitgift von 200 Gulden versehene Tochter eines wohlhabenden Tübinger Bürgers und Verwandten der einflussreichen Familie Breuning. 1518 zum Doktor beider Rechte promoviert, erhielt er umgehend eine Professur an der Juristenfakultät. Neben dem Dekanat seiner Fakultät diente er der Hochschule zweimal als Rektor. Ein großes Votivbild in der Stiftskirche erinnert noch heute an den Gelehrten und seine Familie. Es zeigt das Ehepaar mit Kindern zu Füßen des Jüngsten Gerichts.

Sönke Lorenz

Bursa vom Neckar aus

Als erstes Zweckgebäude der Universität wurde 1479/80 zwischen Stiftskirche und Augustinereremitenkloster die Bursa errichtet. Das Bild zeigt ihre Neckarfront, davor die Stadtmauer, rechts Alte Aula und Stiftskirche.

Die Bursa, schon früh auch *Contubernium* genannt, diente den Artisten als Studentenwohnheim und Unterrichtsgebäude. Bis 1547 wohnten in ihr auch Theologiestudenten. Schon vor dem Dreißigjährigen Krieg begann der Niedergang des Gebäudes, das am Ausgang des 18. Jahrhunderts der Philosophischen Fakultät, wie die ehemalige Artistenfakultät nun hieß, zunehmend zur Last wurde.

1803 bis 1805 in klassizistischem Stil umgebaut, diente es unter Johann Heinrich Ferdinand Autenrieth als erstes Universitätsklinikum. Sein berühmtester Patient war vom 15. September 1806 bis zum 3. Mai 1807 der Dichter Friedrich Hölderlin. Nach dem Auszug der Inneren Medizin und der Chirurgie 1846 verblieben vor allem Geburtshilfe und Gynäkologie bis 1890 in der Bursa. Das erneut baufällig gewordene, immer wieder notdürftig sanierte Haus nahm seitdem die verschiedensten Institute, Seminare und außeruniversitären Gäste auf, von 1908 bis 1967 auch die Zahnklinik.

Nach vierjähriger, durchgreifender Renovierung wurde es 1972 Seminargebäude der Philosophen, Erziehungswissenschaftler und Kunsthistoriker.

Ulrich Köpf

Bursa: Aufgänge

Die beiden auseinanderstrebenden Treppenaufgänge zur Bursa erinnern daran, dass das Gebäude ursprünglich unter die beiden Lehrrichtungen (*viae*: „Wege") an der Artistenfakultät aufgeteilt war. Im Ostflügel war die *via antiqua* (die Schule der „Realisten") untergebracht, im Westflügel die *via moderna* (die Schule der „Nominalisten").
Bereits die Universitätsordnung Ferdinands I. von

1525 verwarf diese Aufteilung der Fakultät auf zwei Wege und gab den beiden Teilen des Contuberniums neue Bezeichnungen, die sich allerdings nicht durchsetzten. Im Zuge seiner Reform der Universität verfügte Herzog Ulrich in einer ersten Ordnung vom 30. Januar 1535, „das auß beiden Bursen *aine* gemacht vnd beid zueinander gebrochen werden, vnd die Philosophy darinn pur vnd luter gelert und den Jungen fürgetragen werde".

Die noch heute benutzten Aufgänge stammen aber nicht aus der Frühzeit, sondern wurden beim Umbau der Bursa 1803 bis 1805 errichtet, nachdem der ursprünglich geplante Bau von zwei Doppeltreppen vor allem aus finanziellen Gründen verworfen worden war. Ulrich Köpf

Bursa: Gedenktafel für Melanchthon

Rechts neben dem östlichen Treppenaufgang zur Bursa erinnert eine Marmortafel – laut Umschrift auf der Einfassung aus Buntsandstein „errichtet 16. Februar 1897 von Universität und Stadt Tübingen" – an das berühmteste Mitglied der Artistenfakultät vor der Reformation. Philipp Melanchthon (1497–1560) wurde nach Heidelberger Studienjahren (1509–1512) am 17. September 1512 als „Philipp Schwartzerd ex Preten" in Tübingen immatrikuliert.

Während er in Heidelberg den Grad eines Baccalaureus artium erwarb, erlangte er in Tübingen am 25. Januar 1514 die akademische Würde eines Magister artium. Als Dozent verließ er rasch die Wege des scholastischen Lehrbetriebs und widmete sich humanistischen Studien. Er las vor allem über lateinische Literatur, veröffentlichte eine Ausgabe des Terenz und eine griechische Grammatik, lernte auch gründlich Hebräisch und hörte mit wenig Begeisterung theologische Vorlesungen.

Die programmatischen Gedanken über eine Studienreform in humanistischem Sinne, die er noch in Tübingen entwickelt hatte, trug er freilich erst in seiner Wittenberger Antrittsvorlesung am 28. August 1518 vor. Ulrich Köpf

◄ Bursa: Eingangshalle

In der Eingangshalle der Bursa wurden beim letzten Umbau drei gotische Stützen aus Eiche mit geschnitzten Kapitellen freigelegt. Die mittlere Stütze hat einen gewundenen Schaft und trägt ein auf drei Seiten bearbeitetes Kapitell (Vorderseite unten). Die Westseite erhebt sich über einem leeren Wappenschild am oberen Schaftende. Sie trägt einen Palmbaum, dessen Stamm die Devise „Attempto" durchschneidet. Die Nordseite (links) enthält drei Inschriften: oben im Schriftband „1480", die Jahreszahl der Vollendung des ersten Baus; in der Mitte einen Rosenzweig mit kleiner Blüte, in den ein Schriftband verschlungen ist: „lieb haben vnd myden ist ain bitters lyden"; unten den Namen „J. rentz" (ein Johannes Rentz aus Horb ist in der Matrikel von 1477/78 verzeichnet), rechts daneben einen kleinen, stilisierten Zweig mit drei sternförmigen Blüten.

Ulrich Köpf

Münzgasse 18: Wohnhaus des Juristen Truchseß zu Höfingen

Neben den beiden Sindelfinger Chorherren Johannes Vergenhans (genannt Nauclerus) und Johannes Schelz (genannt Heckbach) erhielt Ludwig Truchseß zu Höfingen (gestorben 1518) als *doctor decretorum* eine Professur für Kirchenrecht an der neu gegründeten Universität Tübingen.

Dauer und Zeit seiner Lehrtätigkeit, die nur kurz von einer zwischenzeitlichen Anstellung als Kanzler des Pfalzgrafen von Mosbach unterbrochen wurde (1496/97), lassen sich heute nicht mehr gänzlich nachweisen. Wissenschaftliche Werke von ihm sind nicht überliefert, er genoss jedoch als praktischer Jurist großes Ansehen.

In der Tübinger Universitätsgeschichte findet sich Truchseß von Höfingen verschiedentlich wieder: So unterzeichnete er das älteste bekannte Fakultätskonsilium von 1495 als Dekan. Insbesondere ist sein Name durch eine Inschrift an seinem Wohnhaus (heute Münzgasse 18) erhalten – „Truchses 1490". Das angegebene Jahr zeugt von einem Neubau, nachdem der Vorgängerbau bei einem Brand des Nachbarhauses zerstört worden war.

Wolfgang Friedrich

Münzgasse 13: Grabstein des Theologen Martin Plantsch

Martin Plantsch, wohl um 1463 in Dornstetten geboren, hatte in Heidelberg und Tübingen studiert, wurde hier 1494 zum Dr. theol. promoviert, hielt Vorlesungen an der Theologischen Fakultät und war im Wintersemester 1489/90 Rektor der Universität. Von Oktober 1491 bis spätestens 1527 amtierte er als Pfarrer an der Stiftskirche.

Einen Namen gemacht hat sich Plantsch außer mit einer Studienstiftung mit seiner 1507 gedruckten Predigt „Opusculum de sagis maleficis", die ein maßgebendes Vorbild für die von den protestantischen Theologen Württembergs vertretene gemäßigte Position bei den Hexenverfolgungen geworden ist.

Das schlichte Grabmal dürfte sich zuerst im Augustinerkloster befunden haben, ehe es vor 1743 in die Münzgasse 13 verbracht wurde. Dort steht es jetzt in der Eingangshalle in einer geradezu schauerlichen Umgebung. Die Inschrift lautet:

„Eximius vir Martinus Plansch / sacre theologie professor stipendii pauperum S[ancto]rum Georgii et Martini coerector obiit AD 1533 die 18 Mensis Julii".

Gudrun Emberger

Evangelisches Stift: Kreuzgang

Mit der Erweiterung des Stipendiums auf 150 Plätze unter Herzog Christoph wurden bald größere Umbaumaßnahmen erforderlich. Der herzogliche Hofbaumeister Aberlin Tretsch leitete den fast völligen Neubau des Stifts in den Jahren 1557 bis 1560. Dabei wurde der Nordflügel auf insgesamt fünf Stockwerke aufgestockt, um mehr Raum für Stiftler und Personal zu schaffen.

Nach dem Dreißigjährigen Krieg waren weitere Baumaßnahmen nötig. In den Jahren 1667 bis 1670 entstand der so genannte Neue Bau: Der bisherige Südbau mit Ost- und Westflügel wurde bis auf die steinernen Grundmauern abgetragen und nach Plänen des Baumeisters Michael Wagner mit zwei Stockwerken aus Fachwerk sowie einem Dachstuhl wieder aufgebaut.

Am Nordflügel, dem Alten Bau, wurde der Anbau über dem Kreuzgang als Altane freigelegt. Die Altane war zunächst ein geschlossener Raum für die Hausdiener, später ein offener Rekreationsbereich mit Schießscheibe für die Stiftler. Ihre heutige Gestalt mit Glockengiebel erhielt die Altane 1798 im Rahmen des klassizistischen Umbaus, bei dem auch die gotischen Spitzbögen des darunter liegenden Kreuzgangs durch runde Bögen ersetzt wurden.

Ulrike Treusch

Reuchlin-Löwe 1522

Der Reuchlin-Löwe von 1522 erinnert an Johannes Reuchlin, einen der wichtigsten Vertreter des frühen Humanismus und streitbaren Kämpfer für das jüdische Schrifttum in Deutschland.

Geboren 1455 in Pforzheim, studierte Reuchlin ab 1470 in Freiburg, Paris, Basel, Orléans und Poitiers Rechtswissenschaften. Am 9. Dezember 1482 immatrikulierte er sich an der Universität Tübingen, die ihm 1485 den „Doctor legum" bestätigte. Von hier aus begann seine Karriere am württembergischen Hof unter Herzog Eberhard, der den sprachgewandten Juristen bereits 1482 auf eine Reise nach Rom mitnahm.

Als humanistischer Gelehrter, Politiker, Vertreter des Herzogs am Reichskammergericht (1501–1509) und Richter des Schwäbischen Bundes (1502–1513) nahm Reuchlin Einfluss auf die Geschicke der Universität. 1521 folgte er als Professor einem Ruf auf den neu eingerichteten Lehrstuhl für Griechisch und Hebräisch nach Tübingen. Ob er in dem Haus Bursagasse 4, an dessen Außenwand sich der Reuchlin-Löwe befindet, wirklich jemals gewohnt hat, ist nicht eindeutig nachweisbar. Johannes Reuchlin starb am 30. Juni 1522.

Christopher Schwieger

Evangelisches Stift: Bauinschrift 1513

Im Jahr 1262 stellte der Rat der Stadt Tübingen dem Orden der Augustinereremiten einen Baugrund an der Stadtmauer zur Verfügung. Der erste Klosterbau, dessen Kirche 1276 eingeweiht wurde, musste wegen Baufälligkeit Mitte des 15. Jahrhunderts abgebrochen werden. 1464 begann man mit dem Neubau.

Die noch erhaltene lateinische Inschrift am südöstlichen Strebepfeiler des ehemaligen Chors der Klosterkirche bezeugt, dass dieser zweite, spätgotische Bau „durch den Fleiß" des Baumeisters Schürer „am Vortag des St.-Laurentius-Tags", am 9. August, 1513 fertiggestellt wurde.

Dieser vierflüglige Klosterbau mit nördlich anschließender Kirche prägt noch heute den Grundriss des Gebäudes, das Herzog Ulrich nach der Reformation in Württemberg und der Klostersäkularisation 1536 als Unterkunft für die Stipendiaten seines ‚Herzoglichen Stipendiums' bestimmte. Obwohl die theologische Fakultät bereits seit 1490 im Südflügel des Klosters einen Hörsaal hatte, wohnten die ersten Stipendiaten noch in der Burse. Erst im Herbst 1547 bezogen nach kleineren Umbaumaßnahmen 41 Stiftler das nun leerstehende Klostergebäude.

Ulrike Treusch

Katharinenszepter

Die Heilige Katharina aus Alexandrien starb anfangs des vierten Jahrhunderts als Märtyrerin, weil sie fünfzig heidnische Philosophen für das Christentum gewann, die sie in einer Disputation besiegt hatte. Wie andere Artistenfakultäten, an denen die „artes", die sieben freien Künste, gelehrt wurden, wählte auch in Tübingen die Vorläuferin der Philosophischen Fakultät die gelehrte Königstochter zu ihrer Patronin.

Für das nach seinem Schmuck benannte Katharinenszepter von 1482, das der Goldschmied Michael Speidel aus Weil der Stadt fertigte, überliefert der Tübinger Griechischprofessor und Polygraph Martin Crusius (1526–1607) eine Quittung. Um 1600 vermutlich überarbeitet, besteht es aus einem 105,5 Zentimeter langen und im Schaft 1,6 Zentimeter dünnen zylindrischen Silberrohr in einem einzigen Stück. Vier verzierte Schaftringe und zwei sechseckige Knäufe gliedern das Szepter in fünf Abschnitte, deren unterster mit kordelartig gedrehtem Schaft als Griff dient.

Begleitet wird die aus akanthusartigem Laubwerk aufsteigende Heilige von ihren Attributen, also vom zerbrochenen Rad und dem Schwert, das ihr Leben endete. Anmutig in ihrem Liebreiz, trägt sie auf dem leicht zur Seite geneigten Haupt eine Krone, deren Zierat sechs Kreuzlilien bilden, und lässt die Haare in üppigen Locken bis zu den Hüften herabwallen. Umhüllt ist sie von einem tunika-ähnlichen Kleid sowie einem von zwei Perlen geschlossenen Mantel.

Volker Schäfer

Rektorenszepter

Vermutlich geht das Rektorenszepter in die Gründungszeit der Tübinger Alma Mater zurück, zumal deren erste Statuten bereits Szepter voraussetzen und eine feierliche Universitätseröffnung, wie sie am 9. Oktober 1477 in Tübingen stattfand, ohne solche Hoheitssymbole überhaupt nicht oder doch nur schwer vorstellbar ist.

Die Tradierung als Szepter der Juristischen Fakultät hält Gisela Richter, die 1964 eine Dissertation über die Tübinger Insignien verfasst hat, für falsch. Zwar zweifelt sie nicht daran, dass die Bekrönung ursprünglich den Patron der Juristen, Ivo von Chartres (1253–1303), darstellte, doch habe man dessen Heiligenattribute wohl in der Reformationszeit gegen ein Szepter ausgewechselt und damit der Figur eine andere Identität verliehen: die des Universitätsrektors allgemein.

In der Tat trägt das 104,5 Zentimeter lange und im Schaft 1,5 Zentimeter dünne Kolbenszepter Spuren einer früheren Beschädigung. Es setzt sich aus vier silbernen zylindrischen Rohren zusammen, die auf Holz aufgezogen sind und deren grobe Vernietung Schaftringe verdecken. Aus den Blattranken erhebt sich ein bartloser, langhaariger Mann in Mantel mit breitem Kragen. Ein stumpfzackiger Kronreif sitzt auf dem abgeplatteten Haupt. Die linke Hand, deren Finger verstümmelt sind, hält ein an der Spitze ebenfalls abgebrochenes Szepter, das von anderer Seite auch als Schwert gedeutet wird.

Volker Schäfer

33

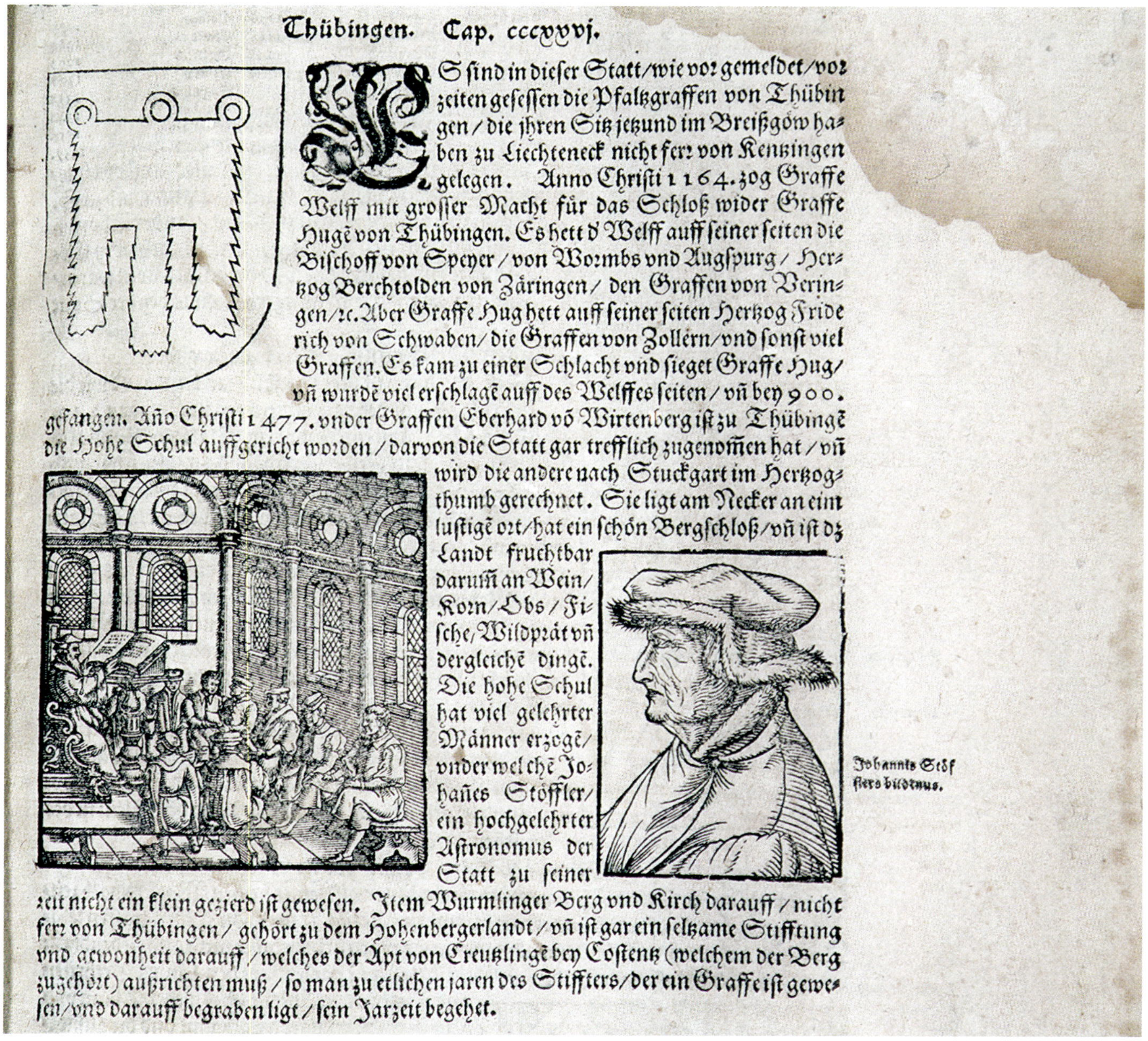

Johannes Stöffler (1452–1531)

Die Teilseite aus dem Werk von Sebastian Münster zeigt das Tübinger Stadtwappen, eine typisierte Vorlesung und den Holbein-Holzschnitt des greisen Professors Johannes Stöffler im Alter von 79 Jahren, der 1452 in Justingen oder Blaubeuren geboren wurde und wohl ein Spross der Freiherren von Stöffeln war.

Seine erste Ausbildung erhielt Stöffler wohl in der Klosterschule Blaubeuren. An der Universität Ingolstadt widmete er sich intensiv mathematischen und astronomischen Studien. Im Gründungsjahr der Universität Tübingen kam er in den Genuss einer gut dotierten Pfarrstelle in Justingen, die es ihm ermöglichte, in eigener Werkstatt den Bau von Himmelsgloben, Uhren und weiteren Gerätschaften in seine Lieblingsbeschäftigungen mit einzubeziehen.

Eine Generation später folgte er dem Ruf Herzog Ulrichs auf eine Professur in der Artistenfakultät nach Tübingen, was der hiesigen Astronomie schon im frühen 16. Jahrhundert einen respektablen Anfang beschert hat. Zu seinen Hörern und Bewunderern gehörten nicht zuletzt Sebastian Münster und Melanchthon. Friedemann Rex

Stöfflers Astronomische Uhr von 1511 am Rathaus

Die jetzt im Ziergiebel des Rathauses eingebaute Stöffler-Uhr befand sich ursprünglich und bis 1849 in einem Erker links neben der so genannten Lederbühne, der Vorgängerin der heutigen Sprechkanzel, und war insofern bis dahin viel besser ablesbar. Und da ihr Schöpfer, der gelehrte Pfarrer aus Justingen und erste Astronom an der Universität

Tübingen, als Professor zuletzt genau gegenüber wohnte (derzeit Café Pfuderer), stand das Werk ab 1522 unter bestmöglicher Aufsicht.

Im Uhrzeigersinn bewegen sich in knapp 27 1/3 Tagen der Mond(sichel)zeiger und in knapp 365 1/4 Tagen der Sonnenzeiger, wobei im äußeren Ring das zuständige Tierkreiszeichen und im innersten (rotbraunen) Ring die Zahl der lichten Tagesstunden ablesbar sind.

Gegen den Uhrzeigersinn bewegt sich in 18 Jahren 224 Tagen der Drachen(kopf)zeiger, der die sich so drehende Schnittlinie von Mond- und Erdbahnebene symbolisiert und Finsternisse anzeigt: Sonnenfinsternisse, wenn (bei Neumond = Konjunktion von Sonne und Mond) Mond, Sonne und Drachenkopf oder -schwanz über- beziehungsweise nahe beieinander stehen; Mondfinsternisse, wenn (bei Vollmond = Opposition von Sonne und Mond) allein der Mond(sichel)kopf dem Drachenkopf respektive -schwanz nahekommt.

Im oberen Kreisfeld ist die jeweilige Mondphase zu erkennen.

Friedemann Rex

Doctor Johannsen Reuchlins der K. M. als Ertzhertzogen zü Osterreich auch Chur fürsten vnd fürsten gemainen bundtrichters inn Schwaben warhafftige entschuldigung gegen vnd wider ains getaufften iuden genant Pfefferkorn vormals getruckt vßgangen vnwarhaftigs schmachbüchlin.

Augenspiegel

¶ Am end dißes büchlins findt man ain correctur etlicher wörter so inn dem truck versehen sind im teutschen vnd latin / bezaichnet durch die zal der bletter

Reuchlins Augenspiegel

Als 1511 die bereits seit längerem mit Reuchlin, Bebel und anderen Tübinger Humanisten verbundene Offizin des Thomas Anshelm von Pforzheim nach Tübingen übersiedelte, begann für den Tübinger Buchdruck eine erste Glanzzeit. Die große Bedeutung der Buchkunst nicht nur im literarischen Schaffen erschließt sich umgehend, wenn man beispielsweise an ihren Einsatz im politischen Tagesgeschäft denkt, der nunmehr auch in Tübingen zur raschen und effizienten Verfügung stand. Sichtbar wird das zum Beispiel im Streit des der Universität vielfach verbundenen Johannes Reuchlin mit den Gelehrten der Theologischen Fakultät der Universität Köln, die gegen den Widerstand des Erzbischofs von Mainz die Vernichtung aller „häretischen Schriften der Juden" verlangt hatten. In dem Disput trat Reuchlin, weithin anerkannter Sachverständiger in Fragen der hebräischen Literatur, als Gutachter auf und sprach sich mit aller Entschiedenheit gegen die Vernichtung als einen irreparablen Schaden zum Nachteil der Wissenschaft aus. Daraufhin öffentlich vor allem von den Kölner Dominikanern der Ketzerei verdächtigt, legte Reuchlin seine Position 1511 in dem in Tübingen gedruckten „Augenspiegel" der Öffentlichkeit dar.

Sönke Lorenz

Von der Reformation bis zur Französischen Revolution

Die Stürme der Reformation stellten wie andernorts auch in Tübingen den mittelalterlichen, noch überwiegend scholastisch geprägten Universitätsbetrieb in Frage. Die Forderung der Reformatoren nach Säkularisierung von Kirchengut berührte die Universitäten und den Lehrkörper an der empfindlichsten Stelle, ihrer Finanzierung. Die großenteils auf kirchliche Pfründen angewiesenen Professoren und Magister verließen in den 1520er Jahren mehrheitlich die Stadt. Ihnen folgten die Studenten, denn zunächst gab es keinen geregelten Lehrbetrieb mehr. Ein übriges tat die gewaltsame Regierung Herzog Ulrichs (1503–1519, 1534–1550), der mit seiner Willkürherrschaft nicht nur seine Ehefrau, enge Freunde und die Ehrbarkeit drangsalierte und den Bauernaufstand des *Armen Konrad* provozierte, sondern auch nach dem rechtswidrigen Überfall auf die Reichsstadt Reutlingen zumindest zeitweise sein Land an die Habsburger verlor. Erst 1534 konnte er mit Hilfe des Landgrafen Philipp von Hessen aus dem Exil zurückkehren und erhielt das Herzogtum Württemberg zurück.

Während Herzog Ulrich in Marburg, Basel und Zürich die Lehren Luthers und Zwinglis kennen gelernt hatte und sich anschickte, sein Land zur Reformation zu führen, war der Tübinger Lehrkörper jedoch noch mehrheitlich altgläubig, und die Hochschule stand fast ohne Studenten da. Praktische Aufbauarbeit im Territorium und an der Universität leistete der herzogliche Visitator Ambrosius Blarer, dem die Berufung renommierter lutherischer Gelehrter aufgetragen wurde. Ihm gelang es immerhin, den berühmten Gräzisten Joachim Camerarius und den Mediziner Leonhart Fuchs nach Tübingen zu ziehen. Der noch vorhandene altgläubige Lehrkörper musste zwischen Konversion und Entlassung wählen. Zur Heranbildung einer lutherischen Pfarrerschaft wurde bereits 1536 nach Marburger Vorbild das Tübinger *Stift* gegründet. Die vom Herzog dotierte internatsähnliche Studienanstalt für mittellose Theologiekandidaten befand sich zunächst in der *Alten Burse*, wurde aber dann 1547 ins leerstehende Augustinereremitenkloster verlegt.

Der Nachfolger Ulrichs, Herzog Christoph (1550–1568), schuf aus dem zerrütteten und verschuldeten Erbe seines Vaters nicht nur mit der Großen Württembergischen Kirchenordnung von 1559 ein lutherisches Musterland, sondern darf auch als der eigentliche Wiederbegründer der Tübinger Hochschule gelten, die er zu einer konfessionellen Landesuniversität humanistischen Typs machte. Durch eine kluge und finanziell gut abgesicherte Bildungspolitik legte er die Grundlage für das System der inhaltlich aufeinander aufbauenden, höheren Bildungsanstalten in Württemberg. Nach Absolvierung der örtlichen Lateinschule folgte für die angehenden Studenten der propädeutische sprachlich-philosophische Unterricht an einer der zahlreichen Klosterschulen, um schließlich als Theologiestudent am *Stift* oder als Rechts- oder Medizinstudent an der Universität die umfassende humanistische und fachliche Bildung zu vervollständigen.

Zudem gelang Herzog Christoph, der stets in engem Kontakt zum Wittenberger Theologen und ehemaligen Tübinger Studenten Philipp Melanchthon stand, die Berufung namhafter Professoren an die Landesuniversität, der seit den späten 1550er Jahren bis zum Dreißigjährigen Krieg ihre erste Blütezeit beschert wurde. Dieses spiegelte sich allerdings nicht in überdurchschnittlich hohen Immatrikulationszahlen, sondern im exzellenten Ruf der Tübinger Gelehrten wider, der nicht nur Studenten aus Württemberg, sondern etwa auch aus Österreich, Slowenien und Siebenbürgen anzog. Aber auch adlige Studenten fanden zunehmend den Weg an die *Alma Mater Tuwingensis*, insbesondere seit Herzog Friedrich I. (1593–1608) an der Stelle des abgebrochenen Franziskanerklosters ein *Collegium Illustre* für junge Edelleute stiftete, welches die erste Ritterakademie auf deutschem Boden war.

Unter den seit den 1550er Jahren berufenen Professoren befanden sich zahlreiche namhafte Gelehrte, etwa der Dichter Nikodemus Frischlin, der Historiograph Martin Crusius, der Jurist Christoph Besold und der Astronom Philipp Imser. Aus der Feder der führenden Theologen um Jakob Andreae stammte die Konkordienformel von 1577, die zur verbindlichen Bekenntnisschrift des deutschen Luthertums wurde. Andererseits bedeutete die theologische Festlegung auf die strenge lutherische Lehre auch die Einführung eines Konfessionseides für Professoren, der beispielsweise die Berufung des Astronomen Johannes Kepler verhinderte. Die nach der Reformation entstandenen Tübinger Gelehrtenfamilien (Osiander, Andreae, Harpprecht, Gmelin) vermochten es, im lutherischen Württemberg bis zum 19. Jahrhundert ihre führende Stellung zu behaupten. Überwiegend aus der Ehrbarkeit stammend und untereinander durch enge verwandtschaftliche Beziehungen verbunden wurden die Lehrstühle teilweise regelrecht vom Vater auf den Sohn, Schwiegersohn oder Neffen „vererbt", so dass die Tübinger Hochschule zum typischen Beispiel einer *„protestantischen Familienuniversität"* wurde.

Der Dreißigjährige Krieg beendete abrupt die Blüte der Universität. An einen kontinuierlichen Lehrbetrieb war nicht zu denken, zumal auch die erste Universitätsbibliothek als Kriegsbeute verschleppt wurde. Das Land, die Stadt und die Universität waren nach dem Krieg verarmt. An eine besondere Förderung der Universität durch die Landesfürsten war unter diesen Umständen kaum zu denken, zumal nach einer kurzen Friedenszeit bereits seit den 1670er Jahren wiederum die Kriege Ludwigs XIV. gegen das Reich auch das württembergische Territorium jahrzehntelang direkt oder indirekt in Mitleidenschaft zogen. Am herzoglichen Hof gab es zwar Reformideen für Wissenschaft und Bildung, die von den geistigen Strömungen der Zeit inspiriert waren. Aber sie führten nur zu gelegentlichen Visitationen der Landesuniversität. In Tübingen behielt die Universität in allem Wesentlichen ihre Lehrverfassung und geistige Ausrichtung bei, die von der lutherischen Orthodoxie und dem Humanismus des 16. Jahrhunderts geprägt waren.

Dabei sollte es auch bis zum Ende des alten Württemberg um 1800 bleiben. Die Aufklärung, die sich an den protestantischen Modelluniversitäten Halle an der Saale und Göttingen entfaltete, wurde in Tübingen nur allmählich rezipiert – ohne spektakuläre Persönlichkeiten, die als Meinungsführer gewirkt hätten. Natürlich ging es dabei, wie fast überall in Deutschland, um die gemäßigte Aufklärung, die sich etwa von der radikalen Religionskritik der Franzosen fern hielt. Die moderne Leitwissenschaft des Reichs-Staatsrechts und des Reichs-Kirchenrechts wurde jedoch auch in Tübingen gelehrt, in der Theologie bildeten sich die Kirchengeschichte und die Philologie der biblischen und orientalischen Sprachen als Hilfswissenschaften aus. So kam es zu einer Historisierung des Denkens, die gerade das Tübinger *Stift* mit seinem jugendlichen Dreigestirn Hegel, Schelling und Hölderlin gegen Ende des 18. Jahrhunderts zu einer Wiege des deutschen Idealismus und seiner Geschichtsphilosophie werden ließ.

Nach der Frequenz der Studenten blieb Tübingen im Mittelfeld lutherischer deutscher Territorialuniversitäten. Die Hochschule war auch weiterhin in das Beziehungs- und Verbindungsnetz des konfessionell lutherischen Bildungsraumes fest integriert. Ein bewahrender Geist prägte die Tübinger Verhältnisse erst recht, seitdem das Territorium seit 1733 von katholischen Herzögen regiert wurde, die im Erbgang die Landesherrschaft angetreten hatten und gegen deren absolutistische Tendenzen die streng lutherische Ehrbarkeit ihre ererbten Freiheiten und Institutionen, darunter die Kirche, die Schulen und die Universität, in Stellung brachte.

Herzog Carl Eugen von Württemberg (1737/44–1793) war zwar dauernder *Rector Magnificentissimus* der *Eberhardina*, veranlasste diese, seinen Namen demjenigen des Universitätsstifters Eberhard im Barte hinzuzufügen und ließ anlässlich des 300jährigen Universitätsjubiläums 1777 die *Alte Aula* neben der Stiftskirche baulich erneuern und modernisieren.

Aber die stete Fürsorge des Herzogs galt seiner modernen Neugründung, der *Hohen Karlsschule* in Stuttgart, einer auf die nützlichen Wissenschaften ausgerichteten polytechnischen Lehranstalt ohne Theologie und Jurisprudenz. Die *Hohe Karlsschule* war geprägt von einem utilitarischen Denken, wie es für den aufgeklärten Absolutismus kennzeichnend war, an dem sich Herzog Carl Eugen orientierte. Kaiser Joseph II. erhob die 1770 gegründete *Hohe Karlsschule* sogar 1782 zur Universität. Die Stände und die Landeskirche hielten jedoch an Tübingen fest, wo die Theologenausbildung im *Stift* sich als der stärkste institutionelle Rückhalt der alten Landesuniversität erwies. Der Nachfolger Carl Eugens, sein Bruder Herzog Ludwig Eugen (1793–1795), gab schließlich dem Druck der Stände nach und löste die *Hohe Karlsschule* 1794 wieder auf, manche ihrer Lehrer wirkten in Tübingen weiter.

Das Scheitern der aufgeklärten *Hohen Karlsschule* stand bereits im Zeichen der Reaktionen auf die Französische Revolution, die im deutschen Südwesten angesichts der Nähe des französischen Elsass deutlich ausfielen. Ein Aufleben der alten Landstände war nicht nur in Württemberg zu beobachten, da diese die revolutionären Partizipationsforderungen gegen die Fürsten des aufgeklärten Absolutismus für sich zu nutzen suchten. Die Universität Tübingen, die als ein Teil der ständischen

Philipp Melanchthon, Federzeichnung von Albrecht Dürer 1526 im Museum Horne, Florenz.

Landesverfassung galt, verdankte dieser kurzzeitigen landständischen Renaissance ihren Sieg über die Hohe Karlsschule, ihre höchst gefährliche Stuttgarter Rivalin.

Mit dem Untergang des alten Herzogtums und der Erhebung Württembergs zum souveränen Königreich 1806 siegte in Stuttgart der aufgeklärte Absolutismus in seiner napoleonischen Spätform des Rheinbundes. Dennoch gab es gerade in Württemberg Kontinuitäten von den alten Ständen zum modernen konstitutionellen Landtag der Zeit des Deutschen Bundes. Die Universität Tübingen hatte an diesen verfassungsgeschichtlichen Umbrüchen ihren unverwechselbaren Anteil als eine geistige Bewahrerin sowohl des rechtlichen als auch des konfessionellen Erbes aus dem Alten Reich. Die konservative Bedachtsamkeit, mit der die Landesuniversität im 18. Jahrhundert das Denken der gemäßigten Aufklärung adaptiert hatte, sollte auch ihren Weg in die Moderne des 19. Jahrhunderts leiten.

Matthias Asche und Anton Schindling

Stiftskirche: Chor, Herzog Ulrich (1487–1550)

Am 8. Februar 1487 im Schloss zu Reichenweier im Elsass als Sohn des unsteten Grafen Heinrich von Württemberg (1448–1519) von der Stuttgarter Linie geboren, war Ulrich von Anfang an Spielball der dramatischen Auseinandersetzung, die Eberhard im Bart um Ausbau, Bestand und Erhalt der von ihm geschaffenen Rahmenbedingungen für die Herrschaft Württemberg führte. Ulrichs Mutter starb wenige Tage nach der Geburt. Auf Geheiß von Eberhard im Bart brachte man das Kind nach Stuttgart, wo es – oft genug sich selbst überlassen – aufwuchs. Nachdem Eberhard im Bart seinen Vetter Eberhard den Jüngeren 1488 endgültig entmachtet hatte, ließ er 1490 Ulrichs Vater gefangen nehmen, als wahnsinnig abstempeln und für den Rest des Lebens auf Hohenurach festsetzen. Damit waren die Weichen für die Nachfolge Ulrichs gestellt. Zwar gelang es Eberhard dem Jüngeren 1496, die Nachfolge Eberhards im Bart erstaunlich reibungslos anzutreten, aber die Landstände und König Maximilian setzten seiner ambitionierten Politik rasch Grenzen, der Herzog wurde entmachtet und nach seiner Flucht abgesetzt, ein weitgehend beispielloser Vorgang. Ein Ständerat übernahm im habsburgischen Einvernehmen für den noch unmündigen Ulrich die Regierung, bis dieser 1503 im Alter von 16 Jahren vorzeitig für mündig erklärt wurde.

In der kriegerisch verlaufenden Auseinandersetzung zwischen den pfälzischen und bayerischen Wittelsbachern von 1503/04 führte der junge Herzog ein Truppenkontingent und wurde zum großen Profiteur des Krieges. Er gewann für die Herrschaft Württemberg die Städte und Ämter Besigheim, Weinsberg, Neuenstadt, Möckmühl, Heidenheim sowie die Grafschaft Löwenstein und die Schutzherrschaft über die Klöster Maulbronn, Anhausen und Herbrechtingen. Rasch machten sich jedoch die negativen Seiten seines Charakters bemerkbar. Die ihm aufgenötigte Ehe mit Sabina von Bayern, über ihre Mutter eine Nichte Maximilians, verlief katastrophal. Der Bauernaufstand des „Armen Konrad" (1514) zeigte die strukturellen Schwächen von Verwaltung und Herrschaft auf und führte zum Tübinger Vertrag, der den Landständen ein erhebliches Mitspracherecht einräumte. Der Mord an Hans von Hutten (1515), die Hinrichtung führender Vertreter der „Ehrbarkeit" (1517) und der Überfall auf die Reichsstadt Reutlingen (1519) zerstörten nicht nur sein Ansehen, sondern führten zur Entmachtung und Vertreibung aus seinem Herzogtum. Lediglich in den linksrheinischen Gebieten konnte er sich behaupten.

In Mömpelgard lernte er die Reformation kennen, der er sich zuwandte. Dies wird als der entscheidende Einschnitt in seinem Leben betrachtet. Fortan verband er seine Sache mit der des neuen Glaubens und fand im Landgrafen von Hessen einen tatkräftigen Helfer.

Die Unterstützung durch Philipp ermöglichte ihm 1534 die Rückeroberung Württembergs, wo er umgehend die Reformation durchzusetzen begann. Wenngleich der Herzog das gewaltige Kirchengut zunächst vor allem zur Sanierung seiner katastrophalen Finanzlage einsetzte, wurde 1536/37 mit der Stiftung eines theologischen Stipendiums zur Ausbildung evangelischer Pfarrer, der Neuordnung der Universität Tübingen und schließlich mit der Stuttgarter Schulordnung 1547 auch das Bildungswesen in die reformatorische Politik mit einbezogen.

Seit 1536 Mitglied im Schmalkaldischen Bund, wurde Ulrich in dessen Niederlage verstrickt. Die Herrschaft Württemberg war erneut existenziell gefährdet und mit ihr die reformatorischen Errungenschaften. Mit der ihm eigenen Zähigkeit taktierte Ulrich hinhaltend und politisch geschickt. Als er am 6. November 1550 im Tübinger Schloss starb, hinterließ er seinem zeitlebens mit Misstrauen begegneten Sohn ein schweres Erbe.

Sönke Lorenz

Stiftskirche: Chor, Herzog Christoph (1515–1568)

Auf der Grundlage der durch Herzog Ulrich in den Jahren 1534 bis 1550 erzielten Erfolge verstand es sein Sohn, einen lutherischen Territorialstaat zu schaffen, der von den Zeitgenossen als ein Musterland im evangelischen Deutschland betrachtet wurde. Die württembergischen Theologen spielten eine Schlüsselrolle für die Entwicklung der lutherischen Orthodoxie in Deutschland. Die Theologen der Universität Tübingen, allen voran Jakob Andreae und Jakob Heerbrand, wirkten als führende Vertreter ihres Fachs weit über die Landesgrenzen hinaus. Nur wenigen evangelischen Territorien gelang es, sich nach 1555 konfessionell eine solch feste Basis zu schaffen, wie es das Herzogtum Württemberg vermochte.

Neben den Erfolgen in der Kirchenreformation sowie der Etablierung eines differenzierten Schul- und Bildungssystems von hoher Effizienz verdankte Württemberg Herzog Christoph die dauerhafte Modernisierung der staatlichen Organisation des Landes. Als Christoph 1568 im Alten Schloss zu Stuttgart bereits frühzeitig starb, hatte er in den wenigen Jahren seiner Regierungstätigkeit dem württembergischen Staatswesen für mehr als zwei Jahrhunderte die Grundlage geschaffen.

Sönke Lorenz

Evangelisches Stift vom Neckar aus

Die Geschichte des Evangelischen Stifts ist – bedingt durch die Umnutzung des Augustinereremitenklosters – auch bestimmt von zahlreichen Um- und Ausbauten. Vom Neckar aus sind heute im Blick auf den Ostflügel, den Alten Bau und das Alte Ephorat (rechts) die verschiedenen Baustile deutlich zu erkennen.

Wurden im 19. Jahrhundert die Stifts-Gebäude nur im Innern verändert, zum Beispiel durch den Einbau von Hörsälen und durch den Anschluss an das städtische Wasserleitungsnetz im Jahr 1878, so galt auch der zweite Umbau zwischen 1913 und 1915 der Anpassung an zeitgemäße Hygienestandards: Eine Zentralheizung und sanitäre Anlagen wurden eingebaut; elektrisches Licht und die endgültige Abteilung von Einzelstudierzimmern veränderten das Innere des Stifts.

Zugleich wurden im Alten Ephorat, dem ehemaligen Torhaus des Klosters und Pforte des Stifts, weitere Studier- und Schlafräume geschaffen und das braune Holzfachwerk unter dem Gipsverputz wieder freigelegt. Auch die Dachgeschosse von Altem und Neuem Bau wurden erneuert.

Beim jüngsten, dritten Umbau von 1989 bis 1992 wurden neben der erneuten Modernisierung im Innern auch die Fassaden renoviert und behutsam restauriert: Neben der klassizistischen Ostfassade wurde am Nordflügel die Renaissance-Fassade mit dem ockergelben Fachwerk wiederhergestellt.

Ulrike Treusch

Evangelisches Stift: Außenhof

Der erste große Umbau des Stifts unter Herzog Carl Eugen in den Jahren 1792 bis 1800 prägt die Stiftsfassade bis heute: Der Blick vom Außenhof zeigt die klassizistisch gestaltete Ostfassade, die dem Gebäude ein repräsentatives, schlossähnliches Aussehen verleiht.

Unter dem herzoglich-württembergischen Bauinspektor Groß wurde der ehemalige Eingang zum Kloster in die Mitte des Ostflügels verlegt und mit einem Uhrengiebel versehen. Neben dem neuen Haupteingang entstand ein größerer Aufenthaltsraum für die Hausdiener, der ab 1795 als Vorlesungsraum diente und heute wieder als Clubraum genutzt wird. Auch West- und Südflügel wurden grundlegend erneuert. Weitere Umbauten wie der Einbau des Treppenhauses im Nordbau und die Entfernung der Gewölbe im Kreuzgang zerstörten die noch erhaltenen mittelalterlichen Reste von Kloster und Klosterkirche.

Zugleich schuf der Umbau die Aufteilung in beheizbare Winterstuben und die sogenannten Sommermuseen ab und bot den Stiftlern damit den Komfort von ganzjährigen und möblierten Studiersowie Schlafräumen, die für nur sechs bis acht Personen eingerichtet waren. An diesen Umbau erinnert der Brunnen im Außenhof (rechts im Bild), auf dessen Platten nach dem vollzogenen Umbau neben dem Wappen des Herzogtums Württemberg die damalige Leitung des Stifts namentlich festgehalten wurde.

Ulrike Treusch

Evangelisches Stift: Kapelle

Bis zur Aufhebung des Augustinereremitenklosters 1534 diente die heutige Kapelle, hier der Blick von der Altarseite zur Orgel, als Chorraum der Klosterkirche. Bereits ab 1593 wurde der Raum als Stiftsbibliothek benutzt, während die Predigtübungen der Stiftler und die Gottesdienste in der Schlosskirche stattfanden.

Auf nachdrücklichen Wunsch Herzog Carl Eugens wurde der Raum 1788 bis 1792 wieder zum Oratorium umgebaut. Im klassizistischen Stil ersetzte man das Gewölbe durch eine flache Gipsdecke; die Fenster wurden verkürzt und die Spitzbögen abgerundet.

Wegen der schlechten Akustik, aber auch durch die mangelnde Belüft- und Beheizbarkeit, erwies sich das Oratorium jedoch für Predigtübungen und Andachten als so ungünstig, dass der Raum nach massiven Klagen von Repetenten und Stiftlern mit Genehmigung des Herzogs 1796 wieder zur Bibliothek umgewandelt wurde.

Erst durch eine Stiftung zum vierhundertjährigen Jubiläum im Jahr 1936 wurden konkrete Pläne für eine erneute Wiederumgestaltung des Raums zur Kapelle möglich, die aber erst nach dem Zweiten Weltkrieg verwirklicht wurden. Die Stiftsbibliothek, bis 1945 noch in der Kapelle untergebracht, befindet sich heute im Nordflügel des Stifts.

Ulrike Treusch

Evangelisches Stift: Speisesaal

Bereits im Augustinereremiten-Konvent lag der Speiseraum im Erdgeschoss des Südflügels, das in zwei oder drei Räume, darunter das Refektorium und das Lektorium (der spätere theologische Hörsaal) aufgeteilt war. Mit der wachsenden Zahl der Stiftler wurden diese Räume zu einem großen Raum verbunden, der so genannten Kommunität, dem heutigen Speisesaal. Der Grundriss des Raums und die deckentragenden Holzsäulen gehen damit auf Klosterzeiten zurück.

Da der Südbau auf der Linie der neuen, im 15. Jahrhundert zum Neckar hin verschobenen Stadtmauer lag, wurde der Raum im Dreißigjährigen Krieg zu Verteidigungszwecken von Soldaten besetzt; die Fenster wurden vorübergehend zu Schießscharten verkleinert. Die Größe des Saals und seine Helligkeit durch die 16 Fenster, die heute den Blick auf die Platanenallee auf dem Wöhrd freigeben, machten die Kommunität auch zum zentralen Versammlungsort der Stiftler für Studium, Musikproben und Feste, letzteres bis heute.

Im Ostteil des Raumes befindet sich noch der sogenannte Herrentrippel, ein erhöhter Sitzbereich, wo bis 1688 die Leitung des Hauses separat von den Stipendiaten speiste, während sich an der Westseite ursprünglich das sogenannte Orchester befand, ein abgegrenzter Platz für die Musik und Standort der Orgel.

Ulrike Treusch

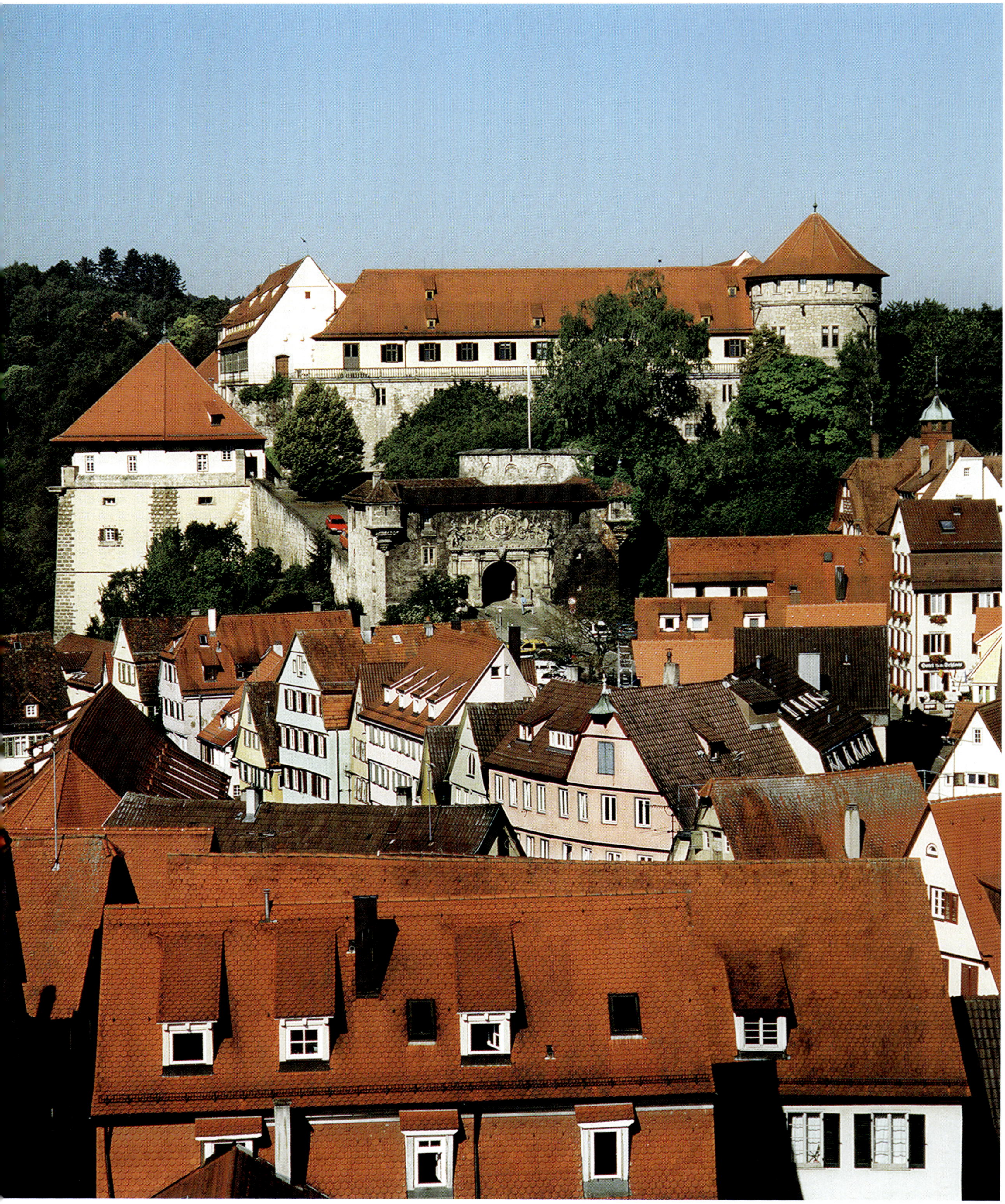

Renaissance-Schlossportal Herzog Friedrichs I. von Württemberg

Das in seiner Form an einen antiken römischen Triumphbogen gemahnende Prachtportal des Schlosses Hohentübingen gehört zu den beeindruckendsten Kunstwerken der Renaissance in Württemberg.

Herzog Friedrich I. (1593–1608) ließ 1606/07 Hohentübingen eine Bastei vorsetzen, die einerseits die Wehrhaftigkeit steigern, andererseits dem höfischen Repräsentationsbedürfnis des herzoglichen Hauses Rechnung tragen sollte. Die Anlage geht auf Entwürfe des Stuttgarter Werkmeisters Hans Braun und Heinrich Schickhardts zurück. Die Baupläne verwirklichte der Tübinger Maurermeister Anton Keller. Für den bildhauerischen Schmuck aus Sandstein zeichnete Christoph Jelin verantwortlich.

Der Hauptfries wird von vier auf Postamenten stehenden Säulen getragen, in seiner Mitte prangt das württembergische Herzogswappen, das von dem englischen Hosenbandorden Friedrichs umschlungen ist. Auf dem Hauptgesims stehen außen zwei vollplastische Landsknechtsfiguren. Die Reliefs des Portals zitieren die antike Mythologie und entfalten dabei ein beziehungsreiches Bildprogramm im Geiste des Späthumanismus, wie er sich gerade in Tübingen mit seiner durch Herzog Friedrich I. von Württemberg konzipierten Ritterakademie der zeitgenössischen Standeskultur des Adels verband.

Matthias Ilg

Alte Aula vor 1777

Das 1776 angefertigte, von unbekannter Hand mit dem Kürzel I. C. G. signierte und heute in der Tübinger Universitätsbibliothek aufbewahrte Aquarell vermittelt einen Eindruck vom Aussehen der Alten Aula vor ihrer im Jahr darauf vorgenommenen Renovierung.

Von der Münzgasse aus erblickte der damalige Betrachter die über einem steinernen Sockel emporragende, durch Gestaltungselemente der Spätgotik und Renaissance bestimmte Vorderfront eines spitzgiebeligen Fachwerkhauses, welches 1547 als Ersatz für die so genannte Sapienz erstellt worden war. Die „Sapienz" hatte sich neben der Burse auf dem Terrain des späteren „Hortus Medicus" befunden und den Fakultäten seit der Hochschulgründung als zentrales Vorlesungs-, Prüfungs- und Sitzungsgebäude gedient, bevor sie 1534 abbrannte. Dabei fielen unter anderem eine Porträtsammlung, die Bibliothek und das Archiv der „Academia Eberhardina" der Vernichtung anheim, was in die frühe institutionelle Überlieferung eine beträchtliche Lücke riss.   Christian Schulz

Alte Aula von der Clinicumsgasse aus

Einen markanten Bestandteil des als Neckarfront bekannten Gebäudeensembles am südlichen Rand des Tübinger Stadtkerns stellt die 1547 nahe der Stiftskirche errichtete und 230 Jahre später umfassend erneuerte Alte Aula dar.

Wegen ihrer Position an einem zum Fluss hin steil abfallenden Hang verfügt sie, von der unterhalb gelegenen Clinicumsgasse aus gesehen, über fast doppelt soviel Geschosse wie auf der dem Holzmarkt zugekehrten Schauseite. Nachdem die Hochschule bis ins 19. Jahrhundert hinein das lange Zeit „Aula Nova" genannte Haus für Unterricht, Examina, Repräsentation und Verwaltung benutzt hatte, führte Unzufriedenheit mit den teils unbeheizten und dunklen Räumen zur 1845 realisierten Planung eines zeitgemäßen Domizils in der Wilhelmstraße. Schon 1819 war die Universitätsbibliothek auf das Schloss Hohentübingen abgewandert, so dass die Alte Aula, heute Sitz der Orientalisten und Indologen, fortan Platz für naturkundliche Sammlungen und geisteswissenschaftliche Seminare bot. Christian Schulz

Alte Aula: Wappen der Universität im Balkongitter

Das in seinem Aufbau einer strengen Symmetrie verpflichtete, schmiedeeiserne Gitter des auf zwei Säulen ruhenden Balkons der Alten Aula offenbart die spielerische Freude der kunstgeschichtlichen Epoche des Rokoko an geschwungenen Formen und einer filigran ausgeführten Ornamentik. Ins Zentrum der Gitterkonstruktion ist als zeichenhafter Verweis auf die universitäre Bedeutung und Funktion des Gebäudes das die Tübinger Hochschule repräsentierende und in ihrer Autorität und Würde zur Geltung bringende Paar gekreuzter Szepter eingefügt – ein Symbol, das auch an anderen Universitätsgebäuden anzutreffen ist.

Die beiden Szepter stehen als Hoheitszeichen für die kaiserliche Privilegierung und die damit einhergehende korporative Selbständigkeit und eigene Gerichtsbarkeit der Universität Tübingen. Das gravitätisch erscheinende Universitätssymbol ist durch seine Vergoldung besonders hervorgehoben und wird von ebenfalls vergoldeten Rocailles, dem eine beschwingte Grazie und Leichtigkeit ausstrahlenden Muschelwerk des Rokoko, umspielt und konterkariert.

Matthias Ilg

Alte Aula von der Stiftskirche aus

Als die Tübinger „Alma Mater" 1777 ihr 300jähriges Bestehen feierte, befand sie sich angesichts niedriger Studentenzahlen in einer schweren Existenzkrise.

Hauptgrund dafür war die erfolgreiche Konkurrenz der vom württembergischen Herzog Carl Eugen (1737/44–1793) ins Leben gerufenen und geförderten, nach seinem Tod allerdings 1794 wieder aufgelösten Hohen Karlsschule in Stuttgart. Entsprechend mager fiel das landesherrliche Präsent zum Universitätsjubiläum aus, begnügte sich der Regent doch mit einem Umbau der Alten Aula in spätbarocken und frühklassizistischen Formen unter der Leitung seines unehelichen Sohnes Reinhard Ferdinand Heinrich Fischer. An der damals verputzten, symmetrisch gegliederten, von einem Dreiecksgiebel geschmückten und mit einem Mansarden-Walmdach bekrönten Fassade gegenüber der Südwestecke der Stiftskirche fällt über dem Portikus ein Balkon auf, in dessen Gitter zwei gekreuzte Szepter als Wappen der „Eberhardo-Carolina" eingefügt wurden. Mit diesem Universitätswappen korrespondiert das württembergische Herzogswappen im Giebel. Christian Schulz

Blick durch die Münzgasse zur Stiftskirche

Blick von der Münzgasse nach Osten auf die Stiftskirche. Die Münzgasse ist einer der ältesten Straßenzüge Tübingens. Das von Münzgasse, Klosterberg, Bursagasse und einem Teil der Neckargasse eingerahmte Quartier war das „Quartier Latin" Tübingens, das Viertel, in dem die Wissenschaftssprache Latein nach der Gründung der Universität zu vernehmen war. Hier war der Zugang zu den ersten Kollegiengebäuden der Universität, hier hatten auch zahlreiche Professoren ihre Wohnhäuser. Häufig fanden in diesen selbst akademische Veranstaltungen für kleinere Kreise von Hörern statt.

Vorn rechts ist der Giebel des „Kollegiums", Münzgasse 20, zu erkennen, ein Bau, der 1477 durch die Universität vom Zisterzienserkloster Bebenhausen erworben wurde und somit eines der frühesten Universitätsgebäude darstellt. Ihm gegenüber, in dem giebel- und traufständigen Komplex, das hier nicht mehr sichtbare Haus des Universitätskanzlers.
Wolfgang Urban

„Martinianum" in der Münzgasse

An zentralem Ort ließ die Universität 1663 bis 1665 anstelle der 1624 abgebrannten Gebäude von Dekanat und Obervogtei ein Wohnheim für Studienstiftungen ohne eigene Häuser errichten. 1683 verkaufte sie diesen sogenannten Neuen Bau an das „Martinianum", die 1509 errichtete Stiftung der Theologen Hartsesser und Plantsch für arme Studenten, die unter den privaten Stiftungen Tübingens eine beherrschende Stellung einnahm. 1924 ging der Neue Bau aus finanziellen Gründen an das Reichsstudentenwerk, 1936 bis 1976 an die Polizei (dabei bis 1945 auch die Gestapo). Heute dient er wieder als Studentenwohnheim.

Der Neue Bau gilt als die Keimzelle der Schwäbischen Romantik. Hier wohnten zeitweilig Justinus Kerner und Karl Mayer, und hier erschien 1807 aus deren Umkreis das „Sonntagsblatt für gebildete Stände". Baumeister war Michael Beer, einer der Vorarlberger Barockbaumeister. In seiner jetzigen Form (Sanierung 1989) präsentiert sich der Bau seit einer Umgestaltung von 1777, der die barocke Fassadengliederung zum Opfer fiel.

Gudrun Emberger

Juristenkollegium in der Münzgasse 20

Zwei gekreuzte (Rektorats-)Szepter als Wappen und Hoheitszeichen der Universität zieren einen Fenstersturz am „Fakultätshaus". Das auch als „Juristenkollegium" bezeichnete Haus weist auf einem zweiten Fenstersturz die beiden Buchstaben VT (= Universitas Tuwingensis) auf.

Mit den Baumaßnahmen auf dem Gelände der ehemaligen Pflege der Zisterzienser aus Bebenhausen (Besitz der Abtei seit 1294, davor Fronhof der Tübinger Pfalzgrafen) ist hier bei der Universitätsgründung ein „Collegium" errichtet worden, in welchem ein Teil der Professoren wohnen konnte, und wo außerdem ein größerer Saal für Zusammenkünfte, Disputationen, Prüfungen und Feierlichkeiten vorhanden war; auch befand sich hier der erste Karzer.

Seit Ende des 16. Jahrhunderts wurde das Haus meist durch die Artisten genutzt. Seine Bildungsfunktion hat auch nach dem Erwerb durch die Stadt im Jahre 1847 eine Fortsetzung gefunden: Heute beherbergt das Gebäude eine nach Melanchthon benannte Grundschule.   Wolfram Hauer

Karzer im alten Kollegiengebäude von der Clinicumsgasse aus

Blick von der Clinicumsgasse auf das alte Kollegiengebäude der Juristischen Fakultät der Universität Tübingen in der Münzgasse 20, in dem sich der älteste akademische Karzer in Deutschland befindet. Der Karzer, dessen Eingang über eine kleine Staffel von der Münz- zur Clinicumsgasse erreicht wird, befindet sich im Gebäudesockel auf der Höhe der beiden kleinen Fensteröffnungen. Das Gebäude wurde nach dem Brand des ersten Kollegiengebäudes im Jahr 1489 an der Wende vom 15. zum 16. Jahrhundert errichtet und im 18. Jahrhundert umgebaut.

Der Karzer erinnert an das Privileg der akademischen Gerichtsbarkeit, das die Universität Tübingen bei ihrer Gründung im Jahr 1477 erhalten hatte, mit der sie die Rechtsprechung über alle Universitätsangehörigen ausübte und insbesondere das Fehlverhalten der Studenten bestrafte. Nach dem Privilegien- und Statutenbuch der Universität Tübingen aus dem Jahr 1518 wurden beispielsweise nächtliches Spazierengehen in Scharen, Trommeln auf Kübeln, Versäumen der Predigten oder die Teilnahme am Würfelspiel mit ein- oder mehrtägiger Karzerhaft bestraft. Der alte Karzer wurde erst mit dem Bau der Neuen Aula (1841–1845) durch einen neuen Karzer ersetzt.

Carsten Kohlmann

Karzer: Deckengemälde
„Eine Römische Geschicht"

Blick auf die Decke des ersten Karzerraumes. Der alte Karzer besteht aus zwei hintereinander liegenden Räumen mit Tonnengewölben. Die beiden Räume haben eine Größe von 3,8 auf 4,6 Meter mit etwa zwei Meter starken Mauern und sind durch einen Durchgang miteinander verbunden, der aber mit einer Eichentüre verschlossen werden konnte.

Durch zwei Fenster, die in tiefen Laibungen liegen, gibt es nur sehr wenig Tageslicht. Die Decken und Wände wurden bereits seit dem 16. Jahrhundert von den Karzerinsassen bemalt. 1736 erhielt dann der Tübinger Stadtmaler Gottfried Schreiber von der Universität den Auftrag zur einheitlichen Ausmalung, für die er in schwarzer Seccomalerei Motive aus der Bibel und aus dem Altertum wählte, von denen eine moralische Belehrung der Karzerinsassen ausgehen sollte. Als Beispiel für die Liebe, welche die Kinder ihren Eltern entgegenbringen sollten, malte er auf die Decke des ersten Karzerraumes das Motiv der „Caritas Romana", das auf die Vorlagen von Valerius Maximus' „Factorum et dictorum memorabilium libri" und Plinius zurückgeht. Die Darstellung zeigt die Römerin Pero, die ihren in das Gefängnis geworfenen Vater Cimon an ihrer Brust säugt und ihn so vor dem Hungertod errettet.

Carsten Kohlmann

Karzer: Wandgemälde „Verlorener Sohn"

Auch die Decken und Wände des zweiten Karzerraumes zeigen zahlreiche Bilder des Tübinger Stadtmalers Gottfried Schreiber aus dem Jahr 1736. Auf der Wand links von der Durchgangstüre hat der Künstler nach Lukas 15, 11–32 das Gleichnis vom verlorenen Sohn dargestellt. Das Bild zeigt die Heimkehr des Sohnes, der sich sein Erbteil vorzeitig auszahlen lässt, durch sein verschwenderisches Leben alles verliert, dann in großer Reue zu seinem Vater zurückkehrt, ihn um eine Beschäftigung als Knecht bittet, aber von seinem Vater mit großer Freude und mit einem Fest wieder aufgenommen wird. Darüber ist der Spruch zu lesen: „Vater ich habe gesündigt [gegen] den Himmel und Dir". Aus den Wolken neigt sich ein Engel auf diese Szene mit dem Spruch herab: „Eß wird mehr Freüd im Himmel seyn über einen Sünder der Buß thut Als über 99 Gerechte die der Buß Nicht Bedörffen". Auch mit diesem Bild sollte eine moralische Belehrung der Karzerinsassen erreicht werden, die überwiegend aus dem Kreis der Studenten kamen und deren Strafen durch Schreiben der Universität oftmals auch den Eltern bekannt wurden. Die Darstellung dieses Gleichnisses appellierte daher an die Bereitschaft der Karzerinsassen zur Reue für ihre Taten, stellte aber auch als Trost die Vergebung durch die Eltern in Aussicht.   Carsten Kohlmann

Blick von der Stiftskirche durch die Münzgasse

Das alte Kanzlerhaus, Münzgasse 11, auch Propstei oder Kanzellariatshaus genannt, ist ein zweigeschossiger Gebäudekomplex mit Satteldach aus dem späten 15. Jahrhundert (im Bild auf der rechten Seite). Der nach Osten anschließende traufständige Flügel wurde wohl erst nach einem Brand 1624 neu errichtet. Gelegen in Tübingens ehemaliger Prachtstraße, war es in der Frühen Neuzeit der Amtssitz des Universitätskanzlers, der zugleich Stiftspropst und Inhaber des ersten theologischen Lehrstuhls war.

Auch Eberhard im Bart soll bei seinen Besuchen in Tübingen – wegen des guten Verhältnisses zu dem langjährigen Universitätskanzler Johannes Vergenhans (Nauklerus) – im Kanzlerhaus gewohnt haben, zumal das noch nicht erneuerte landesherrliche Schloss den fürstlichen Ansprüchen nicht genügen konnte. Im 19. Jahrhundert entsprach das Gebäude nicht mehr den Anforderungen und wurde einer technologischen Modellsammlung überlassen, während die Kanzler ihren Amtssitz in die Wilhelmstraße, das neue Zentrum der Universität, verlegten. Heute beheimatet die ehemalige Propstei Abteilungen des Instituts für Erziehungswissenschaft.

Michael C. Maurer

Professorenhaus, Münzgasse 9

Das kunstvoll geschmiedete Fenstergitter des Hauses Münzgasse 9 zeigt die Initialen J, F und H des Buchhändlers Jacob Friedrich Heerbrandt (1742–1812), der das Anwesen 1778 erwarb und dort eine Buchhandlung einrichtete. In der Tradition dieses Geschäfts steht die heute noch existierende Osiandersche Buchhandlung. Zu den Vorbesitzern des ursprünglichen Hofgeländes mit Scheune zählen unter anderem 1486 bis 1498 der Professor der Medizin Dr. Johann Widmann, der sich nach Humanisten-Art „Salicetus" (Weidemann) nannte.

1525 verfügt Dr. Marsilius Prenninger, Sohn des Humanisten Martin Prenninger genannt Uranius, darüber. Als 1528 der Professor der Rechte Johann Kingsattler genannt König (1486–1534) das Haus kaufte, muss hier schon ein stattliches Gebäude gestanden haben. Im Jahr 1617 wird der Professor der Artistenfakultät Veit Müller (1561–1626) als Eigentümer genannt.

Wolfgang Urban

Porträt von Leonhart Fuchs (1501–1566)

Leonhart Fuchs (1501–1566) wurde 1535 von Herzog Ulrich auf einen von damals zwei Lehrstühlen für Medizin an die Universität Tübingen berufen.

In der Durchsetzung der Reformation an der Tübinger Hochschule sowie in der Reform des Medizinstudiums spielte Fuchs, siebenmaliger Universitätsrektor, eine tragende Rolle. Heute ist er vor allem wegen seiner 1542 erschienenen „Historia stirpium" (deutsche Ausgabe: New Kreuterbuch, 1543) sowie aufgrund der 1695 von Charles Plumier entdeckten und ihm zu Ehren so genannten „Fuchsie" bekannt.

In der universitätseigenen Sammlung von Professorenbildnissen befindet sich eine Kopie des 1541 von Heinrich Füllmaurer gemalten (hier abgebildeten) Porträts von Fuchs. Der aus Herrenberg stammende Füllmaurer wirkte auch als Zeichner an der „Historia stirpium" mit. Abgebildet ist Fuchs in der Kleidung eines Gelehrten. In der linken Hand hält er einen blühenden Ehrenpreis, der zunächst als Hinweis auf seine botanischen Interessen verstanden werden kann. Die allegorische Bedeutung dieser Pflanze stellt tiefergehend einen Bezug zur mittelalterlichen Auffassung von Christus als einziger und wahrer Medizin dar.   Miriam Zitter

Nonnenhaus am Ammerkanal

Das Nonnenhaus hat seinen Namen von seinen mittelalterlichen Bewohnerinnen, den in quasi-klösterlicher Gemeinschaft wohnenden frommen Laienfrauen, die als „Beginen" bezeichnet wurden. Erbaut wurde es, wie dendrochronologische Untersuchungen gezeigt haben, gegen Ende des 15. Jahrhunderts. Hervorstechendes Merkmal des Nonnenhauses ist die Außentreppe, die zum Eingang in den im ersten Stock gelegenen Wohnbereich führt. Im Erdgeschoss waren die Wirtschaftsräume untergebracht. An die Treppe schließt sich im rechten Winkel das sogenannte „Sprachhaus" an, in dem sich – dank des darunter fließenden Ammerkanals – ein Wasserklosett befand. Im Zuge der Reformation deklarierte Herzog Ulrich 1536 das Ende der Beginengemeinschaften in Württemberg, deren Besitz nun der Landesherrschaft zufiel. Spätestens seit 1549 bewohnte der Tübinger Medizinprofessor Leonhart Fuchs mit seiner Familie das Gebäude. Er legte auf dem dazugehörigen Grundstück für seine Studienzwecke einen botanischen Garten an. Hier wuchsen viele der Pflanzen, die Fuchs in seiner berühmten „Historia stirpium" („New Kreuterbuch") beschrieben hat. Miriam Zitter

Ehemaliger Botanischer Garten neben der Alten Aula

Am Fuß des Burse und Neckar zugewandten Teils der Alten Aula wurde ab 1663 nach langem Tauziehen zwischen dem eine bessere Ausstattung der Medizinischen Fakultät anstrebenden württembergischen Herzog Eberhard III. (1628/33–1674) und dem um die Folgekosten besorgten Senat erstmals in Tübingen ein universitätseigener Botanischer Garten angelegt. Den dort möglichen Beobachtungen und Versuchen verdankte der aus einer lokalen Medizinerfamilie stammende Professor Rudolf Jakob Camerarius seine Entdeckung der Zweigeschlechtlichkeit der Pflanzen, welche er in der „Epistola de sexu plantarum" von 1694 erläuterte. Die im 18. Jahrhundert nachfolgenden Leiter des Forschungsgeländes, unter ihnen der Sibirien-Reisende Johann Georg Gmelin, zeichneten für den Bau eines Treibhauses und die Kultivierung außereuropäischer Gewächse verantwortlich. Weil das enge Areal zuletzt keine Erweiterungen mehr zuließ, musste der einstige „Hortus Medicus" 1805 bis 1809 vor das Lustnauer Tor verlegt werden. Christian Schulz

Ehemaliges Gebäude der Druckerei Gruppenbach, Burgsteige 7

Die kleine Tafel am Haus Burgsteige 7 vorne links erinnert an den slowenischen Reformator Primus Truber und den ersten Druck in slowenischer Sprache von 1550. An der Straßenseite weist eine zweite Tafel darauf hin, dass hier Keplers Lehrer Michael Mästlin gewohnt hat. Im Jahre 1523 eröffnete Ulrich Morhart der Ältere „an der Burgsteig" vor dem Schlosstor, oberhalb der jetzigen Nummer 7, Tübingens dritte Druckerei. Sie wurde nach seinem Tod 1554 zunächst von der Witwe und zweien ihrer Söhne aus erster Ehe, Oswald und Georg Gruppenbach, fortgeführt. Mit dem Tod der Mutter 1574 wird Georg Gruppenbach Alleinerbe, erwirbt 1583 ein (ebenfalls nicht mehr vorhandenes) Nachbarhaus hinzu und baut 1586 neu. An der heutigen Stelle Burgsteige 7 gründete Morharts gleichnamiger Sohn bereits 1557 eine Druckerei, die 1568 durch Wiederheirat seiner Witwe auf Alexander Hock überging, bei dem 1590 als Erstling Keplers, der damals noch Student war, dessen Hochzeitsgedicht für seinen weitläufigen Verwandten Johannes Huldenreich erschien. Die Morhart-Gruppenbachsche Druckerei blieb bis 1606 die umfangreichste und in jeder Hinsicht anspruchsvollste mit astronomiegeschichtlich so bedeutsamen Autoren wie Johannes Stöffler, Erasmus Reinhold, Michael Mästlin und Johannes Kepler, dessen wissenschaftliches Lieblingswerk, das „Weltgeheimnis" von 1596, hier als Erstdruck herauskam. An anderer Stelle in der Stadt waren Tübingens früheste Drucke zwischen 1498 und 1516 in den Werkstätten von Johann Otmar und Thomas Anshelm entstanden, darunter Schriften von Melanchthon, Reuchlin und Stöffler. Friedemann Rex

> PETRVS PAVLVS VERGERIVS
> NOBILIS ISTRIVS IVR: DOCTOR
> QVONDAM EPISCOP9 IVSTINOP
> OB VERAE RELIGIONIS CONFES
> SIONEM EXVL. HIC MORTVVS
> ET SEPVLTVS. ANNO. M.D.
> LXV. QVARTO NONAR: OCTOB

Grabplatte des Reformationstheologen Pietro Paolo Vergerio in der Stiftskirche

Ein in der Stiftskirche angebrachter Grabstein hält die Erinnerung an den lutherischen Theologen italienischer Herkunft Pietro Paolo Vergerio (1497/98–1565) wach, der nach der juristischen Promotion in Padua eine glänzende, bis zur Bischofswürde führende Karriere an der Kurie machte. Im diplomatischen Dienst des Papstes kam Vergerio mit reformatorischen Gedanken in Berührung. Als Förderer des Protestantismus in seiner venezianischen Heimatdiözese Capodistria wurde er exkommuniziert und floh nach Graubünden. Seine entschieden lutherische Haltung brachte ihm 1553 eine Berufung nach Württemberg als Rat Herzog Christophs (1550–1568) mit Dienstsitz in Tübingen ein.

Vergerios Bedeutung ermisst sich an seinem Wirken für die Reformation in Graubünden, Polen und Slowenien und an seiner Tätigkeit als Übersetzer protestantischer theologischer Schriften ins Italienische. Er förderte den slowenischen Reformator Primus Truber bei der in Tübingen und Urach erarbeiteten Bibelübersetzung in die „windische" Sprache. Die antikisierende Grabinschrift, die von floralen Mustern umrankt und einer noch im Ansatz erkennbaren „Attempto-Palme" gekrönt wird, gibt einen Abriss von Vergerios bewegtem Leben und spiegelt die europäische Ausstrahlung der württembergischen Reformation wider.

Matthias Ilg

64

Ritterakademie „Collegium Illustre": Ansicht aus der Erbauungszeit

Der in Herzog Christophs (1550–1568) Großer Württembergischer Kirchenordnung von 1559 entfaltete Territorialschulplan hatte als Gegenstück zum Stipendium für die Theologen, dem „Stift", auch Ausbildungsanstalten für weltliche Beamte vorgesehen. Herzog Ludwig von Württemberg (1568–1593) griff dann des Vaters Plan wieder auf. Der im Zeitraum von 1587 bis 1594 an Stelle des Franziskanerklosters durch Hofarchitekt und Oberbaumeister Georg Beer und unter Mithilfe von Heinrich Schickhardt errichtete Renaissancebau ist neben dem Schloss die aufwendigste Bauleistung jener Zeit in Tübingen. Bereits kurze Zeit nach der Einweihung folgte die Umwidmung durch Herzog Friedrich I. (1593–1608): Ab 1596 wurden keine bürgerlichen Eleven mehr zugelassen, und das „Collegium Illustre" profilierte sich als Ritterakademie. Das Bild zeigt den Erbprinzen Johann Friedrich von Württemberg 1597 als Collegiat in Tübingen mit dem neu errichteten Gebäude des „Collegium Illustre" im Stadtzusammenhang links dahinter.

Wolfram Hauer

Ritterakademie „Collegium Illustre": Innenhof mit adeligen Studenten

Als erster Gründung einer an Ansprüchen und Habitus des Adels orientierten schulischen Einrichtung in Deutschland kam der hier konzipierten Ritterakademie als Modell einer modernen Berufs- und Standeserziehung richtungsweisende Bedeutung zu. Bis 1628, war das „Collegium Illustre" eine überregional bedeutsame Ausbildungsstätte des protestantischen Adels Europas. Angestrebt wurde eine Balance zwischen der Neigung des Zöglings zu den traditionellen und kavaliersmäßigen Exerzitien einerseits, der wichtigen Hinführung zu den Wissenschaften andererseits. Zur Abdeckung des anspruchsvollen Lehrkanons wurden neben Tanz-, Fecht-, Ball- und Reitmeistern auch Professoren für Recht, Politik und Geschichte, Militärtechnik und Befestigungskunst, Naturwissenschaften und moderne Fremdsprachen berufen. Die Leitung des vierten Rechtskreises in Tübingen, den die Ritterakademie neben der bürgerlichen Stadt, dem landesherrlichen Schloss und der Universität bildete, lag in den Händen eines adligen Oberhofmeisters.

Wolfram Hauer

Porträt von Wilhelm Schickard (1592–1635)

Das Bildnis Wilhelm Schickards (1592–1635), der an der Tübinger Universität Professor für orientalische Sprachen, Mathematik und Astronomie war, zeigt den aus Herrenberg stammenden Gelehrten mit dem von ihm konzipierten Handplanetarium, das geo- und heliozentrische Theorie gleichermaßen darstellt. Das Porträt ist Teil der Graphischen Sammlung der Universität und stammt aus dem Jahr 1632. Heute erinnert nicht zuletzt das Wilhelm-Schickard-Institut in der Fakultät für Informatik an den Erfinder einer mechanischen Rechenmaschine (1623). Der Betreiber der württembergischen Landesvermessung und Neffe des Renaissance-Baumeisters Heinrich Schickhardt gilt nicht nur als einer der universalen Gelehrten seiner Zeit, sondern steht stellvertretend für die Blüte der Universität vor der Schlacht bei Nördlingen 1634 und den jähen städtischen wie universitären Niedergang in Folge des Dreißigjährigen Krieges und der mit dem Krieg ins Land kommenden Seuchen. Während Schickard der ersten Pestwelle, der seine Frau und drei Töchter erlagen, noch entrann, starb er ein Jahr später beim erneuten Ausbruch der Epidemie am 23. Oktober 1635, einen Tag vor seinem Sohn, mit dem er aus Sorge um sein Eigentum nach Tübingen zurückgekehrt war.

Michael C. Maurer

Porträt von Johann Georg Gmelin (1709–1755)

Johann Georg Gmelin (1709–1755), der Sibirien-Forscher, folgte 1727 seinen hiesigen Lehrern Bilfinger und Duvernoy nach Sankt Petersburg, wo er 1731 Professor für Chemie und Naturgeschichte wurde. 1733 bis 1743 nahm er neben dem Historiker Gerhard Friedrich Müller und dem Astronomen Louis Delisle de la Croyère an der großen Sibirischen Expedition teil, deren herausragendes Ergebnis die vierbändige „Flora Sibirica" (1747–1769) darstellte. Seine Beiträge gelten aber nicht nur der Botanik, sondern namentlich auch der Zoologie, Geographie, Geologie. 1749 wurde er in Tübingen Professor der Medizin, Botanik und Chemie. Einer seiner Großneffen war Christian Gottlob Gmelin (1792–1860), dem zu Ehren die Gmelinstraße zwischen Neuer Aula und ehemaligem Chemischen Laboratorium ihren Namen trägt, ein anderer war Leopold Gmelin (1788–1853), der Ahnherr des bis vor kurzem in 8. Auflage mit Dutzenden von Einzelbänden fortgeführten Handbuchs der Chemie.

Friedemann Rex

Porträt von Jacob Andreae (1528–1590)

Leben und Werk des lutherischen Theologen und Kirchenpolitikers Jacob Andreae (1528–1590) sind auf das Engste mit der Universität und der Stadt Tübingen verbunden. Andreae studierte von 1541 bis 1545 an der württembergischen Landesuniversität und war von 1548 bis 1553 als Geistlicher in Tübingen tätig. Seit 1553 wirkte er in seiner Funktion als Generalsuperintendent maßgeblich bei der Ausgestaltung der Reformation im Herzogtum mit, war jedoch darüber hinaus an der Abfassung zahlreicher evangelischer Kirchenordnungen in anderen Territorien beteiligt. Sein kirchenpolitisches Hauptziel, die Einigung des deutschen Protestantismus, erreichte Andreae trotz der im Jahre 1580 erfolgten Publikation des Konkordienbuches lediglich teilweise. Nur lutherische Territorien und Städte nehmen die maßgeblich von Andreae verfasste Konkordienformel aus dem Jahr 1577 an. Sie wurde zum Maßstab der lutherischen Orthodoxie. 1562 wurde Andreae zum Kanzler der Universität Tübingen ernannt. Er förderte in diesem Amt bis zu seinem Tod den landesherrlichen Einfluss auf die Hochschule.

Wolfgang Mährle

Haus der „Schwäbischen Geistesmutter"
Regina Bardili (1599–1669),
Haaggasse 19

Das traufständige Haus des Spätmittelalters mit Erker von 1788 war das Wohnhaus des Medizinprofessors Carl Bardili (1600–1647) und seiner Ehefrau Regina, geborene Burckhardt (1599–1669), der „Schwäbischen Geistesmutter", zu deren Nachkommen unter anderen Friedrich Hölderlin, Friedrich Wilhelm Joseph Schelling, Ludwig Uhland und Ottilie Wildermuth gehören. Ihr 1607 verstorbener Vater, Professor Georg Burckhardt, beherbergte in dem Haus auch Studenten und hielt hier Vorlesungen.

Das giebelständige Haus links daneben war ebenfalls im Besitz von Regina Bardili, die (wie Wilhelm Hauff als Student) zeitweise hier wohnte. Die sozialen Folgen der Reformation, insbesondere die Entstehung von eng miteinander verwandten Pfarrer-, Beamten- und Gelehrtengeschlechtern trugen dazu bei, dass die Universität Tübingen, wie andere protestantische Hochschulen, bis ins 19. Jahrhundert den Charakter einer „Familienuniversität" besaß. Dazu gehörte die „Quasi-Erblichkeit" von Lehrstühlen in einem exklusiven Familienkreis von Angehörigen der altwürttembergischen Ehrbarkeit und humanistisch gebildeter Gelehrtenfamilien und ein entsprechendes altständisches bürgerliches Patronagesystem. Matthias Asche

Gelehrtenfamilie Osiander, Rektorat

Das Sammelporträt der protestantischen Gelehrtenfamilie Osiander aus dem frühen 18. Jahrhundert ist Ausdruck des Selbstbewusstseins einer dynastischen Bildungselite, die durch ihre Tätigkeit in Staat und Kirche das geistige und soziale Erscheinungsbild des württembergischen Herzogtums maßgeblich geprägt hat.

Der Stammvater der Dynastie und Reformator Nürnbergs, Andreas Osiander (1498–1552), steht dabei zusammen mit Martin Luther im Mittelpunkt der Gruppe. Es soll damit gezeigt werden, dass durch die Leistung dieser Reformatoren das Licht der Wahrheit wieder entzündet wurde. Die nachfolgenden Generationen der Familie Osiander, die um die Protagonisten gruppiert wurden, haben diese Aufgabe fortgeführt und damit zur konfessionellen und geistigen Traditions- und Identitätsbildung der Universität und des Landes beigetragen. Als Bildungs- und Herrschaftsträger bildete die Familie Osiander so mit anderen verwandten Familien ein enges Geflecht an der Hochschule, wie es im 17. Jahrhundert für viele „Familienuniversitäten" des Alten Reiches charakteristisch war.

Links von Luther, mit weißem Kragen, steht Andreas Osiander (1562–1617), Hofprediger, Prälat von Adelberg und Kanzler der Universität, daneben sein Bruder Lukas Osiander (1571–1638), der ebenfalls das Kanzleramt innehatte. Am rechten Bildrand mit der weißen Perücke ist Johann Rudolf Osiander (1689–1725) zu sehen, Professor der Philosophie und der orientalischen Sprachen.

Links neben ihm steht sein Vater Professor Johannes Osiander (1657–1724), der in vielen Funktionen in Staat und Kirche tätig war und dem 1693 beim Einfall der Franzosen Stadt und Festung Tübingen anvertraut wurden. Mit aufgeschlagenem Buch, links unterhalb von diesem, dessen Vater Johann Adam Osiander (1622–1697), Professor der Theologie und seit 1681 Universitätskanzler, der dritte Amtsinhaber aus der Osianderschen Familie.

Franz Brendle

QVADRAGINTA DVOS
FRISCHLINVS VT EGERAT ANŌS
SIC OCVLOS, SIC ILLE
MANVS, SIC ORA GEREBAT

INCLYTÆ VNIVS TVB: BIBLIOTHECÆ
SEMPITERNÆ OBSERVANTIÆ ERGO OFFERT
PLVRIMVM FRISCHL: OPERIBVS DELECTATVS
BALTASARVS A FRAMBERG: CONSIL:
1634

Porträt von Nikodemus Frischlin (1547–1590)

Der Humanist und Dichter Nikodemus Frischlin war eine der schillerndsten Persönlichkeiten im Tübinger Universitätsleben in der zweiten Hälfte des 16. Jahrhunderts.

Der am 22. September 1547 in Erzingen bei Balingen geborene Pfarrersohn studierte seit 1563 als Stipendiat des Stifts, wurde 1565 Magister und erhielt 1568 an der *Eberhardina* eine außerordentliche Professur für Poesie und Geschichte.

Aufgrund seiner schwierigen Persönlichkeit, die zu zahlreichen Konflikten, unter anderem mit seinem Kollegen Martin Crusius, führte, blieb Frischlin in Tübingen ein Außenseiter des akademischen Lebens.

Kaiser Rudolf II. verlieh dem schwäbischen Dichter im Jahre 1576 die Würde eines *poeta laureatus*. In den Jahren nach 1582 wirkte Frischlin zeitweise als Leiter der Landesschule in Laibach oder befand sich auf Wanderschaft durch Deutschland. Immer wieder hatte er wegen seiner Schmähschriften und Spottgedichte für Erbitterung gesorgt, die Gunst von Förderern verloren oder war verbannt worden.

Frischlin versuchte in seinen Bühnendichtungen zwischen dem lateinischen Schuldrama und dem evangelischen Volksspiel zu vermitteln – etwa durch deutschsprachige Zwischenszenen und Chöre mit teilweise derb-realistischen oder satirischen Nebenhandlungen. Er verfasste neben biblischen und geschichtlichen Dramen unter anderem zahlreiche Komödien, die an der Universität Tübingen bei verschiedenen Gelegenheiten aufgeführt wurden.

Nikodemus Frischlin starb Ende November 1590 bei einem tollkühnen Fluchtversuch von der Festung Hohenurach, wo er nach seiner Festnahme in Mainz eingekerkert worden war.

Wolfgang Mährle

VT-Stein in der Bachgasse

Der abgebildete Stein war Teil einer Hauswand und wurde 1980 bei Abbrucharbeiten in der Unterstadt freigelegt. Den unvermuteten Fund hat der Neubau wieder einbezogen.

Auch wenn die ursprüngliche Funktion dieser mit den Initialen der Universität VT (= Universitas Tuwingensis) sowie der Jahreszahl 1608 versehenen Spolie nicht hinreichend bestimmbar ist, so vermag sie doch zumindest symbolisch eine Gruppe „Universitätsverwandter" aus der Tübinger Lebenswelt zu repräsentieren, die als „homines illiterati" in den Matrikeln firmieren: so etwa der Universitätsküfer, die Apotheker, die Buchdrucker und Buchbinder oder der Fleischer, der im Volksmund unter den „Gôgen" „dr lateinische Metzg" gerufen wurde.

Im Unterschied zu den städtischen Bürgern genossen die Angehörigen der „Gelehrtenrepublik" bis 1828 weitreichende Privilegien. So waren sie von vielen Steuern ebenso befreit wie vom Militärdienst. Ihr Verhältnis zu den Stadtbürgern war deshalb zeitweilig nicht ohne Spannungen, doch sind beide, Stadt und Universität, bis heute ohne einander nicht denkbar.

Wolfram Hauer

Ludovicus DGDW
misit Universitati
in memoriam
Anni jubilei
1677

Silberschatz der Universität: Jubiläumsbecher von 1677

Der erste Silberschatz der Universität ging im Dreißigjährigen Krieg gänzlich verloren. Auch der zweite, besonders zum 200jährigen Jubiläum von 1677 zusammengetragen, fiel dem Krieg zum Opfer: Er musste 1801 zur Aufbringung der französischen Kontribution verkauft werden. Hierzu gehörten silberne, innen vergoldete Trinkbecher, je ein Dutzend glatter und „geschwitzter" (= aufgerauhter) Arbeiten des Augsburger Goldschmieds Christian Schließer, die Herzog Eberhard Ludwig (1677–1733) zum Jubiläum von 1677 geschenkt hatte. 1886 bis 1940 konnte die Universität neun dieser Trinkbecher, drei glatte und sechs geschwitzte, zurückerwerben – einen davon, der hier abgebildete, sogar mit Deckel. Alle Becher tragen über und unter dem württembergischen Landeswappen die Inschrift: „Eberhardus Ludovicus D[ei] G[ratia] D[ux] W[irtembergiae] dono misit Universitati Tubingensi in memoriam Anni jubilaei 1677" – „Eberhard Ludwig, von Gottes Gnaden Herzog zu Wirtemberg, überreichte (diesen Becher) der Universität als Geschenk zur Erinnerung an das Jubiläumsjahr 1677".

Gudrun Emberger

Porträt des Verlegers Cotta an der Rathausfassade

Das Porträt des Verlegers Johann Friedrich von Cotta (1764–1832) befindet sich an der Tübinger Rathausfassade, deren Neugestaltung im Jahr 1876 nach Entwürfen des Stuttgarter Professors Conrad Dollinger (1840–1925) im Hinblick auf das damals bevorstehende 400jährige Jubiläum der Universität zustande kam.

Cotta steht hier in einer Reihe mit Persönlichkeiten, die sich um die Stadt verdient gemacht haben. Unter Johann Friedrich Cotta begann der Höhenflug von Buchhandlung und Verlag des 1668 von Johann Georg Cotta (1631–1692) in Tübingen begründeten Unternehmens. Johann Friedrich Cotta wurde zum Verleger der deutschen Klassik. Bei ihm erschienen unter anderem Werke von Goethe, Schiller, Christoph Martin Wieland und Heinrich von Kleist. 1794 beschlossen Friedrich Schiller und Cotta die Herausgabe des ambitionierten literarischen Periodikums „Die Horen".

Auf Vermittlung Schillers besuchte Johann Wolfgang Goethe 1797 Tübingen. Im Jahre 1811, als Stuttgart Firmensitz wurde, endete die Tübinger Periode des Hauses Cotta.

Wolfgang Urban

Herzog Carl Eugen (1728–1793)

Die Bildungspolitik trat seit den ausgehenden 1760er Jahren stark in das Blickfeld des seit 1737/44 regierenden Herzogs Carl Eugen von Württemberg, dessen im Evangelischen Stift befindliches Porträt oben abgebildet ist. Erstes sichtbares Zeichen dieses hochschulpolitischen Interesses war die Ernennung des Herzogs zum „Rector Perpetuus" der Universität Tübingen im Jahre 1767. Zwei Jahre später verfügte Carl Eugen, dass die Tübinger Hochschule fortan neben dem Namen des Gründers Graf Eberhard auch seinen ersten Namen Carl tragen solle. Trotz dieser für Tübingen hoffnungsvollen Anfänge stürzte Herzog Carl Eugen die Universität durch die Gründung und Förderung der in Stuttgart angesiedelten Hohen Karlsschule ab 1770 in eine schwere Existenzkrise. Die neue Bildungsinstitution, die ein praxisorientiertes Lehrprofil aufwies, blühte rasch auf und wurde 1782 zur zweiten württembergischen Landesuniversität privilegiert. Erst nach dem Tod Herzog Carl Eugens wurde Tübingen im Jahre 1794 wieder einzige Universität im Herzogtum. Wolfgang Mährle

Von der Ära Napoleon bis zum Beginn des Zweiten Kaiserreichs

Das 19. Jahrhundert brachte an der Universiät Tübingen, ähnlich wie an den anderen deutschen Universitäten, den Übergang zur modernen Forschungsuniversität. Universitätsreformen, ein neu entstehendes Universitätsviertel, eine fortschreitende Spezialisierung und Vermehrung von Disziplinen und Lehrstühlen sowie ein immenser Anstieg der Studierendenzahlen kennzeichneten die Entwicklung.

Zwischen 1806 und 1811 erfolgte im Zeichen des Ausbaus des württembergischen Staates und der Konsolidierung der Staatsmacht eine Reorganisation der Universität. Ihre korporativen Privilegien und Rechte wurden sukzessive aufgehoben. Die Universität wurde von der autonomen Korporation zu einer über den Staatshaushalt dotierten Anstalt. Die universitäre Selbstverwaltung wurde zeitweise stark beschnitten, und die Universität sah sich zunächst mit einschneidenden Staatseingriffen konfrontiert. Mit dem Organischen Statut von 1829/31 – der bis 1912 gültigen Universitätsverfassung – wurden ihre Selbstverwaltungsrechte schließlich weitgehend wiederhergestellt. Die massiven Staatseingriffe im ersten Drittel des 19. Jahrhunderts sorgten, zusammen mit reformfreudigen Professoren, an deren Spitze Robert von Mohl, für frischen Wind und ein Aufbrechen der Stagnation an der Universität. Die Finanzierung der Universität über den Staatshaushalt gewährleistete nun eine fortschreitende Erhöhung des Universitätshaushalts und damit einen Ausbau der Universität, der über die traditionelle Finanzierung durch die Pfründe des Universitätsvermögens so nicht möglich gewesen wäre.

Neue Lehrstühle und Fakultäten wurden gegründet, so 1817 die Katholisch-theologische Fakultät und die Staatswirtschaftliche Fakultät. 1863 erhielt Tübingen als erste deutsche Universität eine Mathematisch-naturwissenschaftliche Fakultät und war diesbezüglich Vorbildmodell für andere deutsche Universitäten. Die Eberhard-Karls-Universität war damit die Universität mit den meisten Fakultäten in Deutschland, zumal sie zu einer der nur drei deutschen Universitäten zählte, die sowohl eine Evangelisch- wie eine Katholisch-theologische Fakultät beherbergten.

Auch in den Instituts- und Seminargründungen nahm Tübingen partiell eine Vorreiterrolle ein: So wurde in Tübingen 1867 das erste Neuphilologische Seminar an einer deutschen Universität gegründet. Tübingen hatte übrigens auch 1811 den ersten Lehrstuhl für deutsche Sprache und Literatur an einer deutschen Universität erhalten, wobei dieser Lehrstuhl allerdings zeitweise nicht besetzt und dann umgewidmet wurde. In Tübingen erhielt das Physiologische Institut 1868 das erste eigenständige Gebäude an einer deutschen Universität, gleiches galt für das Pathologisch-Anatomische Institut 1874.

Mit dem 19. Jahrhundert setzte an der Universität Tübingen die erste große Bauwelle ein. Mit der 1845 an der Wilhelmstraße neu errichteten Aula und den sie flankierenden Instituten, dem Chemischen und Botanischen, war der Grundstein für die Entstehung des neuen Universitätsviertels außerhalb der Altstadt gelegt. Bis zur Jahrhundertwende umrahmten zahlreiche neue Instituts- und Klinikbauten das neue Universitätshauptgebäude. Das neue Universitätsviertel hatte einen Campuscharakter, der allerdings durch die seit der Jahrhundertwende nachrückende Bebauung durch Wohnhäuser allmählich verloren ging. Die zahlreichen neuen Universitätsgebäude, die bis Ende des 19. Jahrhunderts entstanden waren, führten sinnbildlich die enorme Ausdifferenzierung der Disziplinen und den Übergang der Universität zum Großbetrieb vor Augen.

Um 1817 verfügte die Universität Tübingen über insgesamt 35 Lehrstühle und nur wenige andere Lehrende. Bis zum Jubiläum 1877 war die Zahl der Lehrstuhlinhaber auf 57 gestiegen. Daneben gab es schon 30 weitere Lehrende. Bis zu diesem Zeitpunkt war die Vermehrung vor allem der Philosophischen und der neuen Naturwissenschaftlichen Fakultät zu gute gekommen. 1870 bestand die Evangelisch-Theologische aus fünf, die Katholisch-Theologische aus sieben, die Juristische aus sieben, die Staatswirtschaftliche (seit 1881 Staatswissenschaftliche) aus sechs, die Medizinische aus acht, die Philosophische aus 15 und die Naturwissenschaftliche Fakultät aus neun Lehrstühlen.

Das 19. Jahrhundert war das Jahrhundert, in dem Medizin und Naturwissenschaft einen enormen Aufschwung erlebten und ihre Kapazitäten beträchtlich erweiterten. Aber auch in den philosophisch-philologisch-historischen Disziplinen zeigte

Das neue Universitätsviertel zum Jahr 1889.

sich die moderne Wissenschaftsentwicklung mit ihrer zunehmenden Spezialisierung. In der Öffentlichkeit waren sowohl Geistes- wie Naturwissenschaften mit ihren Errungenschaften präsent.

Um 1800 besuchten rund 250 Studenten die Universität, 1850 waren es schon 800, und bis 1900 war ihre Zahl auf etwa 1500 angewachsen. In der zweiten Hälfte des 19. Jahrhunderts war es vor allem der Zugang nichtwürttembergischer Studenten, der für den starken Zuwachs sorgte. Die „ausländischen" Studenten stellten schließlich ungefähr 40 Prozent der Studentenklientel. Die württembergische Landesuniversität Tübingen zählte mit ihren Studentenzahlen zur Gruppe der mittelgroßen Universitäten, wobei sie in den 1880er Jahren sogar kurzfristig die fünftgrößte unter den 21 in Deutschland bestehenden Universitäten war. Das damalige Universitätsranking bemaß sich nach der Zahl der Studenten. Hohe Studierendenzahlen waren eine wichtige Größe, denn bekannte Professoren waren langfristig – vor allem wegen der zu erwartenden Kolleggelder, teilweise auch wegen der Ausstattung – nur an den größeren der mittleren sowie an großen Universitäten zu halten. Tübingen war im 19. Jahrhundert nicht nur durch die sogenannte „Tübinger Schule", die es in der evangelischen wie in der katholischen Theologie gab, bekannt. Tübingen hatte überdurchschnittlich viele Theologiestudenten, und bekannte Theologen wie Ferdinand Christian Baur, Johann Adam Möhler oder Carl Weizsäcker lehrten an der württembergischen Landesuniversität. Doch war Tübingen keineswegs nur Theologenhochburg. Tübingen hatte beispielsweise Ende des 19. Jahrhunderts auch einen Schwerpunkt in der Nationalökonomie. Bekannte Vertreter hierfür waren der Statistiker, Sozialphilosoph und langjährige Kanzler Gustav Rümelin oder der Nationalökonom Gustav Schönberg. Wissenschaftlich renommiert waren aber auch, um hier nur einige bekannte Namen herauszugreifen, Tübinger Juristen, so etwa Robert von Mohl oder Ernst Beling. In der Philosophischen Fakultät unterrichteten bekannte Gelehrte wie der Orientalist Rudolf Roth, der Neuphilologe Adelbert Keller oder der Philosoph Christoph Sigwart. Mediziner wie die Chirurgen Bruns oder Naturwissenschaftler wie der Botaniker Hugo Mohl, der Geologe August Quenstedt oder der Chemiker Lothar Meyer zeigen, dass Tübingen im 19. Jahrhundert nicht nur in den Geisteswissenschaften bekannte Namen vorzuweisen hatte.

Sylvia Paletschek

Lazarettgasse

Im nördlichen Teil der Altstadt, weit entfernt vom Zentrum der Universität, befand sich über zwei Jahrhunderte lang (1593–1804) das Tübinger Universitätslazarett (Lazarettgasse 9). Es wurde namengebend für eine Straße, die mit ihren meist aus dem 16. Jahrhundert stammenden Wohnhäusern stets als typisch für die Unterstadt gegolten hat. Das Krankenhaus nahm ausschließlich Studenten und Universitätsverwandte zur Pflege auf. Eine Ausnahme stellte der Dreißigjährige Krieg dar, in dem es, wie es in den Quellen heißt, „mit Gewalt zu einem Kriegs-Lazareth gemacht" wurde. Dass der Unterhalt mit bescheidenen Mitteln bestritten werden musste, die aus privaten Stiftungen und Universitätszuschüssen herrührten, zeigte sich am Einsatz von meist ungeschultem Personal zur Krankenpflege und am Fehlen einer ständigen ärztlichen Aufsicht. Nachdem sich Ende des 18. Jahrhunderts der Umbau zu einer Klinik als Fehlschlag erwiesen hatte und auch der Plan zur Einrichtung des Karzers in dem Gebäude verworfen worden war, verkaufte die Universität das Haus im Jahr 1809. Es wurde in der Folge zu einem stattlichen Wohnhaus umgebaut. Michael C. Maurer

Wilhelmsstift („Collegium Illustre") ▶

Auf den ursprünglichen Stiftungszweck als allgemeine „Beamtenakademie", die für Adlige und Bürgerliche offen war, verweist die mit Roll- und Beschlagwerk reich gefasste lateinisch-deutsche Bauinschrift von 1593 über dem Rundbogen des Hauptportals am stumpfen Süd-Ost-Eck des Renaissance-Gebäudes. „N.G.W." steht für den Wahlspruch Herzog Ludwigs von Württemberg (1568–1593): „Nach Gottes Willen". Das gevierte Schild des landesherrlichen Wappens zeigt im ersten Feld die drei Hirschstangen, die Haus und Land Württemberg symbolisieren, im zweiten Feld die Rauten von Teck, im dritten die 1495 verliehene Reichssturmfahne des Herzogs und im vierten Feld die Mömpelgarder Barben. Die Ritterakademie blieb im Dreißigjährigen Krieg bis ins Jahr 1628 geöffnet. Ihre Bibliothek wurde nach der Belagerung der Feste Tübingen 1634 durch die Kaiserlichen nach München verschleppt. Die Institution erlebte von 1653 bis 1688 eine kleinere Nachblüte. Oftmals Gegenstand der Kritik durch die Landstände, wurde die Adelsschule, das „Collegium Illustre", 1817 bei der Einrichtung des „Höheren Katholischen Konvikts" aufgehoben. Wolfram Hauer

Wilhelmsstift: Innenhof

Eine katholische Pfarrei hatte für Tübingen seit 1806 auf der Hofdomäne Ammer bestanden. In den Jahren 1817 bis 1896 war der jeweilige Konviktsdirektor zugleich Gemeindepfarrer der nun in die Stadt übergesiedelten Pfarrei. Eine eigene Kirche für die rasch anwachsende katholische Gemeinde wurde in den Jahren 1875 bis 1878 in unmittelbarer Nachbarschaft zum Wilhelmsstift mit der neugotischen Johanneskirche errichtet.

Auch im heutigen Stadtbild ist die Verortung des über 400 Jahre alten Kollegiumsbaus aus der Renaissance eindrücklich. Eine umfassende Renovierung der alten Bausubstanz (mit teilweisem Abbruch des Ost- und Südflügels) erfolgte in der zweiten Hälfte der 1970er Jahre. Das Juwel der nunmehr auf 200 000 Bände angewachsenen theologischen Bibliothek bilden Bestände aus dem 15. bis 18. Jahrhundert: Handschriften, Inkunabeln und Wiegendrucke, die teils aus der königlichen Privatbibliothek, teils aus säkularisierten Klöstern stammen.
Wolfram Hauer

Wilhelmsstift: Luftansicht

Im Jahre 1817 hielt das von König Wilhelm I. (1816–1864) ins Leben gerufene „Höhere Katholische Konvikt" Einzug in die Räumlichkeiten des vormaligen Adelskollegs („Collegium Illustre"). Die Errichtung dieser Ausbildungsstätte für den katholischen Klerus stand organisatorisch im Zusammenhang mit der Eingliederung der „Katholischen Universität Ellwangen" als Katholisch Theologische Fakultät in die Landesuniversität und der Verlegung des Priesterseminars nach Rottenburg, der neuen institutionellen Mitte der Katholiken des Landes. Das Konvikt, 1822 „Wilhelmsstift" genannt, war zunächst eine reine Staatsanstalt. Ab 1862 hatte der Bischof von Rottenburg Mitspracherecht bei der Ernennung des Direktors und der Repetenten. Trägerschaft und Besitz sind 1934 auf die Diözese übergegangen. Für die Entfaltung katholischen Lebens in der protestantisch geprägten Stadt- und Universitätsgemeinde hatte das Konvikt mit seinem besonderen Charakter von Anfang an große Bedeutung.
Wolfram Hauer

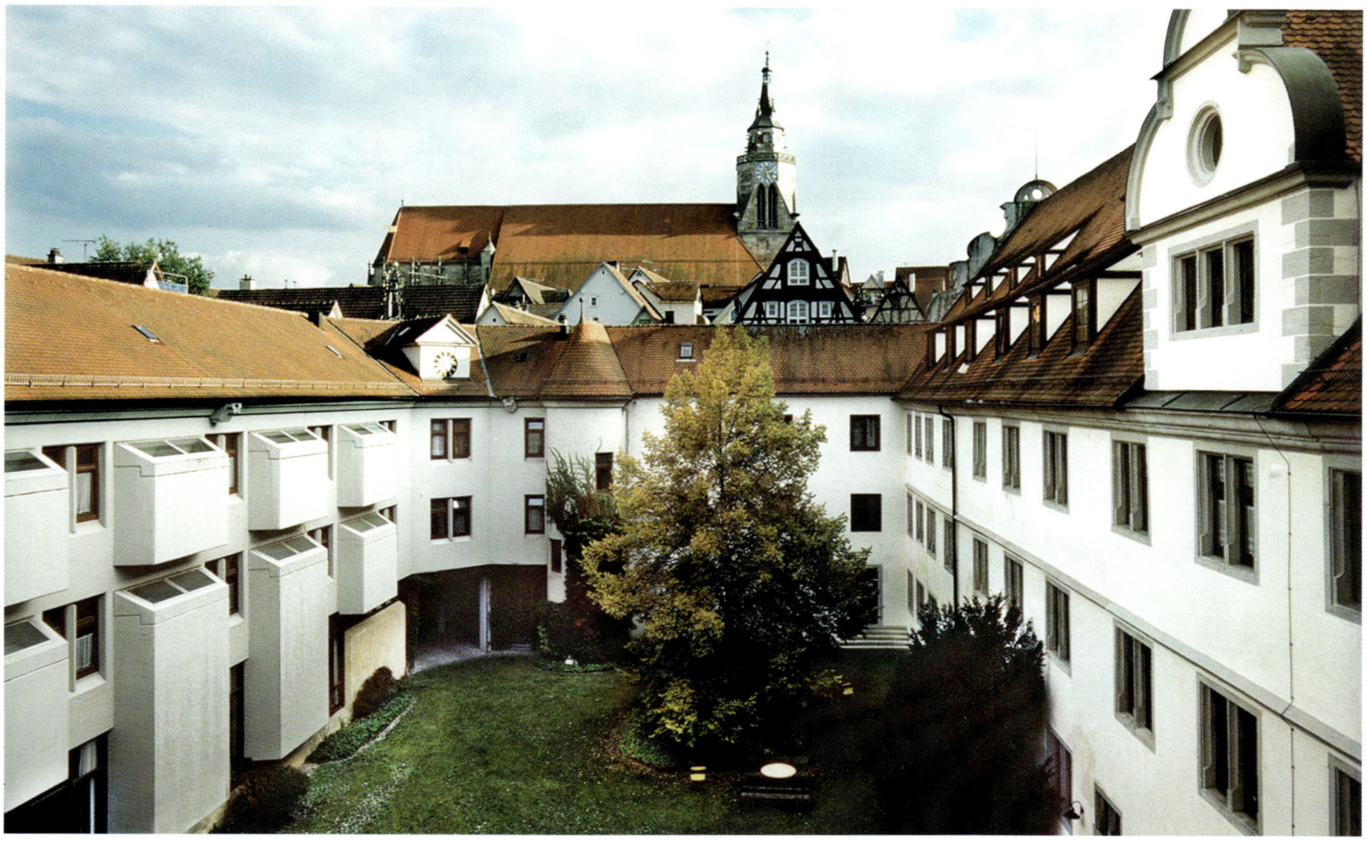

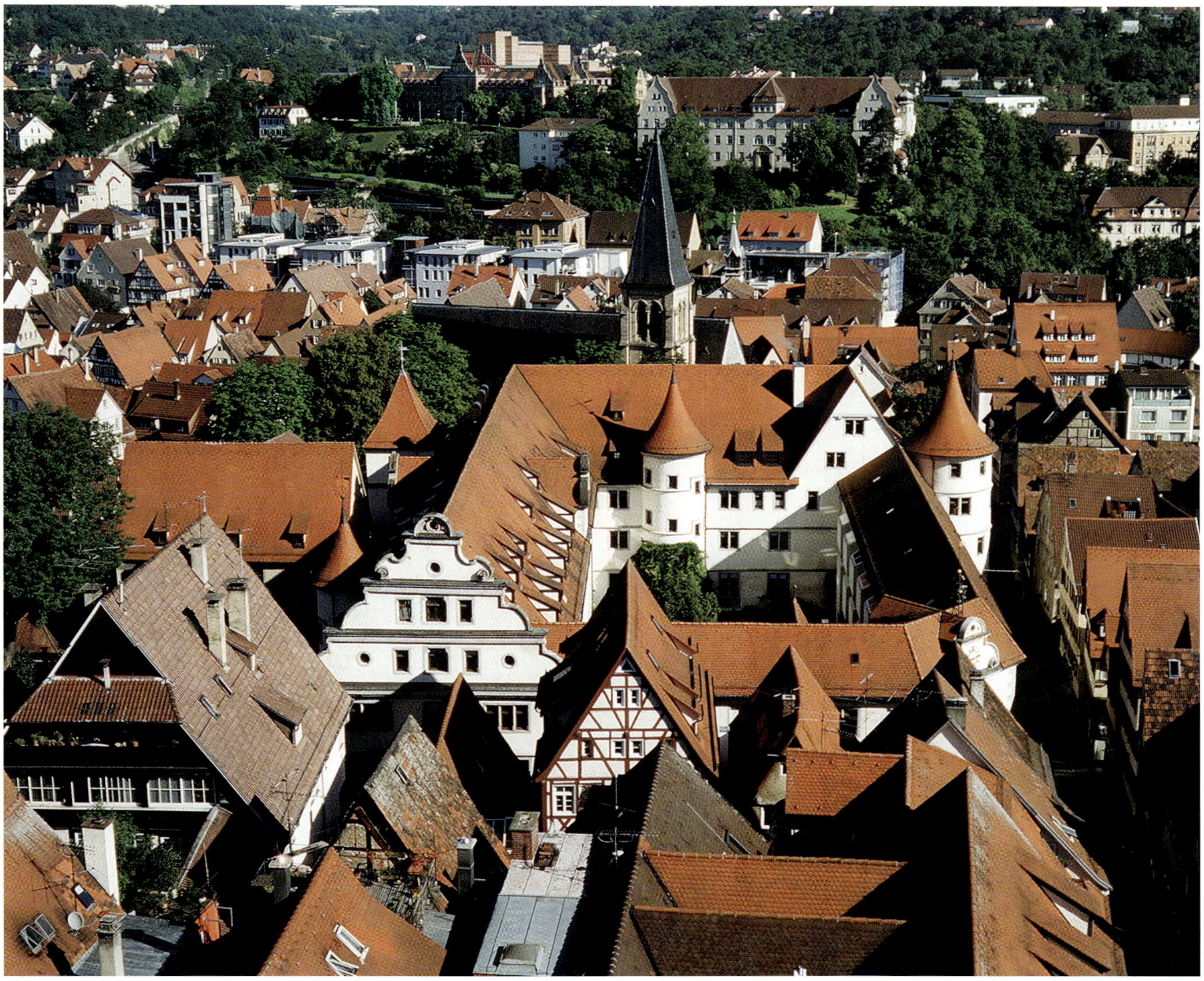

Porträt von Friedrich List (1789–1846)

Keine zwanzig Monate zählte der spätere Wirtschaftstheoretiker zu ihrem Lehrkörper, und doch zehrt die Eberhard-Karls-Universität bis heute vom Nachruhm des Reutlinger Handwerkersohns. Zwischen 1811 und 1814 hatte Friedrich List, anfangs als kleiner Aktuar in der Tübinger Oberamtei, zwar einige Semester Jura gehört, aber ohne geregelte akademische Ausbildung verdankte der junge württembergische Rechnungsbeamte seinen Lehrstuhl für Verwaltungspraxis der Wertschätzung durch den progressiven Minister Freiherr von Wangenheim.

An der im Oktober 1817 der Tübinger Hochschule quasi aufoktroyierten Staatswirtschaftlichen

Fakultät war List für den Minister der richtige Mann, um das altwürttembergische Krebsübel des institutionalisierten Schreibereiwesens vom Katheder her allmählich auszurotten.

Doch belastete ihn der Makel eines „Ministerknechts" bei Studenten wie Professoren, obwohl List sich mit großem Elan auf seine neuen Aufgaben in Senat und Fakultät stürzte und als geborener Reformer auch hier versuchte, Fehlentwicklungen zu revidieren. Im April 1819 wegen seiner Tätigkeit im supranationalen Deutschen Handels- und Gewerbeverein zur Rechenschaft gezogen, warf Friedrich List impulsiv seine Professur dem König vor die Füße.   Volker Schäfer

Naturwissenschaftliche Fakultät: Siegel

Die Universität Tübingen kann für sich in Anspruch nehmen, die erste Naturwissenschaftliche Fakultät Deutschlands eingerichtet zu haben. Sie konstituierte sich am 16. Oktober 1863 und bekam vier Tage später die Bezeichnung „ordo physicorum".

Das 1866 geschaffene Siegel wurde von H. Leibnitz, Tübingen, entworfen und von Karl Schwenzer, Nürnberg, graviert. Als Vorlage diente der Entwurf für das Denkmal Keplers in seiner Geburtsstadt Weil der Stadt.

Das Fakultätssiegel zeigt neben dem Wappen des Königreichs Württemberg (zu Füßen von Johannes Kepler) und dem Stadtwappen Tübingen die Attribute Globus und Zirkel.

Die Erbin des historischen Siegels ist die heutige Fakultät für Physik.   Friedemann Rex

Porträt von Johann Heinrich Ferdinand von Autenrieth (1772–1835)

Wenn die Universität im frühen 19. Jahrhundert, als sich König Friedrich über die antiquierten Strukturen seiner Landesuniversität hinwegsetzte, ein gewisses Eigenleben behielt, so verdankte sie es ihrem Kanzler Autenrieth. Der Absolvent der Stuttgarter Hohen Karlsschule, als junger Arzt mit Italien- und sogar Amerika-Erfahrung 1797 nach Tübingen berufen, zeigte bald sein Durchsetzungsvermögen, als er 1803 bis 1805 in wirtschaftlich prekären Zeiten dem württembergischen Staat das erste Klinikum in der alten Tübinger Burse abrang.

Das Ansehen, welches Autenrieth bei Hofe genoss, äußerte sich auch darin, dass ihn der Regent zum ersten nicht-theologischen Universitätskanzler bestellte. Folgerichtig übertrug ihm Stuttgart 1819 auch das von den Karlsbader Beschlüssen bundesweit zur Überwachung der Hochschulen verlangte Amt eines Außerordentlichen landesherrlichen Bevollmächtigten. In dieser Eigenschaft schuf er jedoch 1821, entgegen dem allgemeinen politischen Misstrauen gegenüber universitären Freiheitsregungen, sensationellerweise in Tübingen den ersten Allgemeinen Studentenausschuss Deutschlands.

Als 1831 die Stände das auf ihn zugeschnittene Hochschulstatut revidierten, brach das Ende der Ära Autenrieth an, obwohl es ihm gelungen war, die erregt diskutierte Verlegung der Universität nach Stuttgart abzuwenden.   Volker Schäfer

Hörsaal des Anatomischen Instituts am Österberg

Der Bau eines neuen Hörsaals für das Anatomische Institut war eine der Bedingungen, die sich der seit 1924 in Tübingen lehrende Anatom Otto Oertel bei seiner Berufung zum Institutsdirektor 1933 zusichern ließ.

Der bisherige, im Westflügel untergebrachte Hörsaal mit seinen 149 festen Plätzen, in dem notfalls zwar doppelt so viele Studenten unterkommen konnten, hatte sich spätestens seit 1926, als die jährliche Kursteilnehmerzahl dauerhaft die 300er-Marke überschritt, als viel zu klein erwiesen.

1934 wurde mit dem Anbau begonnen, der aufgrund der Grundstücksverhältnisse am Hang des Österbergs durch einen leicht gebogenen Zwischentrakt mit dem Ostflügel des Haupthauses verbunden wurde.

Der neue, so genannte „große" Hörsaal umfasste 249 feste Plätze in steil ansteigenden Reihen, die gute Sichtverhältnisse garantierten. Er liegt im Obergeschoss des Anbaus, der außerdem noch einige weitere, zu unterschiedlichen Zwecken genutzte Räume sowie im Erdgeschoss eine große Garderobe beherbergt.

Die Rundung des großen Hörsaals bietet zudem Platz für eine anatomische Schausammlung, die in 20 Nischen hinter verglasten Türen untergebracht ist.

Miriam Zitter

Anatomie am Österberg

Zu Beginn des 19. Jahrhunderts erwies sich die bisherige Unterkunft der Anatomie in der heute nicht mehr bestehenden Konradskapelle bei der Jakobuskirche aufgrund der stetig steigenden Zahl von Medizinstudenten als zu klein.

Nach über 20jährigen Verhandlungen zwischen der Medizinischen Fakultät, der Universität, der Stadt und dem zuständigen Ministerium in Stuttgart wurde im Jahr 1835 auf einem ehemaligen Gartengelände oberhalb des Lustnauer Tors der Grundstein für ein neues Anatomisches Institut gelegt. Darüber hinaus wurden in dem neuen Gebäude zunächst auch noch das Institut für Zoologie (bis 1845), die Pathologie (bis 1868) und die Physiologie (bis 1874) untergebracht.

Das nach Plänen des damaligen Kreisbaurats Roth konstruierte Gebäude wurde später mehrfach erweitert. Ursprünglich bestand es aus einem zweigeschossigen Mittelbau zwischen zwei dreistöckigen „Pavillons". In den Jahren zwischen 1879 und 1882 baute man rechtwinklig zum Mittelbau einen Präpariersaal an, 1898 wurde der Mittelbau aufgestockt. Nach weiteren kleineren Umbauten wurde schließlich in den Jahren 1934 bis 1936, ausgehend vom Ostflügel, ein neuer Hörsaal angebaut. Der alte, im Westflügel untergebrachte Hörsaal wird allerdings seither weiterhin genutzt.

Einen letzten größeren Anbau gab es im Jahr 1963, als an den Präpariersaal ein weiterer Kurssaal angeschlossen wurde.

Miriam Zitter

Museum an der Wilhelmstraße

Am 18. Juni 1821 wurde vor dem Lustnauer Tor am Rand des Botanischen Gartens der Grundstein für ein Gesellschaftshaus gelegt, zu dessen Errichtung sich die seit einigen Jahren in Tübingen bestehenden akademischen Lesegesellschaften zusammengeschlossen hatten.

Architekt war Gottlob Georg Barth (1787–1848), der zwanzig Jahre später auch die Neue Aula erbaute. Das „Museum" mit seinem großen Saal, mit Lese- und Spielzimmern war fortan das Zentrum des gesellschaftlichen Lebens der Universitätsstadt. Noch um 1900 erwarb mehr als die Hälfte der Studierenden die Mitgliedschaft in der Museumsgesellschaft.

Das Gebäude, das nach der Wilhelmstraße und zur Grabenstraße hin seine ursprüngliche Erscheinung noch weitgehend bewahrt hat, wurde mehrfach erweitert und im Innern durchgreifend umgebaut. 1886 entstand ein großer Saalanbau mit fast 1200 Plätzen. Der heutige „Schillersaal" – in der Regel als Kinosaal, aber immer wieder auch für Theatergastspiele, Vorträge, Bälle und Empfänge genutzt – geht auf einen grundlegenden Umbau zurück, der noch am Vorabend des Ersten Weltkriegs in Angriff genommen wurde.

Bis zur Mitte des 20. Jahrhunderts blieb die Museumsgesellschaft als Träger des Konzert- und Theaterlebens in der Stadt fast ohne Konkurrenz, und ein Mittelpunkt kultureller Geselligkeit ist das „Museum" bis heute geblieben.

Johannes Michael Wischnath

Ludwig-Uhland-Denkmal

Im 19. Jahrhundert galt der in Tübingen geborene Ludwig Uhland (1787–1862) als der größte Sohn der Stadt, der weit über Württemberg hinaus bekannt war und verehrt wurde als aufrechter Demokrat – Kämpfer für das „alte gute Recht" –, als Dichter und als Gelehrter. Das hier abgebildete Uhlanddenkmal, am 14. Juli 1873 feierlich enthüllt, wurde nach einem Entwurf des Dresdner Künstlers Gustav Adolf Kietz aus Bronze gegossen. Zu Füßen des „treuen und freisinnigen deutschen Mannes" befinden sich Reliefs mit Allegorien der Dichtkunst (Bild), des Vaterlands und der Forschung.

Wilfried Setzler

85

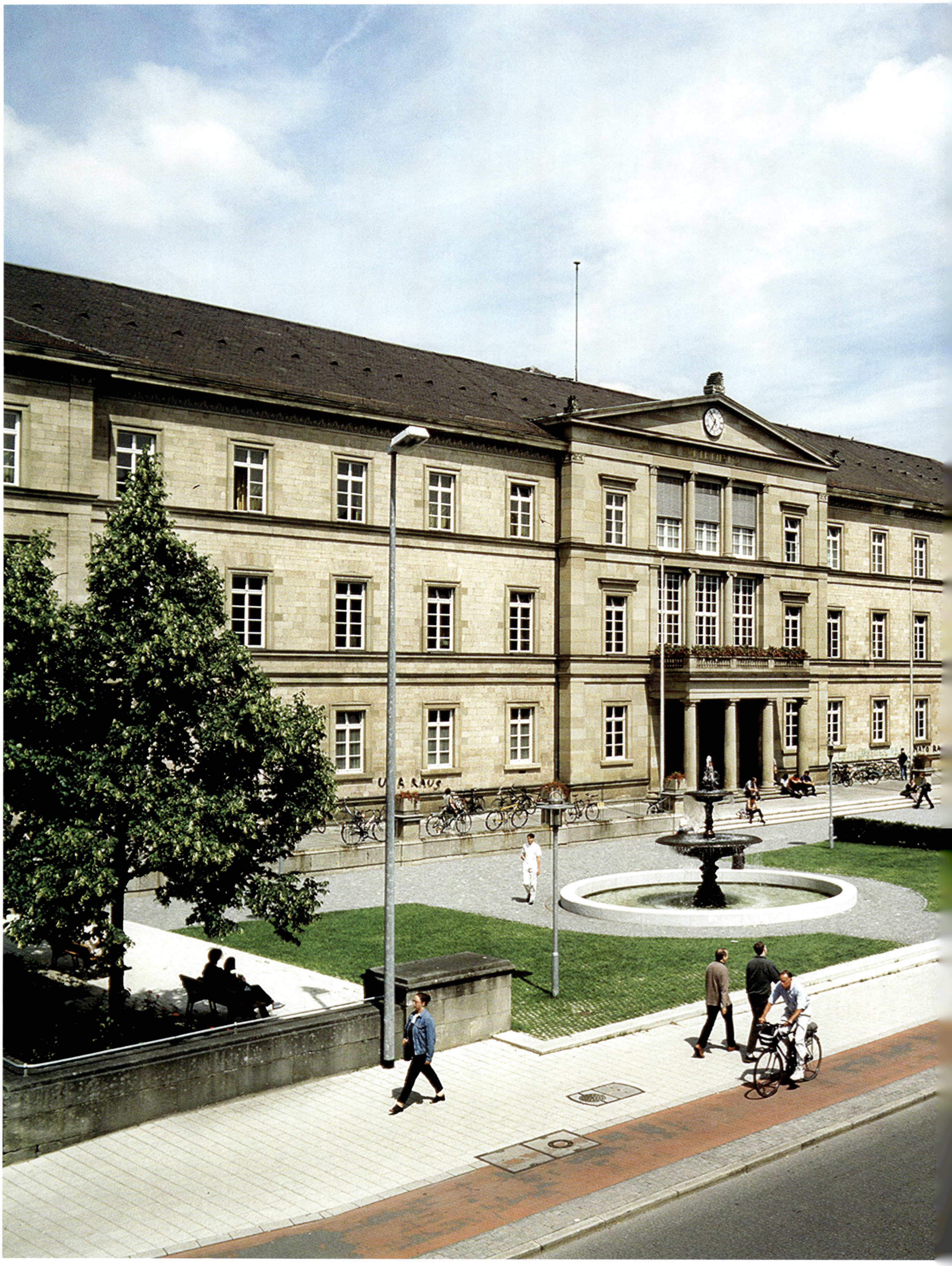

Neue Aula: Wilhelm I., König von Württemberg

König Wilhelm I. von Württemberg (1781–1864) kam 1816 auf den Thron und regierte bis zu seinem Tod im Juni 1864. Er galt als nüchterner, tendenziell liberal eingestellter Monarch.

Unter seiner Regierung wurde der Verfassungskonflikt beigelegt und 1819 die württembergische Verfassung verabschiedet. Wilhelm I. machte sich durch den Ausbau einer modernen Verwaltung und effektive Wirtschaftsförderung um Württemberg verdient.

Im Zug der Konsolidierungsmaßnahmen des württembergischen Staates verlegte Wilhelm I. 1817 die Katholisch-theologische Fakultät von Ellwangen nach Tübingen. Ebenfalls 1817 stimmte er dem an ihn aus dem Ministerium herangetragenen Gedanken der Gründung einer Staatswirtschaftlichen Fakultät in Tübingen zu.

Mit dem Organischen Statut von 1829/31 erhielt die Universität unter Wilhelms Ägide einige der Selbstverwaltungsrechte wieder zurück, die ihr durch seinen Vater, den ersten württembergischen König Friedrich, entzogen worden waren.

König Wilhelm I. war auch an der Entscheidung beteiligt, die 1845 gebaute Neue Aula (links) auf der großzügigen Freifläche vor dem Lustnauer Tor zu errichten.

Sylvia Paletschek

Alte Botanik

Im fast noch unbebauten Tal der Ammer entstand – entlang einer neuen, gerade terassierten Straße – ein neues Universitätsviertel. Zuerst, 1845, wurde das neue Universitätshaus (die Neue Aula) errichtet, mit zwei Seitenpavillons, dem Botanischen und Chemischen Institut. Bis 1807 waren beide Fächer – Chemie mit Pharmazie und Biologie – an einem Lehrstuhl vereinigt. Nun sollte deren Trennung auch äußerlich sichtbar dokumentiert und die moderne den Naturwissenschaften gegenüber aufgeschlossene Haltung der Universität demonstriert werden. Beide Nebengebäude wurden dann so konzipiert, dass sie auch die Wohnungen der Lehrstuhlinhaber Christian Gottlob Gmelin (1792–1860) für Chemie und Hugo von Mohl (1805–1872) für Biologie aufnehmen konnten.

Während die Neue Aula (Grundsteinlegung 1841) mit ihrer dominierenden dreigeschossigen Baumasse etwa um 25 Meter vom Straßenrand zurückgesetzt wurde, schob man die beiden niedrigeren, zweistöckigen Seitengebäude flankierend vor, so dass „eine gestalterisch anspruchsvolle Fassung des Straßenraums erreicht wurde, die den Ankommenden mit repräsentativer Geste empfing." Für die Flügelbauten waren wie für die Aula die Pläne des Königlichen Oberbaurats Georg Gottlob von Barth (1777–1848) maßgebend.

Das Botanische Institut, in unmittelbarer Nachbarschaft des 1805 von Kielmeyer angelegten Botanischen Gartens errichtet, erhielt 1928 einen Erweiterungsbau. Der Fachbereich Biologie erlebte in den sechziger Jahren einen stürmischen Aufschwung, so dass das Gebäude bald aus allen Nähten platzte. 1963 wurden die Biologie und die Chemie in die Neubaupläne „Institutsgebiet Auf der Morgenstelle" mit einbezogen, so dass die Alte Botanik nach dem Umzug der Naturwissenschaften auf die Morgenstelle 1974 eine neue Funktion erhalten konnte. Sie dient heute der Unversitätsleitung als Sitz und beherbergt einen Teil der Zentralen Verwaltung.   Sönke Lorenz

Alte Chemie

1753, ein Jahr nach der Sternwarte auf dem Schloss, erstand in der Altstadt nördlich der damals als Anatomie genutzten Konradskapelle gegen die Madergasse hin als ältestes Chemielabor ein kleines bescheidenes zweistöckiges Gebäude, das 1809 der sich ausbreitenden Anatomie abgetreten wurde. Für die Chemie wurde nun als zweite Station die alte Hofküche im Südflügel des Schlosses ausersehen, wogegen sich Professor Karl Friedrich Kielmeyer (1765–1844), der ja in der Altstadt zugleich noch die Botanik zu vertreten hatte, entschieden zur Wehr setzte.

Unter dem Nachfolger Christian Gottlob Gmelin – dem „schwefelsauren Christian" –, dessen Professur nicht mehr an die Botanik gebunden war und der als unmittelbarer Nachkomme dreier Generationen Markt-Apotheker für eigene Arbeiten ein privates Hauslabor zur Verfügung hatte, kam es dann zunächst zur Chemie auf dem Schloss und 1846 zum Bezug des abgebildeten neu gebauten Chemischen Laboratoriums Ecke „Gmelin"-/Nauklerstraße als dritter Station.

Hier wirkten, um nur drei Namen zu nennen, Adolf Strecker (1822–1871), Rudolf Fittig (1835–1910) und Lothar Meyer (1830–1895). Doch nach rund einem halben Jahrhundert war das Gebäude den Anforderungen des Faches nicht mehr gewachsen, so dass schließlich als vorletzte Station – vor dem Umzug der Tübinger Chemie auf die Morgenstelle 1974 – in den Jahren zwischen 1904 und 1907 ein neues Chemisches Institut auf freiem Gelände zwischen der Wilhelm- und Nauklerstraße erstellt wurde, das mittlerweile einem Parkplatz gewichen ist und abgerissen wurde.   Friedemann Rex

Universitätskrankenhaus

Nur ein Jahr nach der Neuen Aula konnte mit dem neuen akademischen Krankenhaus 1846 ein weiteres Gebäude der Universität außerhalb der Altstadt eingeweiht werden. Als 1879 die Innere Medizin auszog, fiel das Haus allein der Chirurgie zu, die darin bis 1935 untergebracht war. Heute dient es dem Hygiene-Institut. Miriam Zitter

Schlangenrelief am Hygieneinstitut

Die Schlange wurde in der antiken griechischen Kunst und Religion neben anderen Bedeutungen (etwa als Verkörperung einer toten Seele, als Erdgeist oder als Fruchtbarkeitssymbol) auch als heilkräftiges Tier angesehen.

Durch das regelmäßige Abstreifen ihrer Haut galt die Schlange als Symbol für die Verjüngung, entsprechend der Erneuerung, die der Mensch in der Heilung von einer Krankheit erfuhr. Zudem wurde dem Schlangenfleisch als Ingredienz von Arzneimitteln eine besondere Heilkraft zugeschrieben. Der Heilgott Asklepios (Aesculap) trat ursprünglich sogar selbst in Schlangengestalt auf; später entwickelte sich die Schlange zu seinem wichtigsten Attribut. Von Asklepios wurde das Attribut der Schlange auch auf Hygieia, die Göttin der Gesundheit, übertragen, als Ende des 5. Jahrhunderts vor Christus die Kulte der beiden ursprünglich selbständigen Gottheiten miteinander verwoben wurden. Die Schlange, die aus einer Schale frisst oder trinkt, findet sich in Darstellungen beider Gottheiten, bei Asklepios allerdings selten. Dieser ist wesentlich häufiger mit dem Stab und der sich darumwindenden Schlange abgebildet.

Auch bei gemeinsamen Auftritten beider Gottheiten ist es stets Hygieia, die der Schlange eine Schale mit Nahrung reicht, so dass dieses Relief als mehrdeutiger Hinweis auf die „Namenspatronin" des Hygiene-Instituts verstanden werden darf.

Miriam Zitter

Altes Physiologisches Institut

Bis 1874 war die Physiologie im Anatomischen Institut untergebracht. Platzmangel infolge wachsender Studentenzahlen sowie steigende Ansprüche des sich im 19. Jahrhundert allmählich von der Anatomie lösenden und selbständig werdenden Fachs bewogen den damals einzigen Lehrstuhlinhaber Karl Vierordt, 1861 den Neubau eines Physiologischen Instituts zu beantragen.

1866 wurden die Bauarbeiten auf dem Gelände Ecke Hölderlin-/Gmelinstraße begonnen, das als „Standortvorteil" die große Nähe zum Krankenhaus, zum (alten) Botanischen Garten und zur Aula aufwies. Im Jahr 1868 konnte das neue, aus Quadersteinen und Ziegeln ausgeführte Gebäude bezogen werden.

Seine heutige Gestalt erhielt es durch eine größere Erweiterung in den Jahren 1956 bis 1960. Der zur Gmelinstraße hin gelegene, bis dato eingeschossige Flügel wurde auf die Firsthöhe des gesamten Gebäudes aufgestockt. Hinter der fensterlosen Fassade (Schallisolierung) im zweiten Stock und im Dachgeschoss verbirgt sich der bei seiner Einweihung 1958/59 wegen seiner hochmodernen technischen Einrichtung besonders gerühmte Hörsaal.

Miriam Zitter

Porträt von Christian Ferdinand Baur (1792–1860)

Der Kirchenhistoriker und Exeget Ferdinand Christian Baur, am 21. Juni 1792 in Schmiden bei Stuttgart geboren, aufgewachsen und ausgebildet in Blaubeuren und Maulbronn, tätig als Stiftsrepetent in Tübingen, wurde 1817 Professor für alte Sprachen am niederen Seminar in Blaubeuren, wo er David Friedrich Strauß und Friedrich Theodor Vischer zu Schülern hatte. Anfangs von Schleiermacher und Schelling beeinflusst, ließ sich der inzwischen 1826 zum Professor für historische Theologie nach Tübingen Berufene von der Philosophie Hegels beeindrucken, die sein Verständnis von Geschichte und Religion fortan bestimmte.

Von Baur ging die sogenannte jüngere Tübinger Schule der evangelischen Theologie aus. Das Porträt, von Emil Kornbeck 1856 gemalt, stellt Baur in Amtstracht dar.

Reinhold Rieger

Porträt von Robert von Mohl (1799–1875)

Den Sohn eines hohen württembergischen Verwaltungsbeamten trug eine brillante Karriere in höchste Ämter und Ehren: Schon mit 26 Jahren war Robert von Mohl Ordinarius an der damals von seinem Onkel, dem Universitätskanzler Autenrieth, dominierten Universität Tübingen.

Nach seinem spontanen Austritt aus dem Staatsdienst im Jahr 1845 saß der Professor der Staatswirtschaftlichen Fakultät noch kurz im württembergischen Landtag, bevor er als Heidelberger Professor 1848 zum Abgeordneten der Frankfurter Nationalversammlung und sogar zum Reichsjustizminister, 1861 sodann zum badischen Gesandten am Deutschen Bundestag und 1867 am bayerischen Königshof avancierte.

1857 bis 1873 Mitglied der Ersten Badischen Kammer und seit 1871 erblich geadelt, wurde er 1874 noch in den Deutschen Reichstag gewählt, wo er sich den Nationalliberalen anschloss.

Tübingen verdankt ihm den Bau der Neuen Aula sowie ein modernes Bibliothekssystem, beides noch vor Mitte des 19. Jahrhunderts in Überwindung veralteter akademischer Verhältnisse. Den staatlichen wollte er auch im Stuttgarter Parlament zu Leibe rücken, stand aber als Mandatsbewerber unversehens in Opposition zu König Wilhelm I. mit einer Zivilcourage, die ihn 1845 zum politischen Märtyrer stempelte.

Volker Schäfer

Porträt von Karl Georg von Wächter (1797–1880)

Carl Georg Wächter (1797–1880), im Jahr 1853 wurde er geadelt, gehört zu den glänzendsten Rechtsprofessoren in der Geschichte der Tübinger Universität und galt noch im frühen 20. Jahrhundert als „einer der größten deutschen Juristen aller Zeiten" (E. Landsberg).

Das Tübinger Professoren- und zeitweise auch das Universitätskanzler-Amt hatte er mit verschiedenen Unterbrechungen von 1819 bis 1851 inne. Kurzzeitig bekleidete er als Präsident des Oberappellationsgerichts Lübeck, den damals angesehensten Richterposten in Deutschland.

1852 ging er als Professor nach Leipzig. Wichtige politische Ämter kamen hinzu. Wächter war gleich bedeutend als Straf- und als Privatrechtler, jedoch weniger ein Reformer als ein Bewahrer und Vollender.

Mit seinem Handbuch des württembergischen Privatrechts schuf er die beste Darstellung eines Landesprivatrechts im 19. Jahrhundert, ein zeitloses Vorbild an Genauigkeit, gedanklicher Ordnung und treffsicherem Judiz.

Carl Georg von Wächters Einfluß ist wohl auch die Entscheidung für eine gesamtdeutsche Privatrechtskodifikation zu verdanken, die das Bürgerliche Gesetzbuch von 1896 hervorgebracht hat.

Das Gemälde von Hermann Leibnitz zeigt Wächter im Alter von 46 Jahren.

Jan Schröder

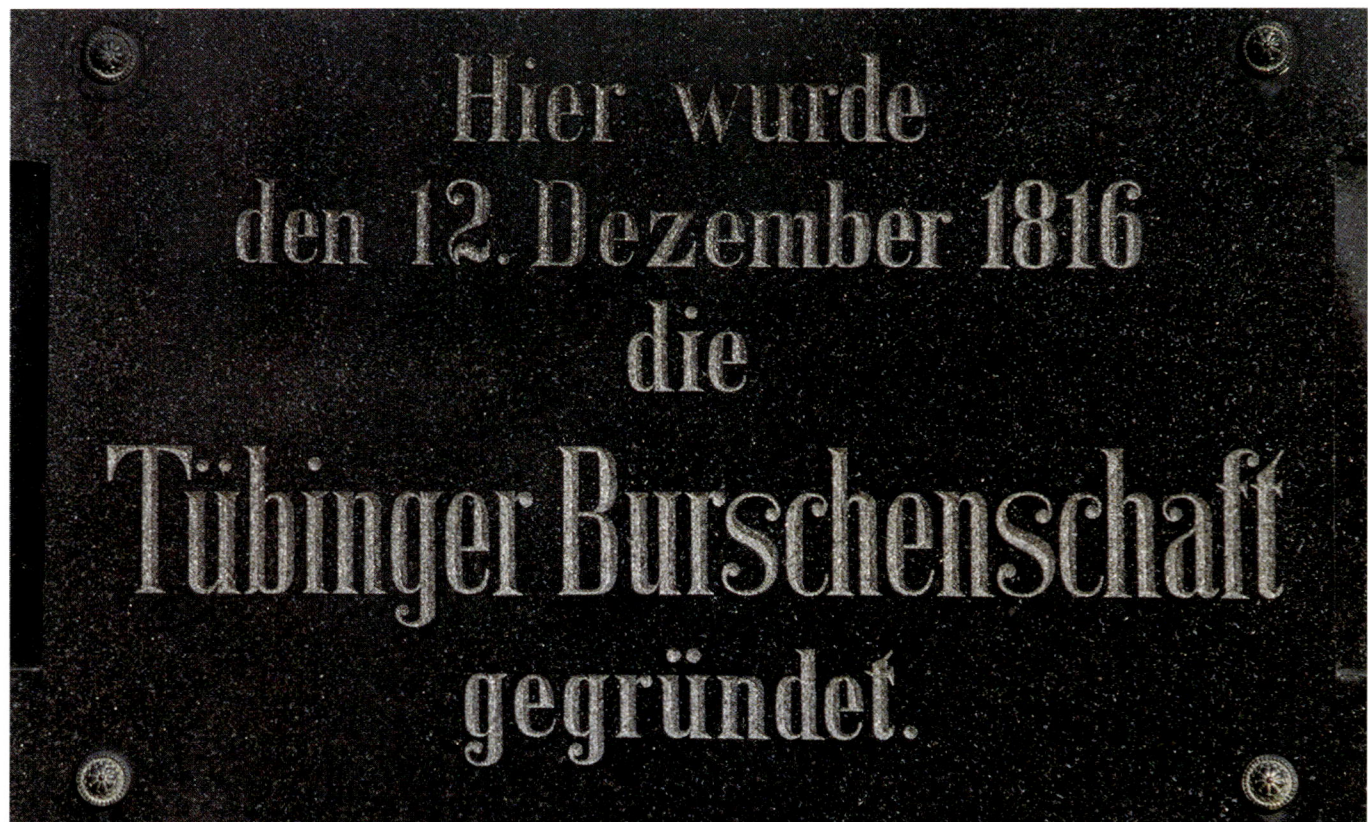

Tafel am oben abgebildeten Weilheimer Kneiple.

Hier wurde den 12. Dezember 1816 die **Tübinger Burschenschaft** gegründet.

Weilheimer Kneiple

Das im Zweiten Weltkrieg noch „Neues Wirtshaus" genannte Gasthaus wurde im 18. Jahrhundert erbaut. Es lag abgeschieden an der nördlich von Weilheim verlaufenden Landstraße.

Das Wirtshaus erfreute sich großer Beliebtheit bei den Tübinger Studenten und insbesondere bei Verbindungsstudenten, die das Gasthaus als nahes Ausflugsziel wählten.

1816 wurde im Gasthaus die „Tübinger Burschenschaft" und 1857 die „Strochdorphia", die älteste nichtfarbentragende Verbindung in Deutschland, gegründet. Auch Ludwig Uhland spazierte zum Kneiple und widmete ihm ein Gedicht.

Sylvia Paletschek

Mörikes Kegelbahn

Überthront vom Nordostturm des Schlosses Hohentübingen schmiegt sich an die Vorburgmauer die mit Abstand älteste Kegelbahn der Universitätsstadt, vielleicht sogar, wie das örtliche Landesdenkmalamt mutmaßt, die letzte erhaltene Kegelbahn aus der Ära vor 1800. Aus eben diesem Grunde ist sie 1996 in das Buch der Kulturdenkmäler eingetragen worden.

Die nach zwei Seiten offene Anlage mit ihrer zu einem doppelgeschossigen Fachwerk-Gartenhaus gehörenden kleinen Trinkhalle steht auf dem Boden der früheren herzoglichen Schlossküferei. Da deren Betreiber nebenbei auch eine Wirtschaft führten, liegt die Annahme nahe, dass damit der Getränkeumsatz gesteigert werden sollte. So wird ihre Errichtung denn auch mit einem Eigentümerwechsel von 1756 in Verbindung gebracht.

Vorübergehend war die Bahn in Vergessenheit geraten. Jedenfalls klagt Eduard Mörike 1827 in seiner launigen Ballade „Des Schloßküpers Geister zu Tübingen":

Ins alten Schloßwirts Garten
Da klingt schon viele Jahr kein Glas;
Kein Kegel fällt, keine Karten,
Wächst aber schön lang Gras.

Heute weist die von der Studentenverbindung „Roigel", ihrer aktuellen Eigentümerin, wieder zum Leben erweckte Kegelbahn manche technische Neuerung auf, auch eine auf 12,75 Meter wohl verkürzte, von sechs alten Holzstützen mit teilweise gebogenen Kopfstreben begleitete Lauffläche. Geblieben ist neben einigen anderen Stützen und einer hölzernen, von Degenspur übersäten Säule auch das Pultdach, das die Anlage in einer Gesamtlänge von rund 30 Metern deckt.

Volker Schäfer

96

Rektorenkette

Erst im 19. Jahrhundert übernahmen die deutschen Universitäten den Brauch, ihre Rektoren zu Repräsentationszwecken mit einer kostbaren Brustkette als Symbol der Amtsgewalt zu schmücken. Das Tübinger Exemplar entstand 1841. Seither wird die Kette vom jeweiligen Amtsinhaber zu besonderen Anlässen getragen.

Die goldene Kette aus der Werkstatt des Stuttgarter Goldschmieds Wilhelm Oechslin setzt sich aus 18 kurzen Kettengliedern von je 3,5 Zentimetern Länge und 1,5 Zentimetern Breite zusammen. Ihre Gelenke verbirgt sie unter 17 Muscheln. Insgesamt 95 Zentimeter lang, gefällt sie mit ihren fragezeichenförmig gebogenen, verschränkt auf einen Goldsteg aufgelöteten Golddrahtstücken durch ein schlichtes, aber sehr ansprechendes Muster.

In einem kleinen, schildförmigen Mittelstück erscheint auf der Vorderseite das Wappen der Universität, begleitet von den Initialen U T für Universitas Tubingensis, und auf der Rückseite das Gründungsjahr 1477. Darunter hängt ein etwas größeres, ovales Medaillon mit dem Profilporträt König Wilhelms I. von Württemberg, zu dessen 25jährigem Regierungsjubiläum diese jüngste der Tübinger Insignien eigens angeschafft worden ist.

Volker Schäfer

Schlosskirche Hohentübingen

Die Schlosskirche im Südflügel von Hohentübingen ist die älteste erhaltene Kirche Tübingens. Bereits im Jahr 1188 urkundlich erwähnt, wurde sie vom Universitätsgründer Graf Eberhard im Bart zur Pfarrkirche erhoben, weil ihm der Gottesdienstbesuch in der Stiftskirche allzu „beschwerlich und bei Nacht gefährlich" erschien.

Als das Schloss Hohentübingen 1816 nach der Krönung von König Wilhelm I. in Universitätseigentum überging, diente die Schlosskirche als Sitz der im Mai 1815 gegründeten Evangelischen Predigeranstalt. Diese erhielt durch königliches Dekret vom 7. September 1826 den Rang des ersten Tübinger Universitätsinstituts, in dem Theologiekandidaten seminarisch-konversatorisch auf ihre Predigt- und Unterrichtspraxis vorbereitet wurden.

So galt die Predigeranstalt bald neben dem Evangelischen Stift weit über die Grenzen Württembergs hinaus als vorbildliche Kaderschmiede protestantischer Geistlichkeit: Auf der Schnittstelle von Universität, Kirche und Gesellschaft sollte die „geistliche Poliklinik" den angehenden Predigern und Religionslehrern eine praktisch-theologische Bildung zu akademischer „Gedankenzucht", „strenger Wahrhaftigkeit" und geistlichem „Kunstsinn" vermitteln.

Volker Drehsen

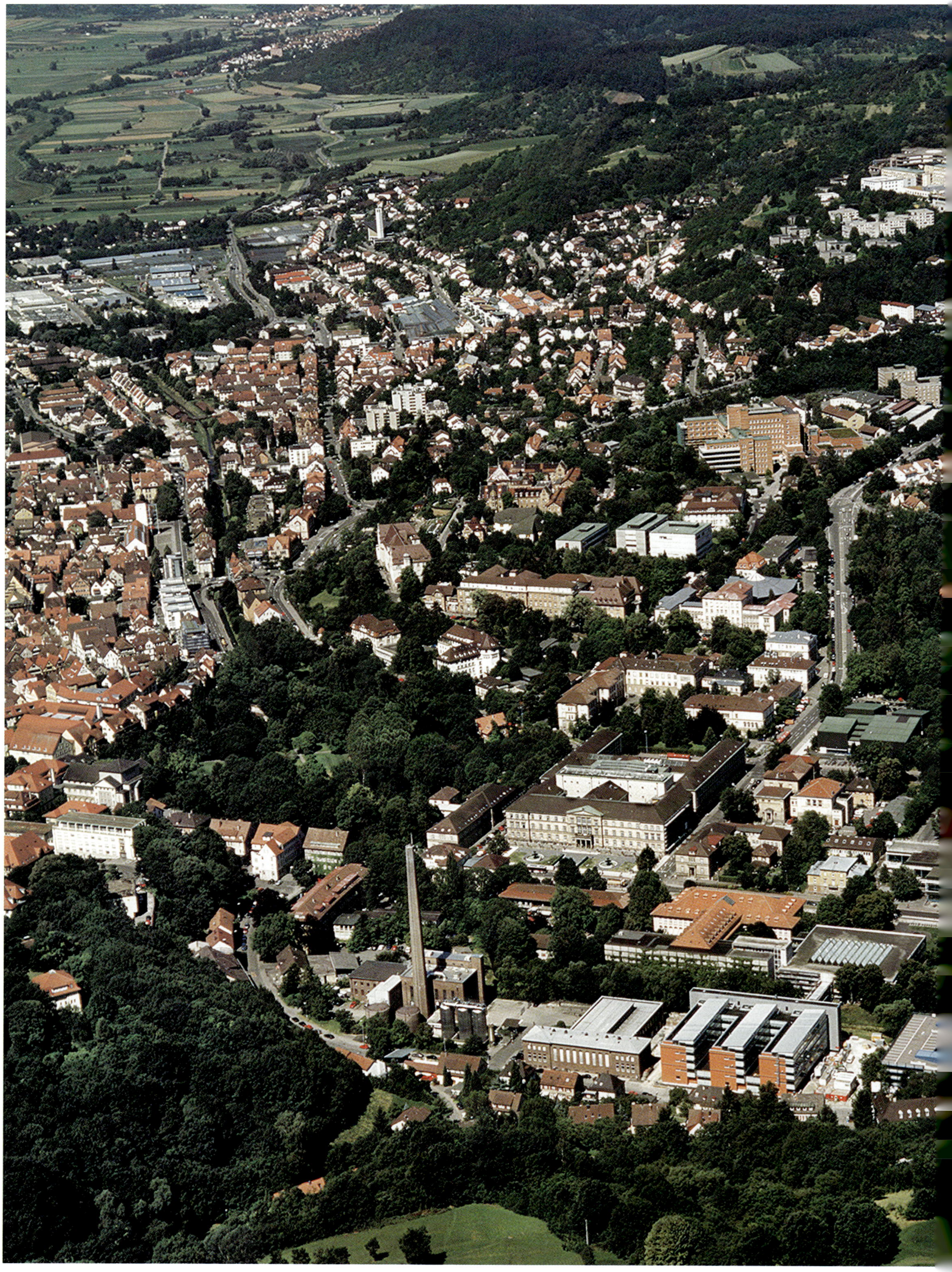

Das „neue" Universitätsviertel

Als im 19. Jahrhundert der Platzbedarf der Universität innerhalb der mittelalterlichen Stadtmauer nicht mehr abgedeckt werden konnte, entschloss man sich zur Anlage eines neuen Universitätsviertels unmittelbar vor der Altstadt, bei dem alten Botanischen Garten, in der Nähe des damals neuen Stadtfriedhofes. Jahrelange Diskussionen über den geeigneten Standort waren vorangegangen, bis König Wilhelm nach eigener Besichtigung der verschiedenen Möglichkeiten sich für das Ammertal vor dem Lustnauer Tor entschied. Als erstes entstand die 1845 eingeweihte Neue Aula, die von zwei Gebäuden flankiert wird, was der Gesamtanlage einen großzügigen, platzartigen Eindruck vermittelt. Im linken, dem einstigen Botanischen Institut, ist heute die Zentrale Verwaltung der Universität samt Rektorat und Kanzleramt untergebracht. Weitere Bauten folgten, etwa die von dem Architekten Paul Bonatz entworfene „Koenigliche" Universitätsbibliothek. Vor allem in den sechziger und siebziger Jahren des 20. Jahrhunderts – die Studentenzahlen explodierten – entstanden in diesem Viertel neue Bauten mit universitärer Nutzung: eine Mensa, der „Kupferbau" als Hörsaalgebäude, der Hegelbau für die Historiker, das Neuphilologicum, das die Studierenden auf den Namen Brecht-Bau tauften.

Hinter der Neuen Aula erstreckt sich auf leichter Hanglage das in seinem Kern zwischen 1879 und 1935 erbaute Altklinikum. Es bietet ein Spiegelbild der zunehmenden Verselbständigung der medizinischen Fächer, verdeutlicht den immer mehr anwachsenden Bedarf an Räumen für Untersuchung, Behandlung und Pflege der Patienten, und bietet darüber hinaus ein gutes Beispiel des Klinikbaus im Wandel der Jahrzehnte. Direkt hinter der Neuen Aula liegt das Areal des 1846 für die Chirurgie und innere Medizin errichteten Universitätskrankenhauses, das nach vielen Nutzungsänderungen heute die Hals-Nasen-Ohrenklinik, das Hygienische Institut, die Physiologie und die Pathologie beheimatet. Dahinter folgen die alte Medizinische Klinik von 1879 (heute Theologicum) nach links die Frauenklinik (1890) und die Augenklinik (1909), davor die Alte Kinderklinik (1927).

Im Bildhintergrund ist gut der große Backsteinbau, die Alte Chirurgische Klinik (1935) zu erkennen. Zwischen ihr und der Frauenklinik liegen die Psychiatrische Klinik von 1894 (links), die Hautklinik (1913) und die Zahnklinik in ihren modernen kubisch anmutenden Bauformen von 1967.

Wilfried Setzler

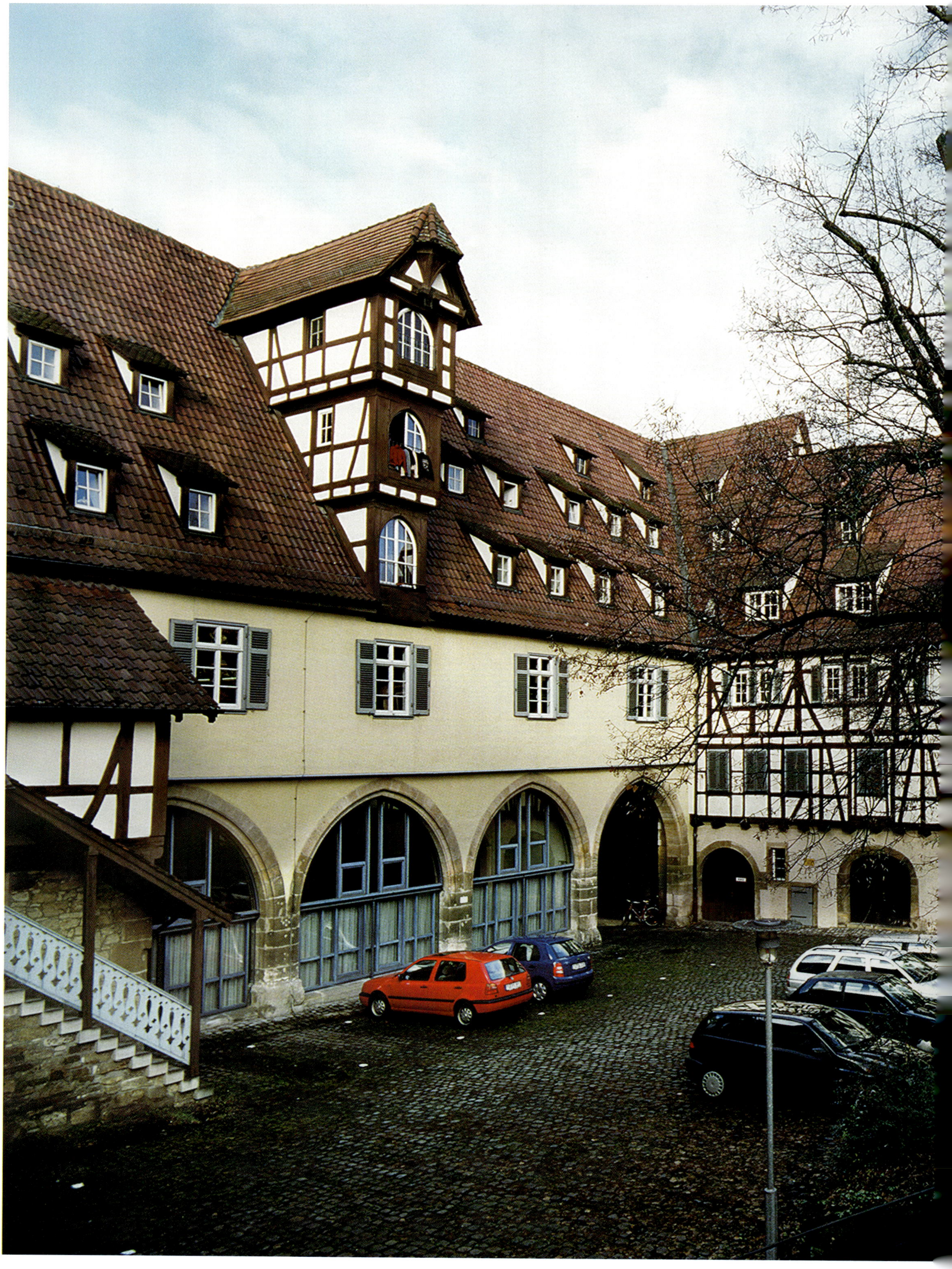

Pfleghof:
Musikwissenschaftliches Institut

Der Pfleghof wurde Ende des 15. Jahrhunderts als Verwaltungs- und Wirtschaftsgebäude des Zisterzienserklosters Bebenhausen errichtet.

Seine Funktionen behielt er auch nach der Reformation; die in den Gebräudetrakt integrierte und 1492 geweihte Marienkapelle wurde kurzerhand profaniert und in einen Lagerraum verwandelt.

In eben diesen Raum, die alte Kapelle, zog 1881, als vom Kameralamt große Teile des Hauses einerseits den Landjägern, andererseits der Universität zur Nutzung übergeben worden waren, der dritte Universitätsmusikdirektor ein, der damals frisch habilitierte und das neue Fach Musikwissenschaft vertretende Emil Kauffmann.

Damit hatte die Musik erstmals eigene Räume in Tübingen, nachdem Friedrich Silcher und sein Nachfolger Otto Scherzer noch auf die Räumlichkeiten von evangelischem und katholischem Stift angewiesen gewesen waren.

In den Folgejahren fielen dem Musikinstitut, das großen Zulauf und eine wichtige Funktion im Studium generale hatte, immer weitere Räume zu: der große Saal, die ursprüngliche Kelter, 1881 bis 1907 für die Aufstellung der Gipssammlung des Archäologischen Instituts genutzt; der Fechtsaal (heute Bibliothek) und schließlich der Tanzsaal (heute Hörsaal).

Nur die Polizei ist ähnlich kontinuierlicher Nutzer des Pfleghofs geblieben. Ihr Innenstadt-Posten beansprucht nach wie vor den Nordflügel. Süd- und Westflügel sind heute fast ganz dem Musikwissenschaftlichen Institut und Collegium musicum vorbehalten: mit Ausnahme der obersten Geschosse, die Räume für ein Studentenwohnheim bieten.

Manfred Hermann Schmid

Silcherdenkmal

Nicht mehr zeitgemäß schien 1939 der schlichte Obelisk, den die Akademische Liedertafel im Jahr 1874 dem Gedächtnis ihres Stifters, des ersten Universitätsmusikdirektors Friedrich Silcher (1789–1860), gewidmet und der erst 1928 seinen ursprünglichen Standort in den Anlagen hinter der Neuen Aula mit dem Seufzerwäldchen auf der Neckarinsel vertauscht hatte.

Ausgeführt wurde der Wettbewerbsentwurf des Stuttgarter Bildhauers Julius Frick. Seit 1941 thront nun der bescheidene Komponist als Monumentalgestalt auf seinem Sockel am Ende der Platanenallee, als Dominante eines kreisförmigen Fest- und Feierplatzes mit steinernen Podesten für Redner und Sängerchor.

Zur Seite und im Rücken der massigen Figur wachsen Gestalten aus dem Stein, die Motive seiner volkstümlichen Liedkompositionen verkörpern und in die Gegenwart des Zweiten Weltkrieges transportieren: ein nackter Knabe mit Gewehr, ein in den Abschiedskuss versunkenes Paar, ein entschlossen dem Feind entgegenblickender Soldat unterm Wehrmachtsstahlhelm. Dem „guten Kameraden", der ihm und Silcher zu Füßen niedersinkt, kann er die Hand nicht reichen, „dieweil er eben lädt" – den Wehrmachtskarabiner. Der Komponist, friedlich-heiter sinnend, bemerkt von allem nichts.

Johannes Michael Wischnath

Vom Wilhelminischen Zeitalter bis zum Kriegsende 1945

Studierende und Professoren, soweit sie sich politisch engagierten, hatten die Reichsgründung in ihrer kleindeutschen Form mit preußischer Hegemonie begrüßt. Mit ihr war die nationale Bewegung zum Ziel gelangt und aus einer einstmals revolutionären Bewegung war eine konservative, den neuen Staat bejahende geworden. Die nationalen Feste und Feiern überlagerten langsam die württembergischen. Die Konfrontation von Staat und Universität war weitgehend beendet. Die starke Präsenz der einstmals verbotenen studentischen Korporationen am Jubiläum von 1877 machte den Wandel deutlich sichtbar.

Die Zunahme der Studentenzahlen hielt auch nach der Reichsgründung an. Ein Jahr vor dem Jubiläum wurde 1876 die Zahl von 1000 Studierenden überschritten. Diese Zahl stieg in einem kontinuierlichen Wachstum bis zum Sommer 1914 auf 2219 an. Die Zusammensetzung hatte sich allerdings verändert: Der Anteil der Württemberger war von über 70 auf etwa 50 Prozent gesunken. Seit den 1880er Jahren studierten auch einzelne Frauen mit Sondergenehmigung als Gäste. Marie Gräfin von Linden, die spätere Bonner Professorin, promovierte als erste Frau 1896 in Zoologie. 1904 wurden dann Studentinnen allgemein zugelassen, mussten aber noch lange die Zustimmung zum Besuch der Vorlesungen bei jedem Dozenten einholen. Bis zum Sommer 1914 war die kleine Schar auf 78 (3,5 Prozent) angewachsen. Mit Anna Neumann promovierte 1908 die erste ordentliche Studentin in Nationalökonomie. Sie war damit gleichzeitig auch die Erste, die in Deutschland in diesem Fach den Doktortitel erwarb.

Den wachsenden Studierendenzahlen und der Ausdifferenzierung der Wissenschaften entsprach auch die institutionelle und bauliche Entwicklung. Die Zahl der Universitätseinrichtungen und Institute nahm von 30 (1870) auf 48 (1914) zu. Die Institute und Spezialkliniken legten sich wie ein Kranz um die Altstadt. Dem Pathologisch-Anatomischen Institut (1874) folgte das Physiologisch-Chemische (1885), das Physikalische (1888) und das Chemische Institut (1907). Der Augenklinik als erster Spezialklinik (1875) folgten die Frauenklinik (1890), die Nervenklinik (1894) und der Neubau der Augenklinik (1909). Die Hautklinik wurde 1913 begonnen. Aber auch die allgemeinen Universitätseinrichtungen wurden in signifikanter Weise neu untergebracht. Das einstmals als revolutionär verdächtigte Turnen bekam mit der zum Jubiläum fertiggestellten Turnhalle einen repräsentativen Ort gegenüber der Reithalle. Das bürgerliche Turnen war damit deutlich aufgewertet worden. Auch die Universitätsverwaltung bekam mit dem Kanzlerhaus im gleichen Jahr ein repräsentatives Gebäude. Der Neubau für die Universitätsbibliothek 1912, ein Zeichen für die stark gestiegene wissenschaftliche Produktion, schloss die zahlreichen Baumaßnahmen vor dem Ersten Weltkrieg ab.

Alle diese Entwicklungen führten letztlich dazu, dass auch die Universitätsverfassung den neuen Verhältnissen angepasst werden musste. 1903 beantragte der Jurist Beling die Einrichtung eines engeren Senats, denn der Senat war inzwischen auf 60 Mitglieder angestiegen und musste wegen der gewachsenen Aufgaben immer häufiger tagen. Der zweite Grund für eine Änderung der Universitätsverfassung war die Forderung der Nichtordinarien nach Mitspracherecht. Aus finanziellen Gründen war die Zahl der Ordinariate nicht in einem vergleichbaren Umfang gewachsen wie die Zahl der Studierenden. Statt dessen waren Extraordinariate eingeführt worden.

Mit der Reform von 1912 wurde der Kleine Senat für die laufenden Verwaltungsgeschäfte und Finanzangelegenheiten geschaffen und die Extraordinarien bekamen drei Vertreter im Senat und einen im Kleinen Senat sowie Mitwirkungsrechte in den Fakultäten. Auch der Rektor wurde in seinen Kompetenzen gestärkt. Die anderen deutschen Universitäten führten vergleichbare Reformen erst in der Weimarer Republik durch.

Um 1900 gab es eine Krise um das Kanzleramt. Der Kanzler war der ständige Vertreter der Regierung an der Universität und wurde in Tübingen aus der Professorenschaft ausgewählt. Er war von Amts wegen Mitglied der Abgeordnetenkammer. 1870 hatte die Regierung mit der Ernennung von Gustav Rümelin eine sehr glückliche Wahl getroffen, denn der Jurist war eine allgemein anerkannte Persönlichkeit. Nach seinem Tod 1889 wurde mit dem Theologen Carl Heinrich von Weizsäcker ebenfalls ein anerkannter Wissenschaftler sein Nachfolger. Nach dessen Tod 1899 erwartete man in der Universität allgemein die Ernennung des Juristen Gustav von Mandry. Kultusminister Sarwey ernannte jedoch aus konfessionellen Überlegungen den Nationalökonomen Gustav von Schönberg. Dies führte 1908 zum Versuch, das Kanzleramt ganz abzuschaffen oder wenigstens einzugrenzen. Das Ministerium lehnte die Anträge der Universität auf eine Beschränkung der Kompetenzen des Kanzlers ab und ernannte den Juristen Max Rümelin, den Sohn des angesehensten Vorgängers im Amt, zum Nachfolger von Schönberg.

Der Erste Weltkrieg bedeutete für Studierende und Professoren einen tiefen Einschnitt. Von den 2002 Studierenden waren schon im ersten Jahr 75 Prozent freiwillig oder eingezogen im Kriegsdienst. Von den Dozenten war etwa die Hälfte in der einen oder anderen Form militärisch eingesetzt. Am Ende des Krieges waren 758 Universitätsangehörige gefallen. Nach der Niederlage war es für die Soldaten schwierig, im bürgerlichen Leben Fuß zu fassen. Ihr Andrang an die Universität und die Zunahme des Frauenstudiums während des Krieges führten zu der neuen Rekordzahl von 3418 Studierenden im Sommer 1919. Dieser Stand ließ sich in der Weimarer Republik nicht halten, wobei die wirtschaftlich günstigeren Jahre nach 1924 zu einem Rückgang führten. Zum Jubiläum 1927 wurden dann wieder über 3000 Studierende gezählt. Mit der Wirtschaftskrise und der steigenden Arbeitslosigkeit strömten dann wieder mehr Studierende auf die Universität, die im Sommersemester 1931 erstmals mehr als 4000 zählte. Auch der Anteil der weiblichen Studierenden war auf über 10 Prozent gestiegen. Die soziale Zusammensetzung der Studierenden und ihre wirtschaftliche Basis hatte sich allerdings grundlegend geändert. Neben den weiblichen Studierenden, hatten vor allem Angehörige der mittleren Schichten, die nicht so wohlhabend waren, zugenommen. So entstand der Typ des sich zu einem Teil selbst finanzierenden „Werkstudenten". Auch das Studentenwerk hatte seinen Anfang 1920 als Tübinger Studentenhilfe in Reaktion auf die materielle Not vieler Studierender genommen. Die Einrichtung einer Mensa, medizinische Hilfe und der Bau von Studentenwohnheim entsprang studentischer Initiative.

Die Zahl der Professoren stieg bis 1932 auf 82, der Privatdozenten auf 66 und der Assistenten und

Festzug zum 450jährigen Universitätsjubiläum 1927.

Assistenzärzte auf 84. Die Professorenzahl hatte sich also seit 1870 nicht einmal verdoppelt, die Zahl der Ordinarien war von 47 (1870) nur auf 58 (1914) und 64 (1932) gestiegen. Der nichtwissenschaftliche Dienst stieg dagegen beträchtlich von 40 (1876) auf 567 (1930), wobei 80 Prozent auf die Kliniken entfielen. In der inneren Organisation bedeutete der Wegfall der selbständigen Staatswissenschaftlichen Fakultät und ihre Umwandlung in die wirtschaftswissenschaftliche Abteilung der Juristischen Fakultät 1923 die wichtigste Veränderung. Seit Einrichtung der Staatswirtschaftlichen Fakultät 1817 hatte Tübingen bis zu dieser Umwandlung Landwirtschaft, Forstwirtschaft, Technologie und Architektur als Lehrgebiete verloren. Auch die bauliche Entwicklung konnte in der Zeit der Weimarer Republik nicht mit den gestiegenen Studierendenzahlen mithalten. 1920 wurde der Bau der Hautklinik abgeschlossen. Die größte Baumaßnahme dieser Zeit war die Erweiterung der Neuen Aula (1928–1931). Auch die neue Chirurgie wurde in der Zeit der Republik begonnen.

Gegen die Machtergreifung und die folgende Gleichschaltung hatte die Universität sowohl bei den Studierenden wie bei den Professoren keinen Widerstand entgegengesetzt. Beide Gruppen hatten sich durch ihre monarchische Gesinnung und Republikfeindlichkeit ausgezeichnet. Die Reichsgründungsfeiern am 18. Januar waren in der Republik zu einem festen Bestandteil der öffentlichen Erscheinung der Universität geworden. Eine gewisse Öffnung der Universität zur Gesellschaft brachten die seit 1919 durchgeführten Volksbildungskurse, an deren Organisation der Allgemeine Studentenausschuß und der Akademische Verein für Volksbildungskurse beteiligt waren. Sie wurden aber nach 1928 eingestellt.

Die Machtübernahme durch die Nationalsozialisten hatte an der Universität ein Vorspiel im Erfolg des „Nationalsozialistischen Deutschen Studentenbunds" bei der Wahl zum AStA am 15. Juli 1932, als er die Hälfte der Sitze errang. Demgegenüber war keiner unter den Ordinarien vor der Machtergreifung Mitglied der NSDAP geworden. Sie waren eher im „Alldeutschen Verband" oder im „Stahlhelm" zu finden. Nach der Machtergreifung drängten allerdings auch die Professoren in die NSDAP und setzten dem Verlust der Selbstverwaltung keinen großen Widerstand entgegen. Am 21. April 1933 wurde Privatdozent Gustav Bebermeyer zum „Beauftragten mit besonderen Vollmachten an der Universität" ernannt, der Student Gerhard Schumann wurde „Kommissar für die württembergische Studentenschaft" und Martin Sandberger „Führer der Tübinger Studentenschaft". Das Amt des Staatskommissar wurde im November wieder abgeschafft, dafür wurde die Universitätsverfassung geändert. Der Rektor wurde vom Kultminister ernannt und ernannte seinerseits die Dekane. Das Amt des Kanzlers wurde überflüssig. Als der letzte Kanzler Hegler sein Amt niederlegte, wurde es nicht mehr besetzt. Seit dem 1. April 1935 wurden Rektor, Prorektor und Dekane vom Reichserziehungsminister ernannt. Somit wurde die Universität eine reine Staatsanstalt geworden.

In der Zeit des Nationalsozialismus sank die Zahl der Studierenden beständig bis auf den Tiefststand von 738 (1940). Die Auslagerung der Kaiser-Wilhelm-Institute und der Reichsuniversität Straßburg führte dann wieder zu einem Anstieg. An Gebäuden wurde lediglich die 1930 begonnene Chirurgische Klinik 1935 vollendet. Von den wissenschaftlichen Einrichtungen wurde nur die Anthropologie ausgebaut mit einem Lehrstuhl und Institut für Rassenbiologie. Für die Zukunft wurde allerdings eine großartige Erweiterung geplant. Deren Vorbereitung hat die räumliche Entwicklung der Universität für lange Zeit beeinflusst. Seit 1940 betrieb die Universität den Generalbebauungsplan. Dazu war ein großes Dreiecksgeschäft zwischen Stadt, Universität und Land vorgesehen. Die Universität erklärte sich bereit, ihren Grundbesitz und Werte aus dem Stiftungsfonds an das Land Württemberg abzutreten. Das Land sollte im Gegenzug das erforderliche Gelände für den großzügigen Neubau aller Kliniken bei der Stadt erwerben. Mit dem erzwungenen Rücktritt des Rektors Otto Stickl endete die NS-Zeit an der Universität.

Hans-Otto Binder

„Palmenhaus"

Hugo von Mohl, Botaniker und erster Dekan der 1863 eröffneten Naturwissenschaftlichen Fakultät, ließ den Botanischen Garten erweitern und nach den neuesten wissenschaftlichen Erkenntnissen umgestalten. Davon zeugt auch das 1839 neu errichtete Gewächshaus. Mohls Nachfolger Wilhelm Hofmeister konnte den Neubau eines Pflanzenhauses, des „Palmhauses", durchsetzen, das 1886 fertiggestellt und 1970 mit der Verlegung des Botanischen Gartens auf die Morgenstelle nach heftigen Protesten Tübinger Bürger abgerissen wurde. So zeugen heute leider nur noch die Fundamente dieses großartigen Bauwerks und eindringlichen Denkmals der in Tübingen so erfolgreich betriebenen Expansion der Naturwissenschaften von seiner Existenz. Das Glashaus setzte sich aus fünf räumlich getrennten Abteilungen zusammen, in denen die Pflanzen nach Größe und benötigtem Wärme- und Feuchtigkeitsgrad zusammengestellt waren. Im Mittelbau befanden sich Pflanzen von hohem Wuchs, darunter die Palmen, die dem Gebäude seinerzeit den volkstümlichen Namen „Palmenhaus" eingetragen haben.   Sönke Lorenz

Alter Botanischer Garten

Als „neuer" Botanischer Garten zwischen 1805 und 1809 auf dem ehemaligen „Tummelplatz" des Collegium Illustre an der Ammer angelegt, war er, nach dem Kräutergarten des Leonhart Fuchs am Nonnenhaus und dem 1675 gegründeten „Hortus medicus" bei der Alten Aula, der dritte seiner Art in Tübingen. Der 1834 nach Tübingen berufenen Botaniker Hugo von Mohl erweiterte ihn durch Einbeziehung des westlich daran anstoßenden ehemaligen Friedhofs.

Während auf den älteren Universitätsgärten vor allem Heilpflanzen und Kräutern angepflanzt worden waren, wurde diesen im neuen Garten nur noch etwa ein Drittel der Fläche eingeräumt, ein zweites Drittel wurde mit Stauden und einjährigen Pflanzen belegt, das letzte Drittel nutzte man als Arboretum. 1809 konnte das erste Gewächshaus eingeweiht werden, dem sich später weitere zwei zugesellten. Seit 1970, nach der Inbetriebnahme des neuesten Botanischen Gartens auf der Morgenstelle, dient der nun „alte" Botanische Garten mit seinen herrlichen und mächtigen Bäumen als grüne Lunge der Stadt.   Wilfried Setzler

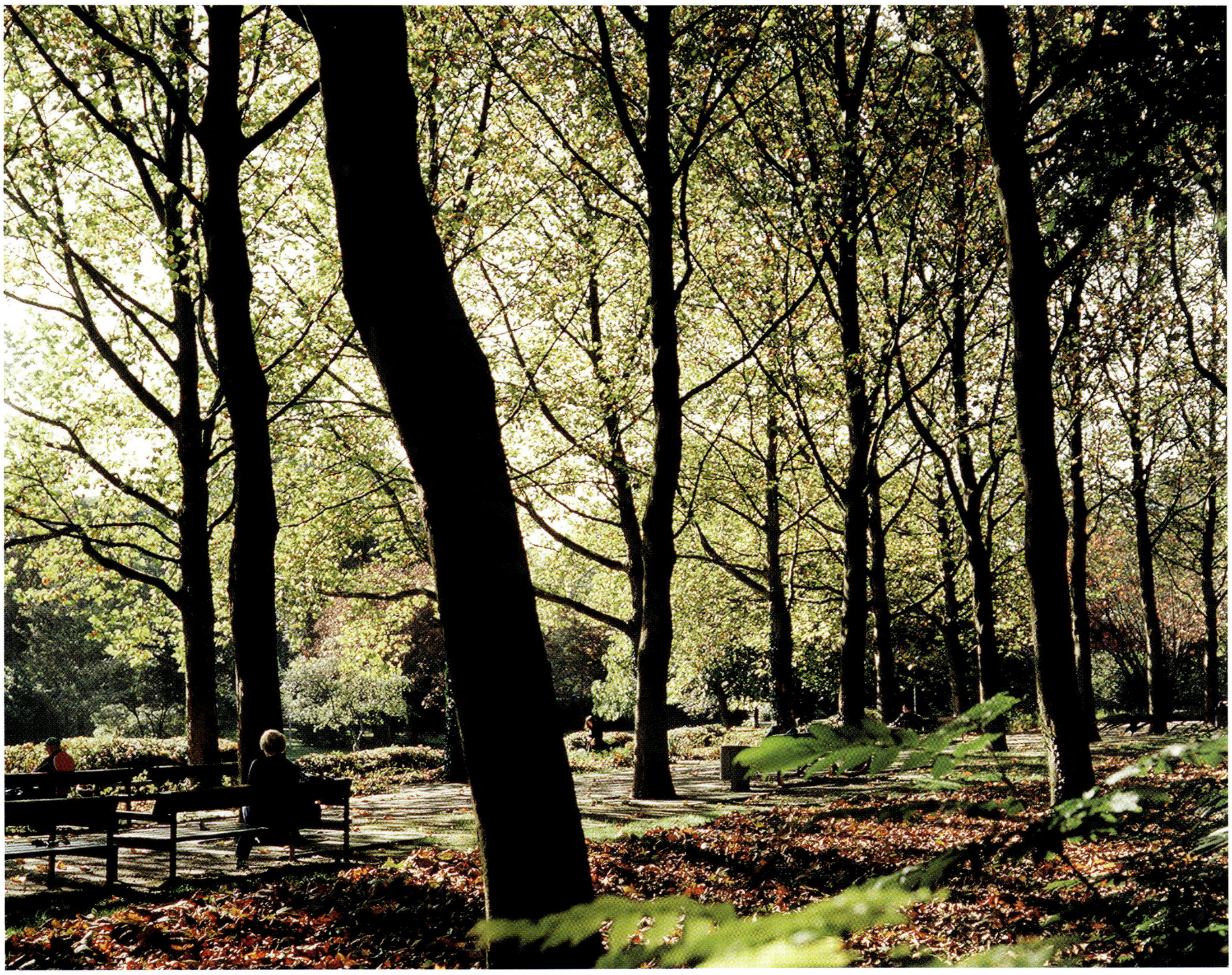

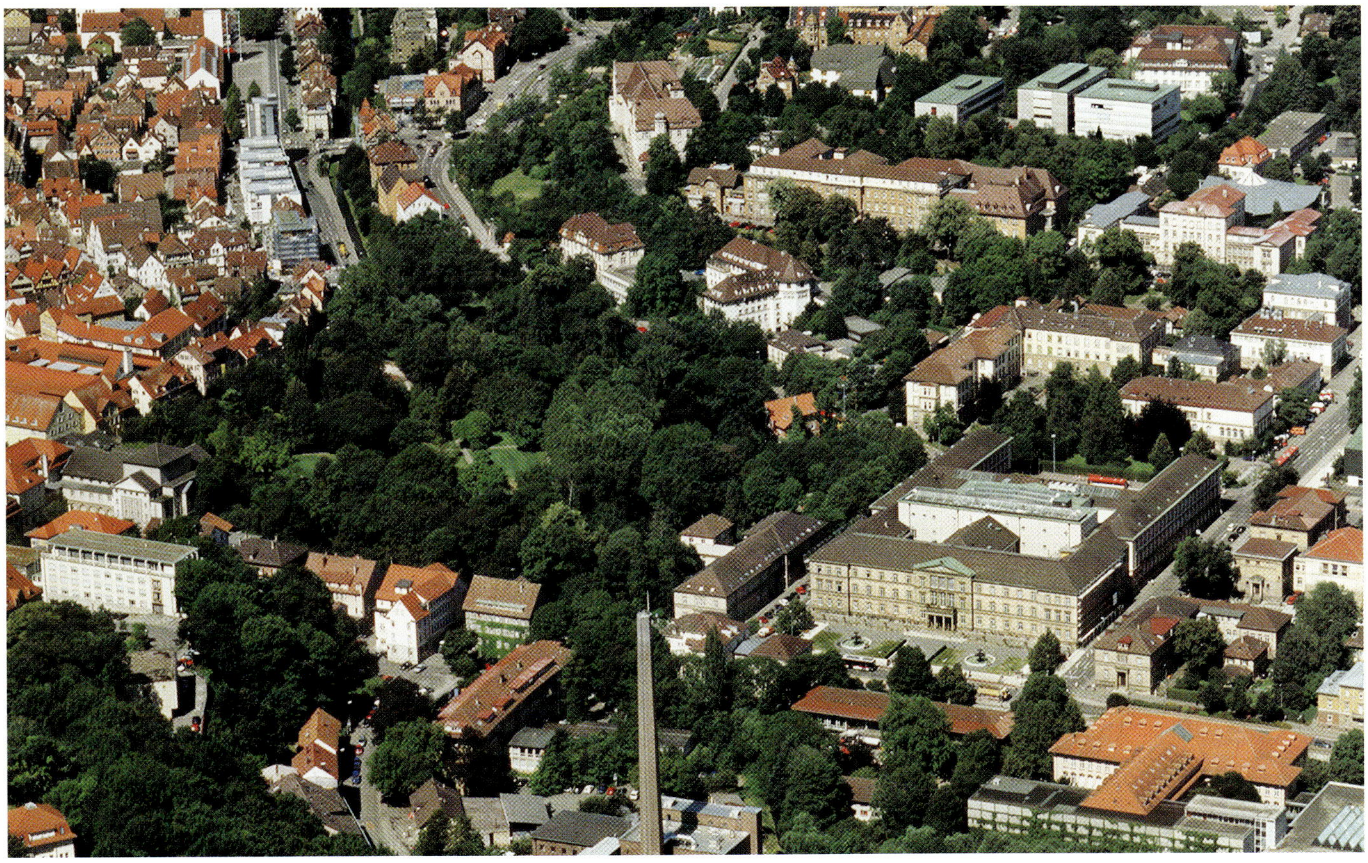

Altes Physikalisches Institut

Der Aufschwung der Naturwissenschaften im 19. Jahrhundert drängte auf dreierlei hin: erstens Entflechtung der Mehrfach-Professuren, zweitens Bau geeigneter Institute, drittens Schaffung eigenständiger Fakultäten.

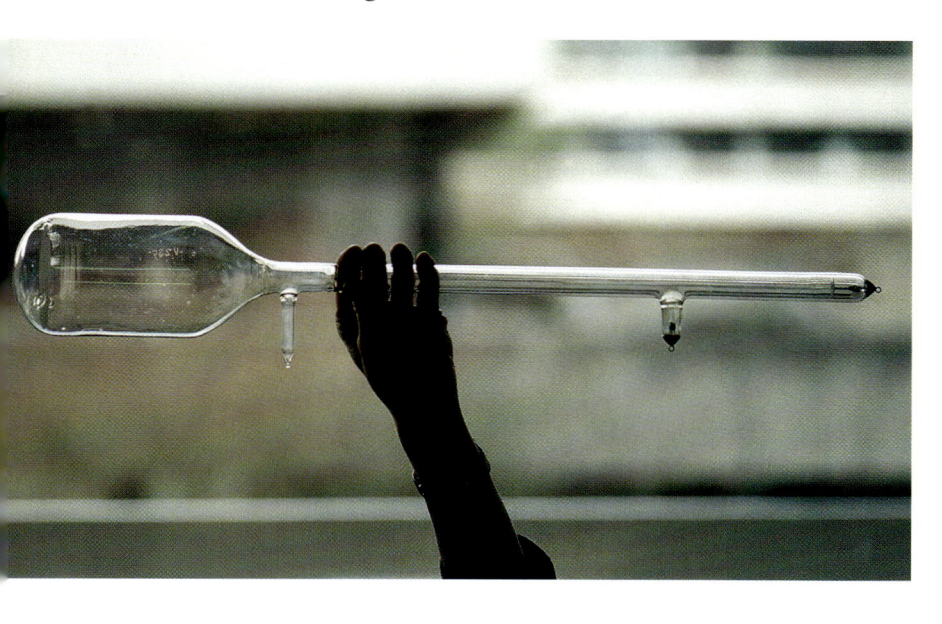

In Tübingen war als erstes die Chemie-Professur für C. G. Gmelin (1817) nicht mehr an die gleichzeitige Vertretung der Botanik gekoppelt und die Physik-Professur für Reusch (1851) nicht mehr ein Anhängsel der Mathematik. Die Institutsbauten an der rechten Gmelinstraßenseite konnten in der Reihenfolge Chemie (1846) unter C. G. Gmelin, Physiologische Chemie (1885) unter Hüfner, Physik (1888) unter Ferdinand Braun bezogen werden, der 1885 speziell für den Neubau berufen worden war und sich zusammen mit dem zuständigen Baurat Berner in knapp drei Wochen die unlängst zuvor errichteten Physikinstitute in Graz, Wien, Prag, Dresden, Leipzig, Berlin und Hannover genau angesehen hatte.

Zur Erinnerung an Ferdinand Braun, den Nobelpreisträger von 1909, in dessen Nachfolge so bekannte Namen wie Paschen, Gerlach und Geiger stehen, ist unter der Hausnummer Gmelinstraße 6 eine (leider nicht gut lesbare) Gedenktafel angebracht. Hundert Jahre nach Gründung der Naturwissenschaftlichen Fakultät zog die Physik 1973 auf die Morgenstelle um.   Friedemann Rex

Braunsche Röhre

Unter dem Titel „Ueber ein Verfahren zur Demonstration und zum Studium des zeitlichen Verlaufes variabler Ströme" stellt Ferdinand Braun (1850–1918) im Jahr 1897 ein genial einfaches Instrument vor, das aufgrund der „Ablenkbarkeit der Kathodenstrahlen durch magnetische Kräfte" Strom sichtbar machen kann.

Die Braunsche Urform ist eine gläserne Röhre mit eingeschmolzener Kathode K (Austritt der Elektronen), Anode A, Diaphragma C (zur Bündelung des Elektronenstrahls) und phosphoreszierendem Schirm D, auf dem bei Betrieb ein Lichtfleck erscheint. Schickt man nun von außen durch eine kleine Magnetisierungsspule zwischen C und D senkrecht zur Rohrachse Wechselstrom, so weitet sich der Lichtfleck zu einem Strich, der mittels eines rotierenden äußeren Spiegels zur sichtbaren Sinus-Schwingung aufgelöst werden kann, dem „Wechselstrom in Person", um mit dem Erfinder zu reden.

Zu den Vervollkommnungen gehören dann insbesondere: Ersatz der kalten Kathode durch eine Glühkathode, des nur mäßigen Vakuums durch Hochvakuum und die Ausnutzung der elektrischen Ablenkbarkeit.

Friedemann Rex

Geiger-Zählrohr

Obwohl sich Hans Geiger, der 1929 als Nachfolger von Walter Gerlach nach Tübingen berufen wurde, nicht nur mit Zählmethoden der Kernphysik beschäftigt hat, verdankt er seine bleibende Bekanntheit weit über die Physik hinaus solchen von ihm entwickelten Nachweis-Instrumenten.

Als formaler Prototyp des Geiger-Müllerschen Zählrohrs, des Standardgeräts von 1928, kam der bereits 1908 von Rutherford und Geiger beschriebene elektrische Zähler von Alpha-Teilchen angesehen werden in Gestalt eines mit verdünntem Gas gefüllten Hohlzylinders, dessen Achse aus einem isoliert hindurchgeführten Draht besteht. Zwischen Zylinder und Draht wird nun eine solche Spannung angelegt, dass von alleine gerade noch keine Entladung zustande kommt. Mit dem Eintritt eines Alpha-Teilchens parallel zum Draht läuft dann ein Prozess Ionenbildung, Stromstoß, Spannungsänderung am Zähldraht ab, was elektrometrisch nachweisbar ist.

Die nächste Etappe ist der „Kugelzähler" von 1912, bei dem zur Vermeidung der geometrischen Nachteile des Prototyps die beiden Elektroden konzentrische Kugelflächen bilden. Eine ganz entscheidende Verbesserung, die auch leichtere Teilchen bis hin zu lichtartigen Strahlen zu zählen gestattet, ist kurz darauf die Ersetzung der inneren Kugel durch eine Spitze im sogenannten „Spitzenzähler", der späterhin noch ein winziges Kügelchen aufgesetzt wurde.

In die Tübinger Zeit fallen schließlich die ersten Schritte zur automatischen Registrierung der Spannungsimpulse vom Zählrohr her.

Friedemann Rex

Porträt von Carl Weizsäcker (1822–1899)

Der evangelische Theologe Carl Weizsäcker (1822–1899) wurde aus einer Tätigkeit als Mitglied des württembergischen Konsistoriums und königlicher Hofprediger in Stuttgart heraus 1861 als Nachfolger Ferdinand Christian Baurs auf den Lehrstuhl für Kirchen- und Dogmengeschichte an der Evangelisch-theologischen Fakultät berufen.

Zweimal, 1867 und im Jubiläumsjahr 1877, war er Rektor der Universität Tübingen und von 1890 bis 1899 ihr Kanzler – der einzige Theologe in dieser Funktion nach 1817, als das Kanzleramt vom ersten theologischen Ordinariat getrennt wurde, mit dem es seit der Universitätsordnung Herzog Christophs von 1561 verbunden gewesen war.
Weizsäckers Forschungsschwerpunkt lag in der Frühgeschichte des Christentums. Er war zwar

nicht Schüler Baurs, sondern seines Gegenspielers Christian Friedrich Schmid. Im Laufe seiner Tübinger Lehrtätigkeit hat er sich aber der Betrachtungsweise seines Vorgängers angenähert und ist im letzten Viertel des 19. Jahrhunderts zu einem entschiedenen Vertreter der historisch-kritischen Methode in der Theologie geworden. 1886 erschien sein bedeutendstes Werk „Das apostolische Zeitalter der christlichen Kirche".

Sein Grab mit einem hohen Stein aus dunklem, poliertem Granit liegt auf dem Tübinger Stadtfriedhof. Ulrich Köpf

Kanzlerhaus

Jahrhundertelang wurde die Universität gewissermaßen von zwei Spitzen regiert. Neben, zeitweilig über, manchesmal auch unter dem Rektor stand der Kanzler. Er war kraft Amts Vertreter des Landes, des Landesherrn, war aber auch Professor der Universität. Als Kanzler unterstand er allein dem Landesherrn, war nur ihm gegenüber verantwortlich, als Professor – das Amt war durch die Statuten von 1561 mit dem ersten Theologischen Lehrstuhl verbunden – unterstand er, wie jeder andere Hochschullehrer, dem Rektor.

Da er sein Wahlrecht eingeschränkt, mindestens behindert sah, hob König Wilhelm die Verbindung des Kanzleramts mit dem 1. Theologischen Lehrstuhl 1817 auf und berief 1819 den Mediziner Johann Ferdinand Autenrieth zum Kanzler. Fortan wurden bis 1933 vor allem Juristen oder Staatswissenschaftler zum Kanzler ernannt. Eine Ausnahme bildete der Evangelische Theologe Carl Heinrich Weizäcker, der das Amt von 1890 bis zu seinem Tod 1899 ausübte. Für den „Leitenden Verwaltungsbeamten" der Universität wurde im Hochschulgesetz 1977 die Bezeichnung Kanzler wieder eingeführt.

Der Sitz des Kanzlers befand sich ursprünglich in der Münzgasse, 1878 wurde ihm im neuen Universitätsviertel an der Wilhelmstraße ein neues zeitgemäßes Gebäude im „repräsentativem Stil" errichtet. Dort ist heute das Studentensekretariat und das Akademische Beratungszentrum untergebracht. Wilfried Setzler

Universitätsbibliothek (Bonatzbau)

Die seit 1819 im Tübinger Schloss untergebrachte Universitätsbibliothek galt spätestens seit der Wende zum 20. Jahrhundert als veraltet, beengt und feuergefährdet. Auch war sie mittlerweile zu weit von den meisten Universitätsgebäuden entfernt gelegen. 1905 begannen die Planungen für einen Neubau.

Nach dem Vorbild von Gießen, Heidelberg und Freiburg wurde zum ersten Mal bei einem Universitätsbau in Württemberg ein (beschränkter) Architektenwettbewerb mit bestimmten Forderungen ausgeschrieben: Vor allem sollten die Benutzungs- und Verwaltungsräumen einerseits sowie das Magazin andererseits in zwei getrennten, aber aneinandergrenzenden Baukörpern angeordnet sein.

Man lud die Architektenbüros Eisenlohr & Weigle sowie Paul Bonatz ein, des weiteren nahm an dem Wettbewerb Oberbaurat Albert Beger teil, der zuvor bereits mehrere eigenständige Entwürfe geliefert hatte.

Als unumstrittener Sieger ging schließlich 1909 der renommierte junge Architekt und Professor an der Technischen Hochschule Stuttgart Paul Bonatz (1877–1956) aus dem Wettbewerb hervor, dessen Entwurf die Auftraggeber sowohl architektonisch-ästhetisch wie technisch-funktionell überzeugte und die zentralen Nutzungsbereiche Magazin, Lesesaal, Katalog und Ausleihe für die damalige Zeit optimal anordnete.

Nach sechsmaliger Überarbeitung des Wettbewerbsentwurfs (unter anderem musste der Architekt den Grundriss für das Benutzungs- und Verwaltungsgebäude ändern und auf die zunächst vorgesehene Oberlichtkuppel verzichten) wurde 1910/12 ein axialsymmetrischer, breit gelagerter, zweigeschossiger Putzbau mit Werksteingliederung, einachsigen kurzen Flügeln, mächtigen Walmdächern mit breitem Traufüberstand und einer eingeschossigen, aus der Bauflucht leicht vorgeschobenen, mit einer Balustrade bekrönten Eingangshalle errichtet.

Der etwas niedrigere, langgestreckte Querbau des Magazins lagert sich in T-Form an der Mitte der Rückseite an. Die hohen, schlanken und dicht gruppierten Fenster spiegeln die innere, zur Bauzeit sehr moderne Aufteilung des Magazins wider. Der palaisartige, im wesentlichen in versachlicht neoklassizistischem Stil gehaltene Bau der Tübinger Universitätsbibliothek gilt heute als bestes Frühwerk des Stuttgarter Architekten Paul Bonatz.

Alfred Lutz

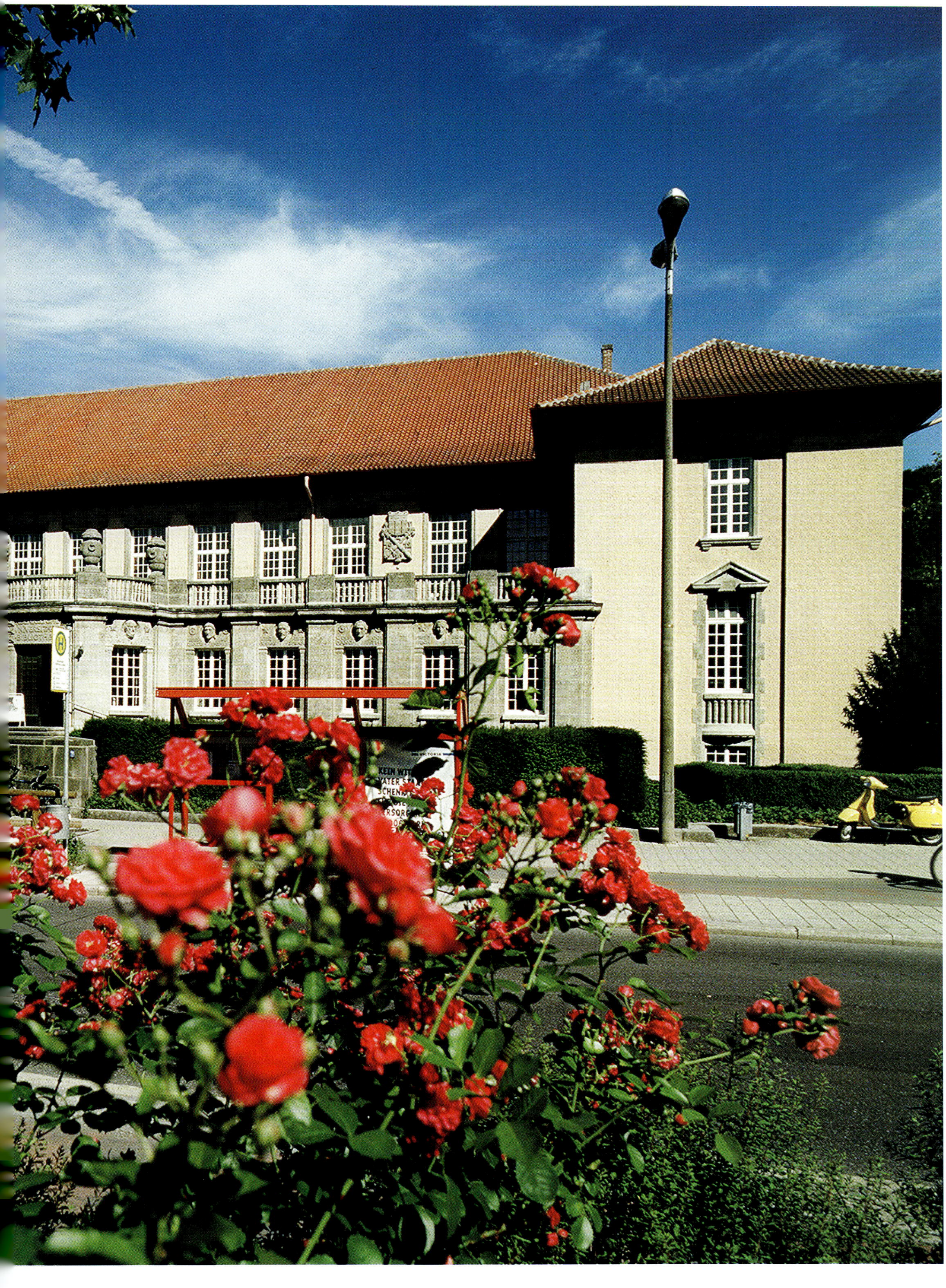

Historischer Lesesaal

Der vom Architekten Paul Bonatz aus Gründen des Betriebsablaufs schließlich im Erdgeschoss angeordnete Lesesaal mit seinen ursprünglich 98 Plätzen liegt im Zentrum des architektonisch wie bibliothekarisch mustergültig ausgestatteten Gebäudes.

Eine an drei Seiten angeordnete dunkle Eichengalerie mit geschnitzten Konsolen bot wie die Fläche unter der Fensterzone zusätzlichen Platz für die schließlich auf 10 000 Bände ausgelegte Handbibliothek.

Die Galerie, die Kassettendecke mit weißem Stuck, der von zwei Travertinsäulen gerahmte Platz für die Aufsicht tragen ebenso zur vornehm-gediegenen Atmosphäre des Lesesaals bei wie die Lichtführung und insbesondere das darüber in ein großes Kreissegment einbeschriebene Tempera-Wandgemälde „Und aus dem Erebos kamen viele Seelen herauf der abgeschiedenen Toten" (nach einem Vers aus dem 11. Gesang der Odyssee), das Karl Schmoll von Eisenwerth (1879–1948) schuf.

Auch dieses Wandgemälde in seinen gedämpft gehaltenen Farbtönen sollte die Universitäts-Bibliothek als eine Institution charakterisieren, in der die geistigen und kulturellen Traditionen der Menschheit bewahrt und vermittelt werden. Heute dient der schöne und repräsentative Raum als Historischer Lesesaal, bei besonderen Anlässen – Lesungen, Ausstellungseröffnungen – findet er zudem als Veranstaltungsraum Verwendung.

Alfred Lutz

Reliefporträts am Bonatzbau

Nach den Vorgaben der Universität sollte beim Bau der Universitätsbibliothek „der praktische Aspekt dem der künstlerischen Prachtentfaltung vorangestellt" sein. So verzichtete Bonatz auf Dekor zugunsten eines zurückhaltend-noblen Gesamteindrucks. Bedeutendstes Schmuckelement an der Fassade zur Wilhelmstraße sind – neben den vier hohen Ziervasen auf der Balustrade der in der Mitte halbkreisfömig vorspringenden Eingangshalle – die zwölf überlebensgroßen, vom Stuttgarter Bildhauer Ulfert Janssen (1878–1956) geschaffenen steinernen Medaillons mit Porträtköpfen.
Von links nach rechts sind zu sehen: Bismarck, Kant, Leibniz, Luther, Leonardo da Vinci, Plato, Homer, Dante, Shakespeare, Goethe, Schiller, Uhland. Diese zwölf Porträts großer „Dichter und Denker" sind oberhalb der Fensterzone der eingeschossigen Eingangshalle so angeordnet, dass die älteren in der Mitte, die jüngeren außen liegen. Damit sollte zum Ausdruck gebracht werden, dass die Universitätsbibliothek als Bildungseinrichtung antike und neuzeitliche Traditionen und Erkenntnisse der Wissenschaften bewahrt und vermittelt. Auf Intervention des Ministeriums für Kirchen- und Schulwesen wurden aus patriotisch-nationalen Erwägungen Ludwig Uhland sowie Otto von Bismarck in diese Galerie aufgenommen. Deshalb mussten die ursprünglich vorgesehenen Porträts von Walther von der Vogelweide und Alexander von Humboldt weichen.

Alfred Lutz

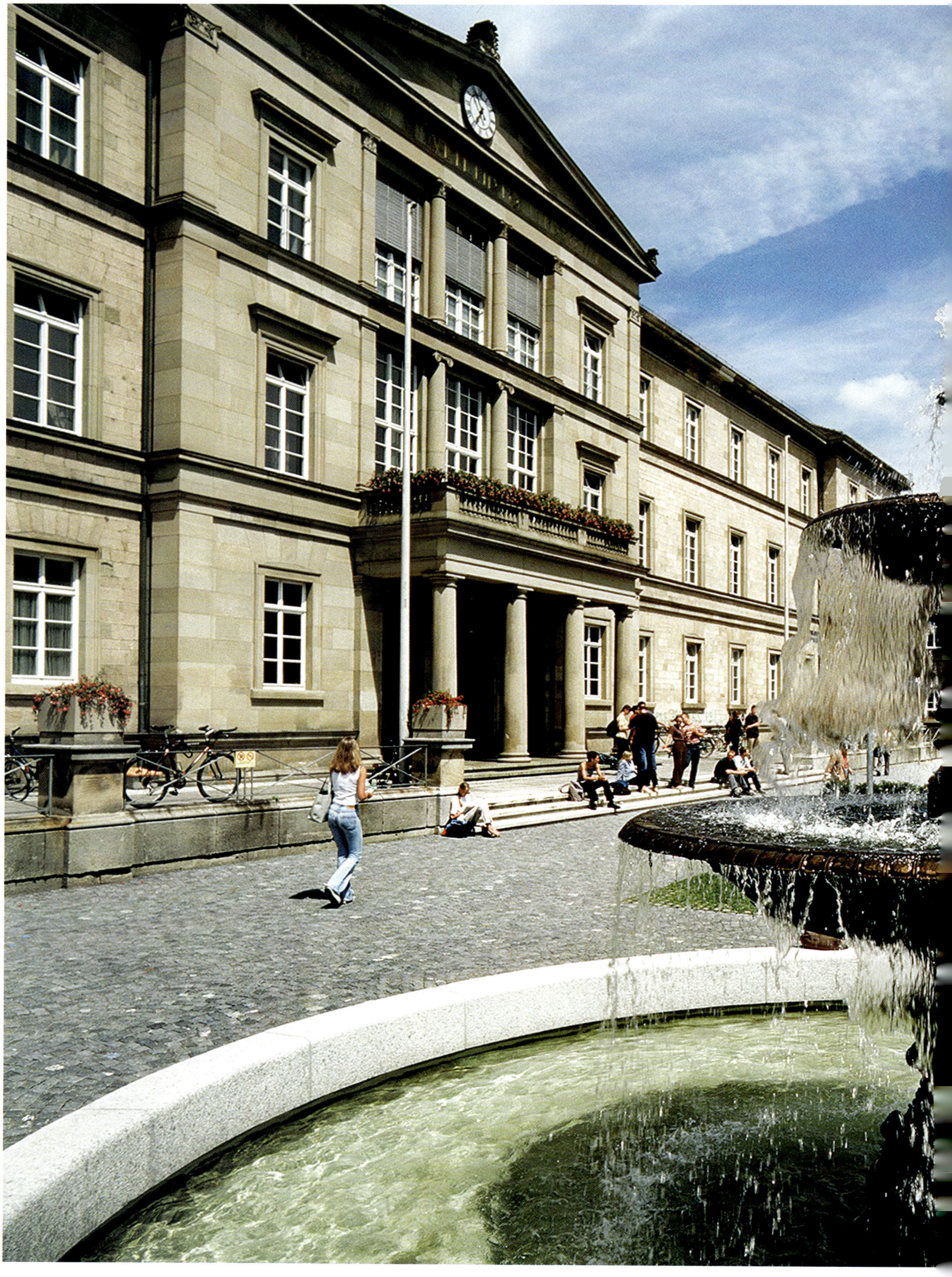

Neue Aula: Fassade zur Wilhelmstraße mit den Brunnen

Der Bau eines großzügigen neuen Universitätsgebäudes vor den Toren der Altstadt war eine durchaus nicht selbstverständliche Entscheidung für den Hochschulstandort Tübingen.

Die Neue Aula, in den Jahren zwischen 1841 und 1845 von Gottlob Georg Barth an der eigens angelegten Wilhelmstraße erbaut, wurde zur Keimzelle eines neuen Universitäts- und Klinikviertels, das der expandierenden Universität bis zum Ersten Weltkrieg genügend Ausdehnungsmöglichkeiten bieten sollte.

Die spätklassizistische Fassade zur Wilhelmstraße zeigt nahezu unverändert das ursprüngliche Bild, während die davor gelegene kleine Anlage im Zuge des Umbaus der Neuen Aula in den Jahren 1928 bis 1932 zu einem strengen, gepflasterten Platz umgestaltet wurde, der schon bald den Aufmärschen der Studenten-SA diente. 1939 erhielt er den Namen Langemarck-Platz und wurde unmittelbar im August 1945 auf Anweisung der Militärregierung nach den Geschwistern Scholl benannt.

Besonders in den bewegten Jahren seit 1967 sah der Aulavorplatz unzählige Demonstrationen und Protestveranstaltungen. Ansonsten wurde er jahrzehntelang ganz unbefangen vornehmlich als Parkplatz genutzt.

Bei der jüngsten Umgestaltung blieb zwar das der Gebäudefront vorgelegte Podest mit der Balustrade erhalten, doch gewann der Platz den früheren Anlagencharakter teilweise zurück. Seit Mai 2001 zieren ihn wieder Nachbildungen der beiden – im Zweiten Weltkrieg für Rüstungszwecke eingeschmolzenen – Springbrunnen, die einst von der Stadt zum Universitätsjubiläum 1877 gestiftet worden waren. Johannes Michael Wischnath

Neue Aula: Athleten am Eingang Hölderlinstraße

Der Erweiterungsbau der Neuen Aula nimmt an den langen Fronten zur Silcher- und zur Gmelinstraße mit Dachneigung, Gesimsen und Fensterteilung die Formen des an der Wilhelmstraße liegenden Altbaus auf, im Detail freilich stark vereinfacht, streng und abweisend.

Ein eigenes Gesicht zeigt der Neubau von der Hölderlinstraße, wobei die Nähe zu der später vom Nationalsozialismus bevorzugten Architektur nicht zu übersehen ist. Dort, wo die beiden schmalen Flügel den rückwärtigen Ehrenhof einfassen, befanden sich bis dahin die Aulaanlagen, wegen des dort 1874 aufgestellten Denkmals liebevoll Silcherwäldchen genannt.

Zwei Läuferskulpturen auf der abschließenden Balustrade zur Straße, Schöpfungen des Stuttgarter Bildhauers Ludwig Habich (1872–1949), sollten das Nietzschewort „Frei sei unsere Kunst geheißen, fröhlich unsere Wissenschaft" verkörpern. Sie gaben Anlass zu manchem Spott und Verkleidungsulk. Symbolisieren sie die rückwärtsblickenden Geisteswissenschaften und, der Zukunft zugewandt, die Naturwissenschaften? Es wird auch behauptet, der Arzt und Dramatiker Friedrich Wolff (1888–1953) habe einst für sie Modell gestanden, aber das kann wohl ins Reich der Legende verwiesen werden.

Johannes Michael Wischnath

Neue Aula: Festsaal mit Blick auf den Orgelprospekt

Wichtigster Raum der Neuen Aula war von Beginn an der große Festsaal, der das Gebäude in zwei Hälften teilte. An seine Stelle traten beim Umbau 1931 der Kleine Senat und das Auditorium Maximum. Als Ersatz wurde ein großzügiger Festsaal mit einer Grundfläche von 36 auf 18,5 Meter und einer Höhe von 13 Metern geschaffen, der auf Anregung von Universitätsmusikdirektor Karl Hasse (1883–1960) auf ein Fassungsvermögen von rund 1300 Sitzplätzen gebracht und mit einer heute freilich nicht mehr spielbaren Konzertorgel an der Rückwand ausgestattet wurde.

Er ist seither unbestrittener Mittelpunkt des Tübinger Konzertlebens. An der Stirnwand, unter einem 1967 vermauerten Glasfenster der Stuttgarter Kunstmaler Theo Walz (1892–1972) und Rudolf Yelin (1864–1940) in Glasschlifftechnik, befand sich vor der leicht ansteigenden Dozententribüne das Rednerpult.

Das Professorengestühl, seit Abschaffung des akademischen Zeremoniells funktionslos und längst viel zu klein geworden, wurde bei der Erneuerung des Saales im Jahre 1996 ausgebaut. Längst auch wurde die Blickrichtung der Bestuhlung gedreht, so dass das Publikum nun bei allen Veranstaltungen den großen Orgelprospekt und das Musikpodium im Blick hat. Johannes Michael Wischnath

Neue Aula: Durchgangshalle

Großzügige Durchgangshallen erschließen das Erdgeschoss der Neuen Aula und verbinden den Altbau an der Wilhelmstraße mit dem Querflügel und den beiden Seitenflügeln, so dass ein ungehinderter Durchgang vom Hauptportal zum Ausgang nach dem Ehrenhof an der Hölderlinstraße möglich ist. Auch dem Festsaal im ersten Obergeschoss ist in ganzer Länge eine solche Halle vorgelagert. Die aufwendige Gestaltung in einheimischem Naturstein, Edelholz und Stuck – mit im Detail dem Klassizismus nachempfundenen Formen – wurde zur Erbauungszeit teilweise als übertrieben kritisiert. Sie sollte damals nicht zuletzt die Leistungsfähigkeit des von der Weltwirtschaftskrise schwer getroffenen einheimischen Handwerks demonstrieren.

Die Hallen bieten Raum für Ausstellungen, Empfänge und Feste oder den „Markt der studentischen Gruppen" beim Dies universitatis.

Johannes Michael Wischnath

Neue Aula: Eingangshalle mit Gedenktafeln

Nach der Fertigstellung des Erweiterungsbaus im Jahr 1931 wurde auch der Altbau der Neuen Aula im Innern völlig umgestaltet. Nur die Eingangshalle hinter dem Hauptportal hat die ursprüngliche Erscheinung ohne wesentliche Veränderungen bis heute bewahrt.

An den beiden Seitenwänden fanden die lorbeerbekränzten, marmornen Kolossalbüsten des Grafen Eberhard im Bart und König Wilhelms I. Platz, die 1861 und 1862 der Stuttgarter Bildhauer Theodor Wagner (1800–1880) für den alten Festsaal geschaffen hatte.

In der Eingangshalle wird aber nicht nur an den Universitätsgründer und den Erbauer des Neuen Aula erinnert. Vierzig Jahre nach dem 20. Juli 1944 wurde hier eine Tafel mit den Namen von elf früheren Tübinger Studenten angebracht, die teilweise an führender Stelle am Widerstand gegen den Nationalsozialismus beteiligt waren und nach dem fehlgeschlagenen Attentat auf Hitler das Leben verloren.

Ihr korrespondiert an der gegenüberliegenden Wand eine zweite Tafel. Sie erinnert in allgemeiner Form an alle Opfer der Gewaltherrschaft und des Krieges in den Jahren 1933 bis 1945 und ist auch denen gewidmet, „die bereit sind, Lehren zu ziehen".

Johannes Michael Wischnath

Porträt des Rektors mit Hakenkreuz

In den Jahren 1937 bis 1939 führte der Psychiater Hermann Hoffmann (1891–1944) als Rektor die Universität. Seiner Herkunft nach Norddeutscher, hatte er seine wissenschaftliche Laufbahn in Tübingen begonnen und wurde nach einer kurzer Zwischenstation in Gießen 1936 Leiter der Universitätsnervenklinik und Nachfolger seines Lehrers Robert Gaupp (1870–1953).

Schon bei seiner Berufung war daran gedacht, dem entschiedenen Nationalsozialisten das Rektorat zu übertragen, um die Umwandlung der Universität im nationalsozialistischen Geist energischer voranzutreiben, als dies unter seinen Vorgängern geschehen war.

Hoffmanns politische Haltung fand darin ihren Ausdruck, dass er sich für die Rektorengalerie der Universität nicht wie alle seine Vorgänger im Talar, sondern in der Uniform und mit den Abzeichen eines SA-Obersturmführers malen ließ.

Das Bild, das schon zu seiner Entstehungszeit keineswegs ungeteilten Beifall fand, verschwand nach Kriegsende im Magazin. Es machte erst wieder Furore, als es 1964 auf der Titelseite der Studentenzeitung „Notizen" prangte, die damals mit einem Artikel über „Die braune Universität" die Rolle der Universität im Nationalsozialismus zu einem öffentlichen Thema machte.

Johannes Michael Wischnath

Schloss Hohentübingen: Haspelturm

Die Universität ist seit 1752, als das Observatorium eröffnet wurde, im Schloss Hohentübingen präsent. Zwei Gebäude im Westteil des Schlosses sind heute Sitz des „Ludwig-Uhland-Instituts für Empirische Kulturwissenschaft": der Haspelturm, ursprünglich als Vorratsturm genutzt, und die einstmals als Pferdestall dienende Kalte Herberge, so genannt, weil sie ungeschützt den Westwinden ausgesetzt ist.

Studierende und Lehrende des Ludwig-Uhland-Instituts untersuchen Alltags-, Lokal- und Regionalgeschichte, den Umgang mit den Medien, die Populär- und die Massenkultur. Viele der Studierenden arbeiten später in Museen und bei den Medien. An anderen Universitäten nennt sich das Fach Europäische Ethnologie, Kulturanthropologie oder – seltener – noch immer Volkskunde.

Das Ludwig-Uhland-Institut hat während seiner fast siebzigjährigen Geschichte ebenfalls verschiedene Namen getragen. 1933 wurde es vom Gleichschaltungskommissar der Universität, dem Germanisten Gustav Bebermeyer, als „Institut für deutsche Volkskunde" gegründet; es war das erste Volkskunde-Institut, dem eine deutlich nationalsozialistische Ausrichtung gegeben wurde.

Das exponiert gelegene Haus mit dem angeschlossenen Turm hatte eine doppelte Funktion: Es diente als Ausgangspunkt für die Erkundungsfahrten der Institutsangehörigen, auf denen das Volk untersucht wurde, und zugleich als Rückzugsort, an dem das Gesammelte aus erhöhter Distanz sortiert, katalogisiert und präsentiert wurde. Man verstand das Fach damals durchaus wörtlich als Kunde und popularisierte die Ergebnisse in Ausstellungen und Vorträgen.

Zeitgleich mit dem Volkskunde-Institut errichtete die Universität Institute für Rassenkunde und Ur- und Frühgeschichte. Die drei Fächer, in enger Nachbarschaft auf dem Schloss untergebracht, sollten gemeinsam Grundlage sein für eine neue, politische Wissenschaft, die Kontinuitäten seit germanischer Zeit aufzeigen und Stammes- und Rassencharaktere beschreiben und festigen sollte.

In den späten 1960er Jahren fand eine grundlegende Umorientierung der Tübinger Volkskunde statt. Hermann Bausinger wurde neuer Institutsleiter und initiierte Veränderungen in Forschung und Lehre: Traditionen sollten nicht zementiert, sondern ihre Veränderungen mit zeitgemäßen Methoden nachvollzogen werden. Die „Kunde" wurde zur Wissenschaft. Sabine Besenfelder

Naziornamentik im Haspelturm

Das „Institut für deutsche Volkskunde" wurde Mitte der 1930er Jahre technisch wie innenarchitektonisch aufwendig ausgestattet; die Originaleinrichtung ist bis heute als quasi-musealer Rahmen erhalten. Moderne Kameras und Projektoren für Aufbau und Präsentation der Foto- und Filmsammlung wurden angeschafft, in der institutseigenen Werkstatt wurden Hausmodelle gebaut und Türrahmen geschnitzt. Insbesondere die innenarchitektonische Ausstattung des Haspelturms sollte den Modell-Charakter des Instituts unterstreichen.

Die Türen im Obergeschoss, deren Rahmen und Füllungen mit Schnitzereien verziert sind, dienten als fest eingebaute Sammlungsgegenstände; sie sind Nachbildungen von Türen aus unterschiedlichen Regionen Deutschlands. Für die Auswahl der Vorbilder zu den Türen war die Sinnbildforschung maßgeblich, welche die Ornamente mythologisch deutete und auf das germanische Altertum zurückführte. Die Motive der abgebildeten Tür – Lebensbaum und Meerjungfrau mit Kind – sind populären Werken der Sinnbildforschung entnommen, andere Türen wurden nach Vorlagen aus der institutseigenen Fotosammlung angefertigt.

Mit den Holzbildhauerarbeiten war ein vom Institut angestellter Modellschreiner betraut, für die Dekors waren zwei Tübinger Maler verantwortlich.

Die gezeigte Tür hat Karl Betz (1883–1963) angefertigt, ein gebürtiger Lustnauer, der in den dreißiger bis fünfziger Jahren ein im Tübinger Raum recht bekannter Maler war. Der Rahmen trägt Motive aus dem Kreis Herford in Westfalen, wie überhaupt eine Häufung westfälischer Motive an den Türen festzustellen ist: Der Institutsleiter Gustav Bebermeyer reproduzierte sich damit ein Stück Heimat auf Schloss Hohentübingen.

Sabine Besenfelder

Nervenklinik

Die Psychiatrische Klinik aus dem Jahr 1894 war der erste Klinikbau, der wegen seines großen Flächenbedarfs an geschlossenen „Ergehungsflächen" und Therapiegärten auf einem Grundstück am Rande der Innenstadtkliniken auf herausgehobener Höhenlage des Föhrbergs errichtet wurde.

War bisher der Klinikbereich eine weitgehend auf sich bezogene Anlage gewesen, so trat er mit der Psychiatrischen Klinik städtebaulich aus diesem Rahmen heraus: Stiftskirche und Schloss, bis dahin die beherrschenden Baumassen, bekamen in direkter Blickbeziehung ein neues Gegenüber. Die Psychiatrie wurde im erweiterten Stadtbild in eindrucksvoller Form sichtbar und entwickelte ganz ausgesprochen den Charakter einer „Einzelpersönlichkeit". Der in seiner äußeren Erscheinung bis heute kaum veränderte imposante Gebäudekomplex ist als letzter Höhepunkt des Historismus im Tübinger Klinikbereich anzusehen. Die breit gelagerte, nach Süden ausgerichtete Dreigiebelanlage in der Formensprache der deutschen Hochrenaissance mit den gelbroten, hellen Klinkern, bekrönt von einem blauschwarzen Dach aus glasierten Ziegeln, ist weithin sichtbar und auf Fernwirkung berechnet. Anzumerken ist, dass der große Formenreichtum der Fassaden schon zehn Jahre nach Fertigstellung entsprechend dem veränderten Zeitgeist im akademischen Senat mit herber Kritik bedacht wurde.

Das achsensymmetrisch aufgebaute Klinikgebäude staffelt sich in der Höhenentwicklung von Süd nach Nord ab und gliedert sich funktional in drei Bauteile: Ost-, Westflügel und Mittelbau. Historisch betrachtet nahm der dreigeschossige Mittelbau den Hörsaal, die Bibliothek, das Direktorium und den Haupteingang auf. Zu beiden Seiten schlossen sich die dreigeschossigen Ost- und Westflügel mit den Untersuchungs- und Therapieräumen nach Geschlechtern getrennt und die Stationen mit ihren Krankensälen an. In den rückwärtigen zweigeschossigen Querbauten waren die Abteilungen für unruhige Kranke untergebracht.

Das Klinikgebäude ist in seiner äußeren Erscheinung bis heute kaum verändert. In den dreißiger Jahren wurde der Mittelbau um einen größeren Hörsaalanbau nach Norden verlängert.

Die zukünftige Planung sieht eine Auslagerung des stationären Bereichs in einem neuen Bettenhaus mit Anbindung an die Psychiatrie, die Neuorganisation und Renovierung des Altbaus und die Integration der beiden externen Tageskliniken sowie der Abteilung für Psychoanalyse vor.

Thomas Strittmatter

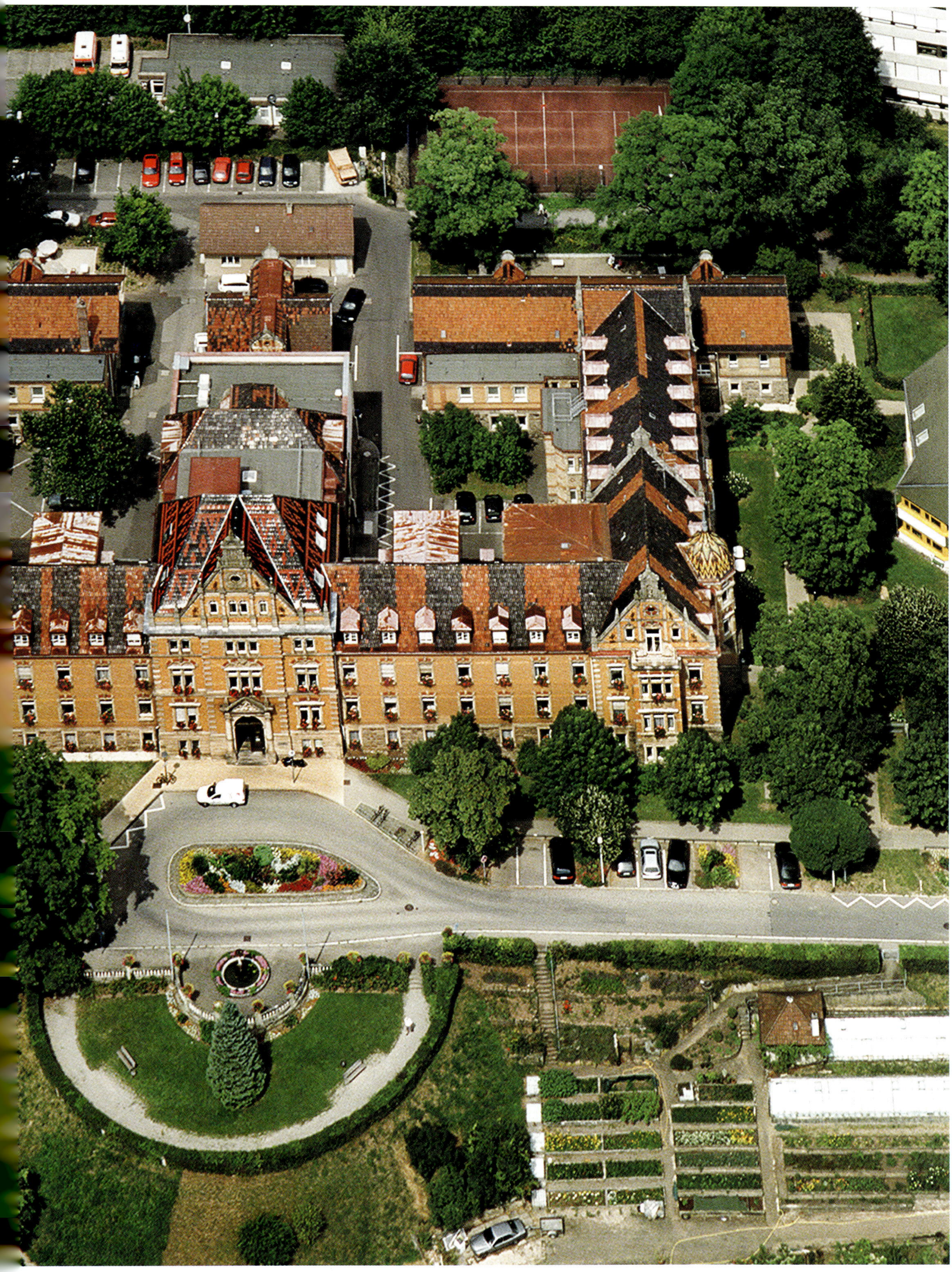

Direktorenwohnhaus der Nervenklinik

Im März 1893, der Bau der Nervenklinik war noch in vollem Gange, wurde Ernst Siemerling (1857–1931) aus Berlin als Psychiater nach Tübingen berufen. Am 1. Oktober wurde er als ordentlicher Professor angestellt. Sofort nach seiner Berufung versuchte er seine modernen Vorstellungen, vor allem bei der Einrichtung der Klinik durchzusetzen, so weit dies noch möglich war. Bereits am 1. November 1894 wurde die Klinik mit der Aufnahme der ersten beiden Patienten eröffnet.

Um so mehr richtete er sein Augenmerk auf den Bau des neben der Klinik geplanten Direktorenwohnhauses, dessen Pläne, ebenfalls von Baudirektor Albert von Bok (1825–1914) gefertigt, auf den 16. März 1893 datieren. Unterstützung gewann er in seinem Bemühen, das Äußeres dieses Wohnhauses zwar der im „Neo-Renaissancestil" erbauten Nervenklinik anzupassen, andererseits aber auch zeitgemäß und modern zu gestalten, beim denkmalpflegerisch engagierten Kunsthistoriker Konrad von Lange, später Rektor der Universität, der die Meinung vertrat, „daß die gehäufte Anbringung von Ziergiebeln... nicht nur zwecklos, sondern nicht einmal künstlerisch schön ist."

Als dann gut 60 Jahre später das Wohnhaus mit dem Auszug des damaligen Direktors frei wurde, bezog man es in die Planungen zur Errichtung eines neuen Klinikgebäudes der Jugendpsychiatrie mit ein. Unter Reinhard Lempp wurde dann der Plan verfolgt, im einstigen Wohnhaus die Ambulanz die Leitungs- und Diensträume der neuen Klinik unterzubringen, die Jugendpsychiatrie ansonsten in einem separaten Neubau, der sich dem altem Haus winkelförmig anpasste, zu etablieren. Die Realisierung erfolgte in den siebziger Jahren. 1972 konnte das Direktorenwohnhaus seiner neuen Bestimmung übergeben, 1977 der dahinter liegende Neubau bezogen werden.   Wilfried Setzler

Augenklinik

Die Augenheilkunde hat sich innerhalb der Medizinischen Fakultät als ein der ersten chirurgischen Spezialdisziplinen verselbständigt. 1871 erichtete im Haus Wilhelmstraße 26 Albrecht Nagel (1833–1895), Extraordinarius für Augenheilkunde, eine privates Klinikum, das, mit 28 Betten ausgestattet, 1874 vom Königreich Württemberg gekauft und zur Universitätsaugenklinik mit Nagel als Direktor und erstem Lehrstuhlinhaber umgewandelt wurde.

Bald war dieses Haus viel zu klein, doch dauerte es noch bis zum Beginn des 20. Jahrhunderts, bevor ein Neubau ernsthaft geplant und realisiert werden konnte. Als Bauplatz wurde das Gelände zwischen den beiden 1890 und 1894 errichteten Kliniken für Psychiatrie und Frauenheilkunde, eine „Aussichtsplattform auf die Stadt", gewählt. Eine eigens für die Augenklinik 1905 eingesetzte Baukommission sollte dann, nach den Worten des damaligen Universitätsrektors und Professors für Kunstgeschichte Konrad Lange, darauf achten, dass „die symmetrische Anlage des Gebäudes", die „jetzt bei allen Staatsbauten Usus" sei, „durch geschickte Verteilung der Baumassen dem Terrain angepaßt werde" und nicht „das landschaftliche Bild schädige".

Am 1. Januar 1909 konnte unter Professor Gustav Schleich (1851–1928), der 26 Jahre lang das Amt des Direktors inne hatte, die neue Augenklinik eingeweiht werden. Entstanden war ein „besonders stattlicher", 67 Meter langer Backstein-Einheitsbau mit einem doppelseitig bebauten Korridorsystem, eine zweibündige Anlage mit Mittelflur und nur knapp ausgeprägten rückwärtigen Gebäudeflügeln. Die Gebäudemitte wird durch einen aus der Dachfläche herausschwingenden Erker betont. An der Fassade, insbesondere am Ornament der Giebel, Portale und Stuckfelder zeigt sich der Einfluss des neuen Jugendstils.   Wilfried Setzler

Hautklinik

Am Anfang des 20. Jahrhunderts verselbständigte sich in Tübingen auch die Dermatologie als medizinisches Spezialfach, und die Errichtung einer Hautklinik wurde unumgänglich. Die damalige Ohrenklinik, die seit ihrer Gründung 1888 mehr schlecht als recht im Sektionshaus neben der Pathologie untergebracht war, benötigte ebenfalls einen Neubau.

So verwirklichte in den Jahren 1913 bis 1919 der Architekt Albert von Beger (1855–1921), dem Tübingen seit der Jahrhundertwende zahlreiche Klinik- und Institutsneubauten zu verdanken hatte, den ungewöhnliche Gedanken einer Doppelklinik. Der nahezu quadratische Vierflügelbau um einen schmalen Innenhof bot in spiegelbildlicher Anordnung ein genau gleiches Raumprogramm für jede der beiden Kliniken, denen je 30 Erwachsenen- und zehn Kinderbetten zur Verfügung standen. Nur der Haupteingang, die Küche und der Hörsaal wurden gemeinsam genutzt.

Im Jahr 1937 konnte die Hautklinik das gesamte Gebäude übernehmen, nachdem der Neubau der Chirurgischen Klinik die Verlegung der Klinik für Hals-, Nasen- und Ohrenkrankheiten und des Hygienischen Instituts in das alte Akademische Krankenhaus ermöglicht hatte.

Nach dem neuerlichen Umzug der Chirurgen bezog die Hautklinik vorübergehend den Klinkerbau der Alten Chirurgie an der Calwer Straße, so dass in den Jahren 1990 bis 1994 die nach sieben Jahrzehnten erforderliche grundlegende Sanierung und Erweiterung möglich wurde, die – unter Wahrung der äußeren Gestalt – doch einem Neubau fast gleichkam.   Johannes Michael Wischnath

Alte Kinderklinik

Die Universitätskinderklinik wurde am 4. Juli 1927 im Rahmen der Feiern zum 450. Universitätsjubiläum ihrer Bestimmung übergeben. Sie war der erste der zahlreichen Bauten, die zwischen den beiden Weltkriegen nach Plänen von Hans Daiber (1880–1969) für die Universität entstanden sind. Die Kinderklinik war 1920 mit einfachsten Mitteln im alten Direktorenwohnhaus der Medizinischen Klinik eingerichtet worden und benötigte dringend einen Neubau. Daibers Entwurf war ein typisches Beispiel für die besonders von der Stuttgarter Schule beeinflusste Stilrichtung der Entstehungszeit.

Der Architekt hatte nicht nur die äußerst beengten Raumverhältnisse des Hanggrundstücks zu berücksichtigen, auch äußerste Sparsamkeit war geboten. Anders als bei den Bauten der Vorkriegsjahrzehnte musste ohne Raumreserven geplant werden, so dass auch der Altbau weiterhin in die Nutzung einbezogen blieb.

Als nach dem Zweiten Weltkrieg der Raumbedarf stärker wuchs als je zuvor, wurden zunächst die Nachbargebäude für die Zwecke der Klinik umgebaut, später dann die frühere Direktorenvilla, die seit 1927 die Poliklinik beherbergte, durch einen Neubau ersetzt.

Schon Mitte der siebziger Jahre war deutlich geworden, dass in absehbarer Zukunft ein Neubau im Erweiterungsgebiet der Universität auf dem Schnarrenberg nicht zu umgehen war. Er konnte 1998, fast ein Vierteljahrhundert später, bezogen werden. Seither sieht die alte Kinderklinik einer neuen Bestimmung entgegen.

Johannes Michael Wischnath

Frauenklinik und ehemalige Chirurgische Klinik

In den Jahren 1928 bis 1935 erhielt die Chirurgie, seit 1846 im alten Akademischen Krankenhaus untergebracht, als letzte der klinischen Disziplinen in Tübingen einen speziell auf ihre Bedürfnisse zugeschnittenen, modernen Neubau. Im Jahr 1927 war Martin Kirschner (1879–1942) als Direktor der Klinik nach Tübingen berufen worden. Nach seinen Vorstellungen wurde in den folgenden Jahren der längst überfällige Bau geplant und gebaut. In moderner Stahlskelettbauweise verwirklichte der Architekt Hans Daiber Kirschners Konzept einer Hochhausklinik. Ein zentrales Haupttreppenhaus mit den Aufzügen verbindet zwei niedrigere Bettentrakte und einen neungeschossigen Untersuchungs- und Behandlungsflügel.

Bei der Einweihung am 30. Oktober 1935 versuchten die neuen Machthaber, die Klinik als Werk des Dritten Reiches darzustellen. Martin Kirschner hatte die Leitung zu diesem Zeitpunkt schon an seinen Schüler Willy Usadel (1894–1952) übergeben.

Im Mai 1945 wurde die Klinik von der französischen Besatzungsmacht beschlagnahmt und erst im Frühjahr 1954 wieder vollständig freigegeben.

Obwohl der Bau für seine Zeit architektonische Maßstäbe gesetzt hatte, veraltete er doch schneller als mancher der älteren Klinikbauten. Bei der bald einsetzenden starken Spezialisierung der chirurgischen Disziplinen mit einer Zunahme schwieriger Eingriffe erwies sich die im achten Stock untergebrachte Operationsabteilung als nicht erweiterungsfähig. So fiel schon 1972 die Grundsatzentscheidung für einen Neubau, der 1989 endlich bezogen werden konnte. Der Altbau an der Calwer Straße soll künftig der Frauenklinik dienen.

Die „alte" Frauenklinik (kleines Bild) war 1890 als erster Klinikbau in Stahlbetonbauweise errichtet worden. Ihr heutiges Aussehen verdankt sie zahlreichen Umbauten und Aufstockungen.

Johannes Michael Wischnath

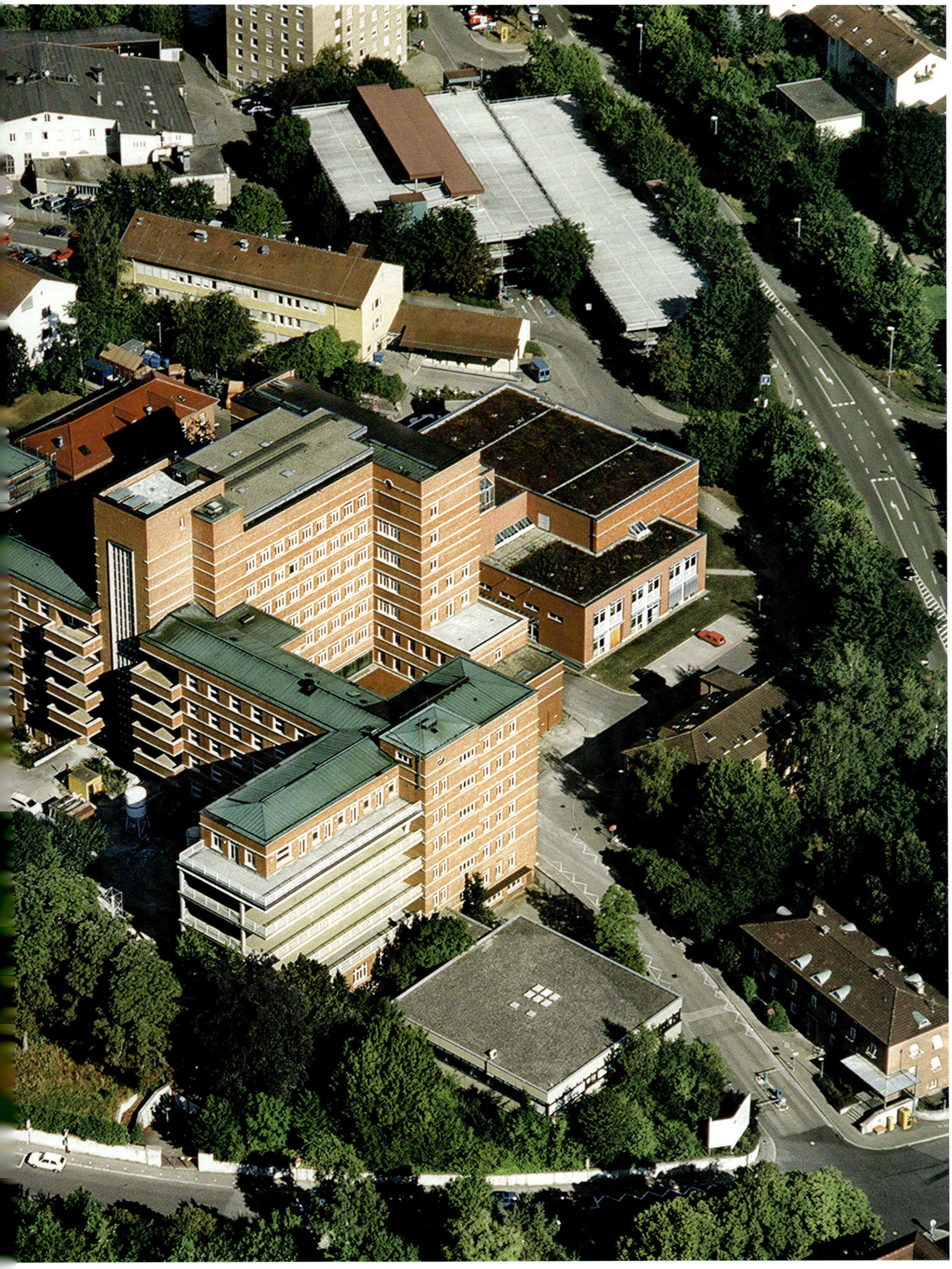

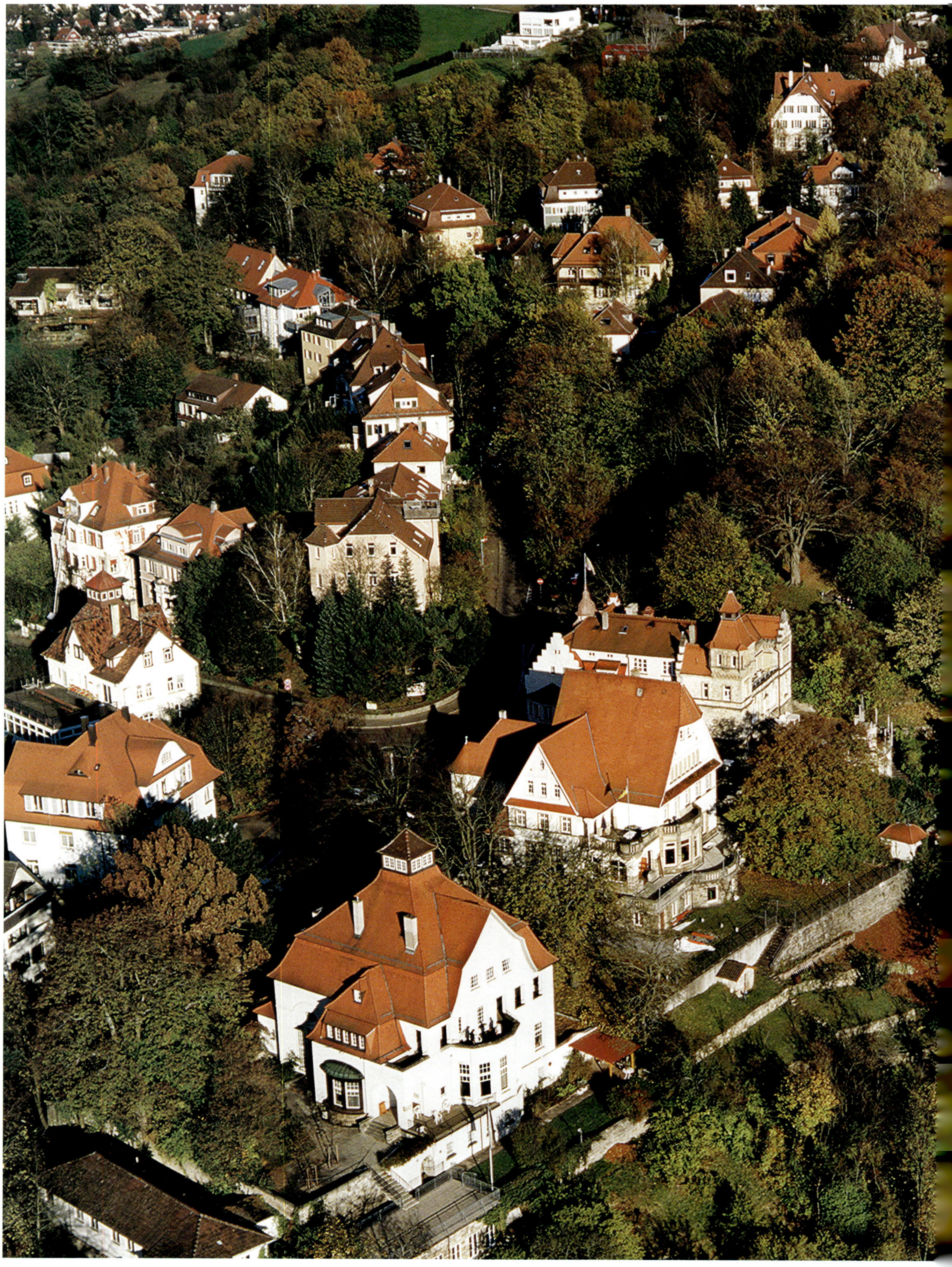

Verbindungshäuser auf dem Österberg

Wer von Reutlingen her oder aus dem Neckartal nach Tübingen kommt, den grüßen schon von weitem die fahnengeschmückten Burgen auf dem Schlossberg wie dem Österberg und demonstrieren, dass die Studierenden das bestimmende Element in Tübingen sind.

In der Zeit des Wiener Kongresses (1815) und der Revolution von 1848 waren die Studenten Träger liberaler und nationaler Ideen. Ihren geselligen Mittelpunkt hatten sie in den Kneipen der Stadt, die ihnen oft den Namen gegeben hatten. Nach dem Ende der Verbotszeit und der Reichsgründung gab es jeweils einen Schub von neuen Verbindungen. So entstand eine Konkurrenz um die besten Wirtschaften mit Kneipräumen.

Dem Beispiel der Rhenanen, die 1886 auf dem Österberg ein eigenes Haus einweihten, folgten andere Verbindungen mit eigenen Neubauten, so dass bis zum Ersten Weltkrieg etwa 30 Verbindungen ein Haus besaßen, die große Mehrzahl auf den Höhen, nur wenige in der Stadt.

Die eigenen Häuser beeinflussten das Verbindungsleben, das sich früher auf die Universitätszeit beschränkt hatte, und verwandelten es nachhaltig: Das Gemeinschaftsleben verfestigte sich, der Einfluss der Alten Herren wuchs, und das Prinzip des Lebensbundes mit dem Mittelpunkt Verbindungshaus setzte sich durch. Die Stiftungsfeste wurden wichtige gesellschaftliche Ereignisse. Damit stieg die Bedeutung der Verbindungen, denen bei Festen und Feiern der Universität eine zentrale Rolle zukam. Durch die Bindung an das Haus und das elitäre Standesdenken ging allerdings der Kontakt zu anderen Studenten und den Bürgern der Stadt verloren, so dass mit dem Wandlungsprozess auch eine Art Isolation verbunden war.

Sie gehörten nun zur sozialen Elite des Kaiserreichs und fühlten sich ihm eng verbunden. 1914 waren Verbindungsstudenten in großer Zahl als Freiwillige in den Krieg gezogen und hatten große Opfer gebracht. So standen sie der Weimarer Republik überwiegend feindselig gegenüber. Tübinger Verbindungsstudenten waren am Kampf gegen die Münchner Räterepublik beteiligt.

Nach der „Machtergreifung" wurden die Verbindungen aufgelöst oder in NS-Kameradschaften überführt, die Häuser enteignet. Nach 1945 bekamen sie ihr Eigentum zurück, so dass das traditionelle Verbindungsleben wieder entstehen konnte. Seit den sechziger Jahren verloren sie zunehmend an Einfluss, ihr relativer Anteil an der Zahl der Studierenden ging ständig zurück.   Hans-Otto Binder

Haus der Rhenanen

Das kleine Corps der Rhenanen, das 1879 die ältere Tradition von 1827 wieder aufnahm, sah sich in ein Lokal abgedrängt, „in welchem nicht die Blüte der Gesellschaft verkehrte". Es war die Aktivitas selbst, die den Plan fasste, ein eigenes Gebäude für das Corps zu errichten und anfing, die nötigen Mittel zu sammeln. Nur langsam konnten sich die Alten Herren für diesen Gedanken erwärmen und unterstützten den Plan zuerst nur zögernd.

1883 wurde das Grundstück neben dem beliebten Ausflugsziel Wielandhöhe gekauft, am 5. Juli 1885 der Grundstein gelegt und ein Jahr später die erste Kneipe gefeiert. Architekt war der Tübinger Regierungsbaumeister Katz, der – von Viollet-le-Duc beeinflusst – den neugotischen Stil favorisierte. So entstand aus Lichtensteiner Tuffstein und Dettenhäuser Sandstein eine Burg mit Schießscharten und Donjon. Außer dem Kneipsaal gab es kaum Nebenräume.

Der stilbildende Bau wurde 1912 wesentlich erweitert. Zu seiner Einweihung schrieb der Rhenane Frey: „Stolz ragt nun der Rhenanen neue Heimat, eine Hochburg echt deutschen Korpsstudententums, ehrenfester Ritterlichkeit, aufopferungsfähiger Freundestreu, jugendlichen Frohsinns, hoch über der Stadt und Neckar und sein blau-weiß-rotes Banner grüßt sonnenbeschienen hinüber zu der Schwabenalb ragenden Höhen und fernhin über die schwäbischen Lande. Dem Freund zum Schutz, dem Feind zu Trutz!"

Im Jahr 1976 wurde das Haus unter Denkmalschutz gestellt.

Hans-Otto Binder

Roigelhaus

An markanter Stelle, direkt unterhalb des prächtigen Renaissanceportals des Schlosses, liegt, als das letzte und eines der jüngsten Häuser in der Burgsteige, das Verbindungshaus der Tübinger Königsgesellschaft „Roigel". Mit einer elitären Vereinigung unverbesserlicher Monarchisten allerdings haben weder der Name noch der Zusammenschluss etwas zu tun – er führt sich zurück auf das Gründungslokal der Verbindung, das nördlich der Altstadt gelegene Gasthaus Zum König. 1838 schlossen sich dort Studenten des Evangelischen Stifts zu einer akademischen Verbindung zusammen und nannten sich, vornehmlich aus Spaß, aber doch auch mit einem gewissen studentischen Standesbewusstsein, „Societé Royal". Die Umgangssprache formte daraus im Laufe der Jahre den Namen „Roigel". Eine repräsentativen Heimstatt, das Roigelhaus, errichtete die Königsgesellschaft 1903/04 an der Stelle der alten Schlossküferei nach Plänen der Stuttgarter Architekten Schmohl und Staehlin in einer Art mittelalterlichem Jugendstil. Dabei orientierten sich die Bauherren an der städtebaulichen Tradition: Auf Anraten des berühmten Architekten Theodor Fischer plante man den Neubau behutsam und mit Rücksicht auf den Ort, errichtete ihn auf den Grundmauern und Kellern der Küferei und übernahm damit weitgehend die für das Stadtbild wichtigen Umrisse des Vorgängerbaus. Bis heute erinnert manches architektonische Detail wie das Eingangsportal oder das Rundbogenfenster im oberen Stock an die alte Schlossküferei.

Christopher Blum

Germanenhaus

Die Mitglieder der Burschenschaft erbauten Germania sich 1896 in der Gartenstaße, neben dem einstigen Wohnhaus von Ludwig Uhland, ein eigenes Haus, das wegen seines Aussehen vom Tübinger Volksmund „Bierkirchle" genannt wurde.

Am 14. März 1944 wurde das Germanenhaus durch eine Luftmine stark beschädigt. Kaum war die 1938 aufgelöste Verbindung 1949 wieder gegründet, bauten deren Mitglieder im Uhlandgarten oben am Berg mit eigener Hand ein Behelfsheim. 1956 begann man nach den Plänen des Architekten Paul Schmitthenner (1884–1972) mit dem Wiederaufbau des alten an der Gartenstraße liegenden Gebäudes, das 1957 vollendet wurde.

Der Germania gehörten unter anderen die Dichter Ludwig Uhland (1787–1862), Wilhelm Hauff (1802–1827) und Berthold Auerbach (1812–1882) an.

Wilfried Setzler

Haus der Stochdorphia

Bei einem Gang zum Weilheimer Kneiple gründeten am 15. Januar 1857 drei Theologie-Studenten des Evangelischen Stifts die erste nichtschlagende und nichtfarbentragende Verbindung Deutschlands (eine Ausnahme bildet lediglich die schwarz-weiß-rote Fahne). Schon bald nach ihrer Gründung nahm die in „schwäbisch-protestantischer" Gesinnung entstandene Stiftsverbindung auch Nichttheologen auf. Seit 1889 führt sie nach Emil Stochdorph, einem ihrer Gründer, den Namen Stochdorphia.

Das im Wintersemester 1902/03 eingeweihte eigene Haus erwies sich, kaum bezogen, als zu klein und unpraktisch, so dass sich schon drei Jahre später die „Alten Herren" zum Ankauf eines neuen größeren Hauses mit Garten, Hirschauer Straße 18, entschlossen, das nun seit 1905 Heimstatt der Akademischen Musikverbindung ist.

Wilfried Setzler

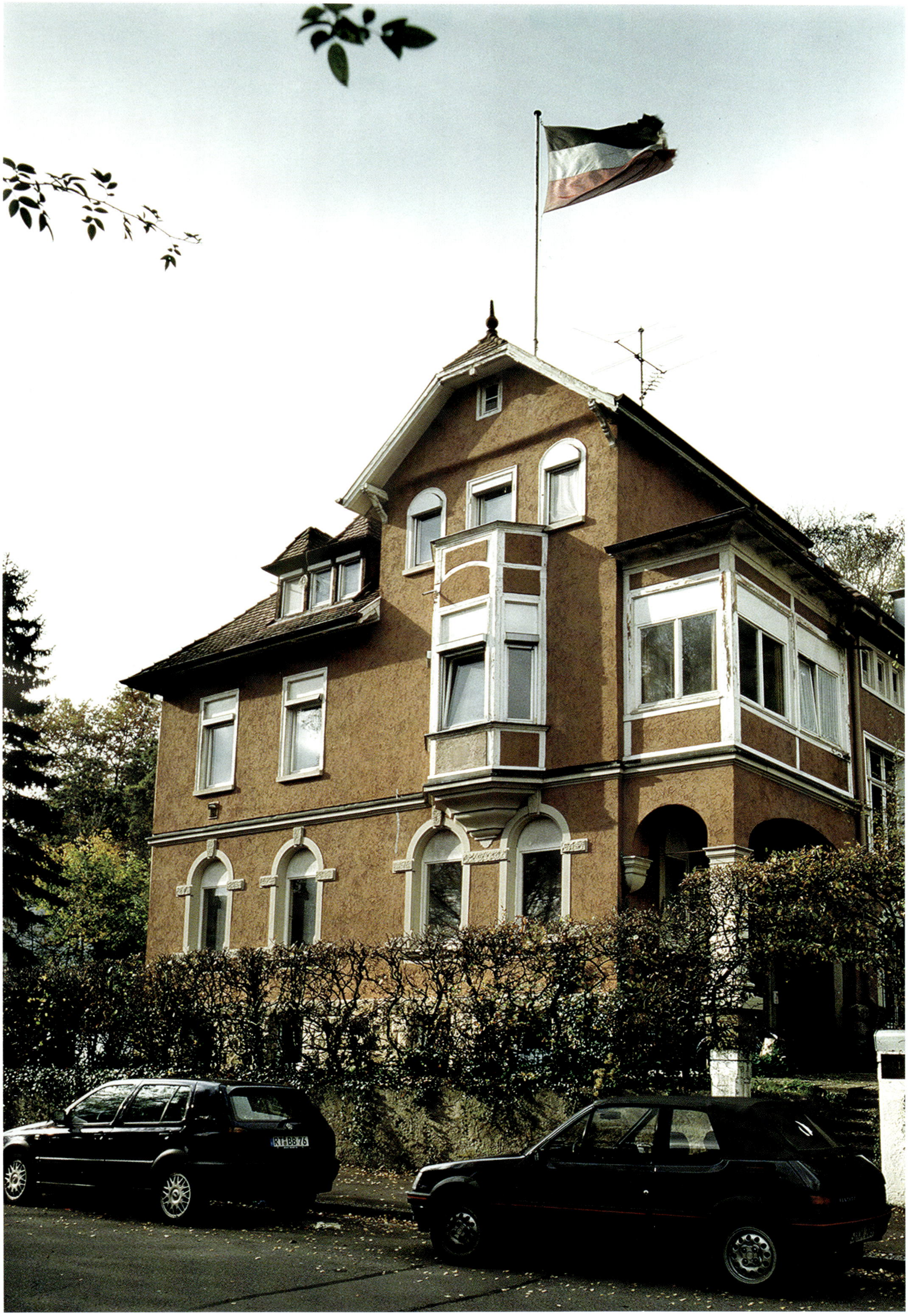

Adolf Schlatter (1852–1938)

Der am 16. August 1852 in St. Gallen geborene Neutestamentler Adolf Schlatter studierte in Basel und Tübingen, wo er durch den Biblizisten Johann Tobias Beck geprägt wurde, und habilitierte sich nach dem Pfarrdienst 1881 in Bern.

Der dort ausgebildete Gegensatz zur liberalen Theologie bestimmte seinen weiteren Weg von der Berufung als Professor nach Greifswald 1888 über den Wechsel nach Berlin 1893, wo er die preußische Rechte unterstützen sollte, bis zum Ruf nach Tübingen 1898 auf einen neugeschaffenen Lehrstuhl für Neues Testament, der mit einem „positiven" Theologen besetzt werden sollte.

Hier zog er eine große Hörerschaft an sich, der er ein lebendiges Verständnis der Bibel vermitteln wollte, und trug zusammen mit seinem jüngeren Kollegen Karl Heim wesentlich dazu bei, dass die Tübinger Evangelisch-theologische Fakultät zu einer der am stärksten besuchten des Landes wurde. Schon bald galt der gebürtige Schweizer als einer der einflussreichsten evangelischen Theologen in Deutschland. Zu diesem Ruf trugen neben bedeutsamen exegetischen Erkenntnissen auch Schlatters umfassende Forschungen über das antike Judentum bei.

Als 1923 mit Wilhelm Heitmüller ein Vertreter der von ihm bekämpften religionsgeschichtlichen Schule sein Nachfolger wurde, setzte er neben diesem seine Lehrtätigkeit fort.

Er starb am 19. Mai 1938 und liegt auf dem Tübinger Stadtfriedhof begraben.   Reinhold Rieger

Schlatterhaus

1907 bereitete der Tübinger Kreis der Deutschen Christlichen Studenten-Vereinigung die Einrichtung eines eigenen Hauses vor. 1913/14 erfolgte der Umbau der 1908 erworbenen Häuser am Österberg und der Anbau des großen und kleinen Saals, dessen Haupteingang auf dem Bild zu sehen ist.

Nach dem Tod Adolf Schlatters, des langjährigen Tübinger Neutestamentlers, der auch in der DCSV engagiert war, wurde 1938 das Gebäude in „Adolf-Schlatter-Haus" umbenannt. Zuvor war es der Landeskirche geschenkt worden, die das Haus 1939 an die Gesellschaft zur Förderung christlicher Erkenntnis verpachtete.

1941 wurde das Schlatterhaus von der Militärverwaltung beschlagnahmt und für die Unterbringung von Medizinstudenten der Wehrmacht genutzt. 1944 wurde der südliche Teil des Hauses durch einen Luftangriff beschädigt. 1945 stand es wieder der Studentengemeinde zur Verfügung. 1958 begann der Pachtvertrag mit der Evangelischen Akademikerschaft.

1982 übernahm die evangelischen Gesamtkirchengemeinde Tübingen das Haus. Es war ein Ort der Reflexion theologischer, kultureller und sozialer Probleme der Gesellschaft, die sich in Vorträgen und Arbeitskreisen artikulierte.

Von Beginn an wurde im Schlatterhaus ein Mittagessen an Studenten ausgegeben, lange Zeit aus eigener Küche, 1982 bis 2001 vom Studentenwerk.   Reinhold Rieger

Veranstaltung der Woche
Heute
gr. Saal (hier)
kl. Saal
Clubraum 1 (1.OG)
Clubraum 2 (1.OG)
Andachtsr. (hier)
Clubraum 3 (1.OG)
Cafeteria

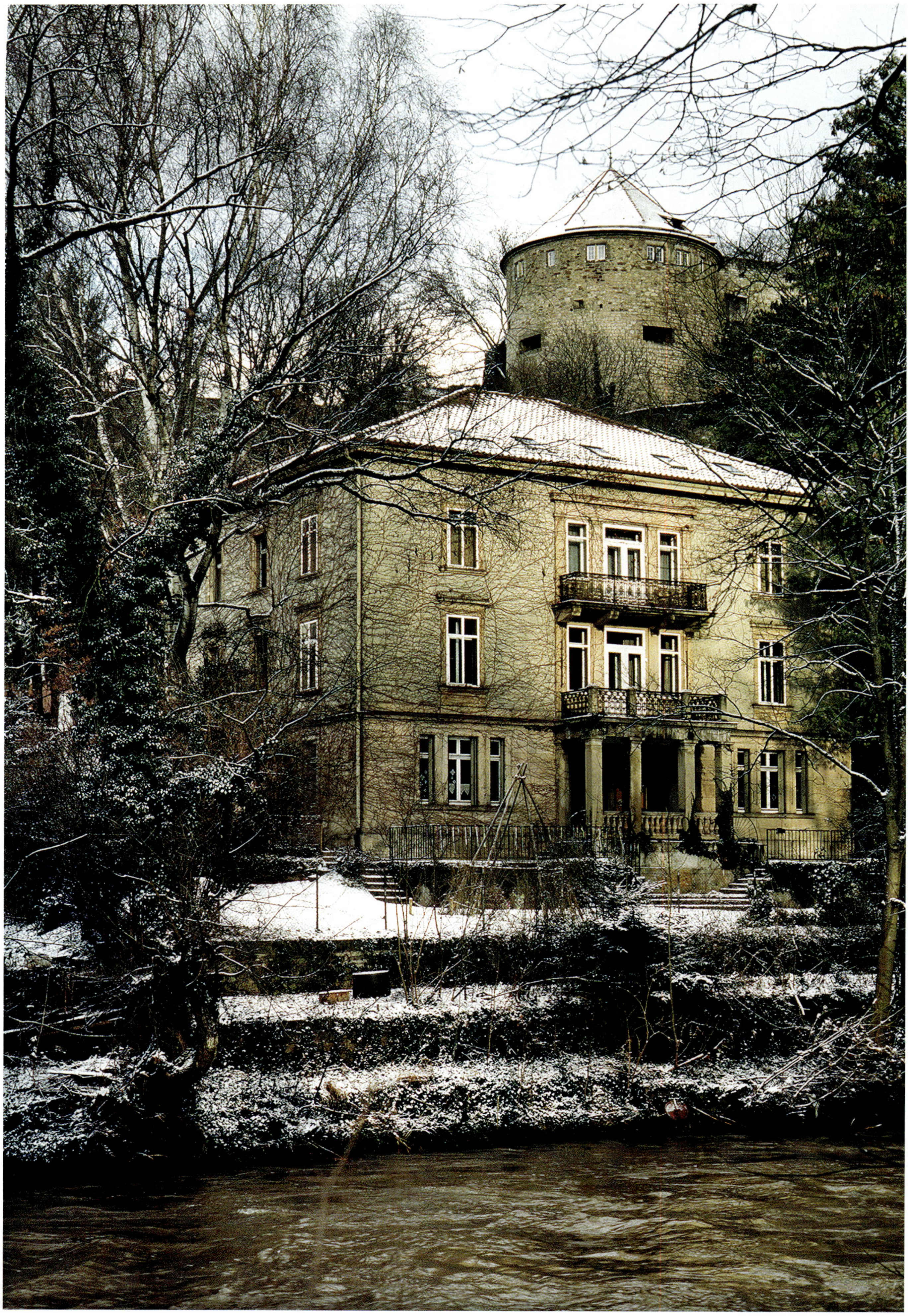

Theodor-Haering-Haus

Als die Hohe Karlsschule in Stuttgart 1791 geschlossen worden war und König Friedrich den Landeskindern das Studium in Tübingen vorschrieb, begann ein rasches Wachsen der Universität, so dass es bald an Wohnraum fehlte.

1819 forderte der Senat die Stadtverwaltung auf, dagegen etwas zu unternehmen. Auch der Oberamtsrichter Hufnagel beklagte 1822 in einem Schreiben an den Gemeinderat den Mangel an Wohnraum. Er schlug vor, mit Steuererleichterung den Wohnungsbau zu fördern und günstigen Wohnraum für die arme Bevölkerung zu schaffen. Der Gemeinderat nahm diesen Vorschlag auf und beschloss im März 1822, dass Bauwillige, die außerhalb der Stadt ein Wohngebäude errichten, für zehn Jahre von Umlagen befreit sein sollten. Diese Steuerbefreiung wurde 1828 für fünf Jahre erneuert.

Als 1842 erneut Klagen vom Senat über den Mangel an angemessenem Wohnraum für Professoren an die Stadt gerichtet wurde, gewährte der Gemeinderat diese Steuererleichterung erneut für zehn Jahre. Bis dahin gab es kaum Gebäude außerhalb der Stadtmauer. Das Haus von Kanzler Autenrieth (1818) gehörte zu den ersten vor dem Lustnauer Tor. Ebenso das von Marcel Heigelin, einem Dozenten für Architektur in Tübingen, für Professor Wächter gebaute Haus vor dem Neckartor, das spätere Uhland-Haus.

Gleich mehrere Gebäude entstanden in der Neckarhalde beim Hirschauer Tor, das 1831 abgerissen wurde. Seine Steine verwendete man für die neuen Häuser: Die Hausnummer 25 (um 1830), die Nummern 27 (1844 Evangelisches Dekanat), 31 (Theodor Haering 1867/68), 32 (um 1830) und 33 (um 1850). Auch einige der Gartenhäuser wurden in der ersten Hälfte des 19. Jahrhunderts gebaut.

Hans-Otto Binder

Georg Dehio (1850–1932)

Georg Dehio, 1850 als Sohn eines baltendeutschen Arztes im estnischen Reval (heute Tallinn) geboren, nahm zunächst ein Studium an der deutschsprachigen Universität Dorpat auf, wechselte dann nach Göttingen und promovierte dort 1872 beim Mediävisten und Quellenkundler Georg Waitz.

Politisch geprägt von Reichsgründungszeit und Bismarck-Ära ging Dehio 1872 an die Universität München, wo er sich 1877 mit einer Geschichte des Erzbistums Hamburg-Bremen habilitierte. Er konzentrierte sich mehr und mehr auf kunstgeschichtliche Vorlesungen, wurde schließlich 1883 Professor für Kunstgeschichte an der Universität Königsberg, 1892 an der Universität Straßburg. Zwischen 1884 und 1901 erschien sein gemeinsam mit Gustav von Bezold verfasstes siebenbändiges Werk „Die kirchliche Baukunst des Abendlandes". Obwohl stets kränklich, wurde der glänzende Stilist Dehio einer der führenden und produktivsten deutschen Kunsthistoriker seiner Zeit. Zudem gingen vor allem seit der Jahrhundertwende wichtige Anregungen für die Denkmalpflege von ihm aus. Auf dem ersten Tag für Denkmalpflege 1900 in Dresden wurde auf Anregung Dehios die Herausgabe des Maßstäbe setzenden Handbuchs der Deutschen Kunstdenkmäler beschlossen, das in fünf Bänden unter seiner Bearbeitung und mit finanzieller Unterstützung Kaiser Wilhelms II. zwischen 1905 und 1912 erschien.

Im Sinne Dehios sollte das Handbuch in ergänzendem Gegensatz zu den Denkmalinventaren und -listen ein „urteilender und klärender Führer durch die Denkmälermasse" sein. Übersichtlich und handlich, mit knappen und treffenden Beschreibungen und Charakterisierungen, sollte es der „schnellen Orientierung" dienen. Das Werk erfuhr nach den von Dehio aufgestellten Leitlinien bis in die Gegenwart zahlreiche Neubearbeitungen.

Anfang 1919 mußte Dehio das wieder an Frankreich gefallene Straßburg verlassen und verlegte seinen Wohnsitz nach Tübingen. 1919 bis 1926 erschienen als weiteres Hauptwerk seine drei Doppelbände „Geschichte der deutschen Kunst" sowie 1922 und 1924 Monographien über das Straßburger Münster und den Bamberger Dom. Dehio starb 1932 in Tübingen.

Alfred Lutz

Pankok-Haus

Das Haus Mörikestraße 1 ist ein beeindruckende Gesamtkunstwerk des Jugendstils von internationalem Rang. Entworfen und gebaut wurde es samt seiner Inneneinrichtung und den Möbeln 1900/01 von dem Maler und Designer Bernhard Pankok (1872–1943) aus dem Kreis der Münchner Jugendstilkünstler. Bauherr war der Tübinger Universitätsprofessor und seit 1894 erste Lehrstuhlinhaber des Faches Kunstgeschichte Konrad Lange (1855–1921), Gründer des kunsthistorischen Instituts, dessen von Pankok 1906 gemaltes Porträt – Lange war 1905 Rektor – in der Porträtgalerie der Universität bewundert werden kann.

Wilfried Setzler

Vom Neuanfang 1945 bis heute

Der Wiederbeginn der Universität nach dem Ende des Zweiten Weltkriegs und dem am 19. April 1945 geschehenen Einmarsch der Franzosen erfolgte erstaunlich früh, vielversprechend und fast reibungslos. Bereits im Juni war die Universitätsbibliothek wieder öffentlich zugänglich, am 20. August begannen die beiden Theologischen Fakultäten ihre Herbstkurse und schon am 15. Oktober 1945 konnte die Tübinger Universität als erste in Deutschland in ihrer Gesamtheit wieder eröffnet werden.

Ein Mann „der ersten Stunde" war Karl (Carlo) Schmid, der mit Zustimmung der französischen Militärregierung als „vorsitzender" Landesdirektor und Beauftragter für Kultur, Erziehung und Unterricht sich hartnäckig dafür einsetzte, frei gewordene Lehrstühle – allein von der Entnazifizierung waren 29 Hochschullehrer betroffen – mit renommierten, international anerkannten Professoren zu besetzen. Und tatsächlich gelang es, insbesondere aus Berlin Hochschullehrer zu berufen, die der Tübinger Universität ein „völlig neues Profil" gaben und sie zu „einer der angesehensten deutschen Universitäten der Nachkriegsjahre" machten. So kamen unter anderen nach Tübingen der Naturwissenschaftler Adolf Butenandt, die Philosophen Eduard Spranger und Romano Guardini, der Germanist Friedrich Beißner, der Psychiater Ernst Kretschmer, der Theologe Helmut Thielicke, der Indologe Helmuth von Glasenapp, der Historiker Hans Rothfels.

Der ausgezeichnete Ruf Tübingens und die frühe Wiedereröffnung der Universität übten eine große Anziehungskraft auf die Studierwilligen in Deutschland aus. Die Wohnraumknappheit, noch verstärkt dadurch, dass Tübingen Sitz der französischen Militärregierung und Hauptstadt des Landes Württemberg-Hohenzollern geworden war, sowie beträchtliche Versorgungsschwierigkeiten führten schließlich zu einem rigorosen Numerus clausus in Höhe von rund 3500 Studierenden, über den ein aus sieben Professoren und vier Studenten bestehender Ausschuss wachte. Bevorzugt wurden ältere Jahrgänge und Kriegsteilnehmer. Noch im Wintersemester 1948/49 bestand die weitgehend männliche Studentenschaft zu 90 Prozent aus ehemaligen Soldaten. Erst im Jahr 1953 konnte, nach einer Phase der Lockerung, der Numerus clausus gänzlich aufgehoben werden.

Nun allerdings wuchs die Zahl der Studierenden – 1954 überstieg sie erstmals 5000 – und mit ihr die universitären Einrichtungen, die Zahl der Lehrenden, die gesamte Infrastruktur in einem gewaltigen, beispiellosen Maße. Beschleunigt wurde das Anwachsen der Studentenfrequenz noch durch die zum 1. Juli 1957 ins Leben gerufene Studienstiftung nach dem Honnefer Modell. Nur wenige hatten mit diesem gewaltigen Ansturm, diesem Wachstum gerechnet, so dass die Steigerung die Universität weitgehend unvorbereitet traf. So ging etwa der Wissenschaftsrat noch 1960 von einer Richtzahl von künftig maximal 7850 Studierenden in Tübingen aus, doch schon im Jahr 1962 überstieg deren Zahl die Zehntausender-Grenze, 1973 waren es erstmals über 15 000, 1980 über 20 000. Seinen Höhepunkt erreichte der Zuwachs im Wintersemester 1990/91, in dem sich über 25 000 Studierende an der Universität einschrieben. Heute scheint sich deren Zahl, nachdem sie in der Mitte der neunziger Jahre deutlich um mehrere Tausend gesunken ist, bei rund 20 000 eingependelt zu haben. Der Frauenanteil betrug seit den späten achtziger Jahren stets um 45 Prozent.

In ähnlicher Weise wie die Zahl der Studierenden wuchs auch die Zahl der an der Universität Lehrenden und anderweitig Beschäftigten. So stieg die Zahl der Lehrstuhlinhaber von 99 im Jahr 1949 auf 183 im Jahr 1965 rasant an und verdoppelte sich damit nahezu innerhalb eines Zeitraums von kaum mehr als 15 Jahren. 1977, im Jahr des fünfhundertjährigen Universitätsjubiläums, verfügte die Universität über 1612 Lehrkräfte: 233 ordentliche und 109 außerplanmäßige Professoren, 85 Abteilungsvorsteher, 32 Wissenschaftliche Räte, 13 Akademische Direktoren, 128 Akademische Oberräte, 59 Akademische Räte, 58 Oberassistenten, Universitätsdozenten und Oberärzte, 380 Assistenzärzte und 515 Wissenschaftliche Assistenten. Insgesamt beschäftigte die Hochschule damals einschließlich ihrer Kliniken rund 6000 Personen; die Universität ist längst der größte Arbeitgeber im Regierungsbezirk. Der Anstieg setzte sich in den folgenden Jahren fort. Noch zu Beginn der neunziger Jahre erfuhr die Universität einen Zuwachs an

91 Stellen. Dann allerdings verschlechterte sich parallel zur wirtschaftlichen Entwicklung die allgemeine Finanzlage. Schon 1993 mußten 5,6 Millionen DM eingespart werden, 1994 und 1995 waren es je acht Millionen. In einem „Solidarpakt" mit dem Land verpflichtete sich die Universität schließlich, ab 1997 ihr Personal einschließlich Klinikum nach und nach um zehn Prozent zu kürzen. Heute zählt man an der Hochschule etwa 10 000 Beschäftigte, darunter rund 500 Professoren und Professorinnen und rund weitere 2000 wissenschaftliche Mitarbeiterinnen und Mitarbeiter.

Hand in Hand weitete sich der Etat entsprechend aus: Im ersten Jahr nach der Währungsreform 1948/49 belief sich das Haushaltsvolumen der Universität auf etwas mehr als sechs Millionen Mark, 1960 waren es gute 30 Millionen, 1968 erstmals über 100, 1975 schon 300 Millionen, im Jahr 2001 belief sich das Gesamtvolumen auf 1 372 Millionen DM, davon entfielen 344 Millionen auf die Universität im engeren Sinne (261 Millionen Staatszuschuss und 83 Millionen Drittmittel), 389 Millionen auf die Medizinische Fakultät (233 Millionen Staatszuschuss und 56 Millionen Drittmittel) und 639 Millionen auf das Klinikum und die Krankenversorgung.

Gewaltig veränderte sich in den vergangenen fünfzig Jahren auch die räumliche Ausdehnung der Universität, ihrer Institute, Kliniken, Hörsäle, Verwaltungsgebäude, Labors, Bibliotheken, Seminare, Mensen, Wohnanlagen. Den Krieg hatte man im Gegensatz zu anderen Universitäten ohne Bauverluste überstanden. Eine Einbuße erfuhr lediglich der medizinische Bereich, ließ doch die französische Militärregierung noch 1945 die Chirurgische Klinik räumen – die Patienten wurden rigoros auf die anderen Kliniken verteilt –, um dort ihr eigenes Standortlazarett einzurichten. So sah man im finanzschwachen Württemberg-Hohenzollern zunächst keine Notwendigkeit für irgendwelche Baumaßnahmen im Universitätsbereich.

Auf das starke Anwachsen der Studierendenzahlen reagierte man anfänglich eher spontan und provisorisch. Die Medizinische Fakultät war dann die erste, die in einer Denkschrift von 1950 auf eine langfristig angelegte Planung drängte und, an Überlegungen aus den Vorkriegsjahren anknüpfend, vorschlug, auf den Höhen des Schnarrenbergs künftigen Kliniken ein Neubaugebiet zu erschließen. Und tatsächlich – der Senat und das Kultusministerium, damals noch in Tübingen beheimatet, stimmten zu. Noch im selben Jahr begann man mit dem Grunderwerb, schrieb einen beschränkten Wettbewerb aus – zu diesem Zeitpunkt war in Deutschland noch so gut wie keine Universitätsklinik in Planung – und richtete unter Leitung von Paul Bonatz ein Preisgericht ein. 1955 wurde mit dem Bau auf dem Schnarrenberg begonnen.

Doch gut ein Jahrzehnt lang versuchte man, den wachsenden Bedarf ohne Gesamtplanung so gut es eben ging zu befriedigen. Dort, wo gerade der Druck am größten war, wurde an-, um- und ausgebaut, oder – sofern man einen günstigen Platz besaß oder erwerben konnte – auch mal ein Neubau errichtet. So baute man etwa gleichzeitig mit der Medizinischen Klinik auf dem Schnarrenberg auf einem ganz anderen Gebiet, nämlich auf der Waldhäuser Höhe, die Sternwarte und das Astronomische Institut.

Mitte der fünfziger Jahre setzte sich schließlich die Erkenntnis durch, dass der bisher beschrittene Weg durch eine langfristige Planung abgelöst werden müsse. 1957 wurde deshalb ein Planungsbüro für die Universitätsentwicklung eingesetzt, das ein langfristiges Konzept entwickelte, das dann nach und nach umgesetzt wurde und, obwohl man mit maximal nur zehntausend Studenten rechnete, in seinen Grundzügen – zwar immer wieder modifiziert und den neuesten Entwicklungen angepasst – Gültigkeit behielt bis heute.

Dieser 1958 beschlossene Generalbebauungsplan beinhaltete die Verlegung der Medizinischen Fakultäten mitsamt den Kliniken auf den Schnarrenberg, mit dessen Bebauung man schon begonnen hatte, den Bau eines neuen Mathematisch-Naturwissenschaftlichen Zentrums mitsamt dem Botanischen Garten auf der benachbarten „Morgenstelle" und den Ausbau der übrigen Fächer im Altbereich unter Weiterverwendung beziehungsweise Neunutzung der durch den Umzug auf die Höhen frei werdenden Räumen und Gebäude. Und tatsächlich kam es in der Folgezeit zu vielerlei Rochaden und Umnutzungen. So wurde beispielsweise die spätmittelalterliche Bursa, seit 1803/05 Klinikum, nach dem Auszug der Zahnmedizin den Philosophen, Pädagogen und Kunsthistorikern übergeben. Aus der alten Medizinischen Klinik wurde das Theologicum – die Theologen kamen aus der Neuen Aula –, ins Alte Botanische Institut zog die Universitätsverwaltung, die Historiker und die Neuphilologen erhielten entlang der Wilhelmstraße Neubauten. Das einst den Naturwissenschaften zur Verfügung stehende Schloss belegen heute neben dem dort seit den dreißiger Jahren untergebrachte Ludwig-Uhland-Institut das Institut für Ur- und Frühgeschichte und Archäologie des Mittelalters, das Institut für klassische Archäologie, das Ägyptologi-

Studentische Protestbewegung Ende der sechziger Jahre.

sche Institut, das Altorientalische Seminar sowie das Institut für Ethnologie.

Berücksichtigt wurde in der Planung – im Laufe der Zeit zunehmend – auch der Bedarf an sozialen Einrichtungen. Schnell wurde deutlich, daß die Universität und die ihr angehörenden Menschen eben nicht nur Räume, Häuser, Gebäude für Institute, Kliniken, Bibliotheken, Labors und Büros, für Kurse und Vorlesungen benötigte, sondern neben der Forschung, der Lehre und dem Studium eben auch zum Wohnen, Essen, Parken, für die Freizeit, für sportliche und kulturelle Betätigung, für soziale Belange. So entstanden im Gefolge der Neubauten unter anderem auch drei große Mensen, zehn Cafeterien, mehrere Kindertagesstätten. Ein besonderes Augenmerk legte man auf den Bau von Wohnheimen für Studierende, so dass das Studentenwerk heute etwa viertausend Wohnheimplätze anbieten kann.

Zunehmend hatte die Massenuniversität aber nicht nur mit den Ansturm von Studierenden, mit Raum- und Personalnot zu kämpfen, offenkundig wurden in den sechziger Jahren auch Probleme in der Organisation, der Struktur, der Verfassung der Universität und mancherorts auch in den Inhalten von Lehre und Forschung. So hieß es 1962 in einer Verlautbarung des damaligen Kanzlers: „Als schweres Hemmnis der Entwicklung erweist sich der Mangel an zeitgemäßen Rechtsgrundlagen. Die geltende Verfassung der Universität stammt aus dem Jahr 1912." Alle – Ministerium, Senat und AStA, Kultusminister, Professoren und Studenten – waren sich einig, eine Hochschulreform muss sein.

Doch bevor es zu einer Umsetzung kommen konnte, wurde Tübingen wie die anderen westdeutschen Universitäten von der sich schnell ausweitenden und immer heftiger werdenden studentischen Protestbewegung erfasst. Zwar lief in Tübingen vieles ruhiger, überlegter und friedlicher ab als anderswo, doch auch hier wurden Vorlesungen, Seminare und Prüfungen boykottiert oder „bestreikt", Sitzungen der Universitätsgremien gestört. Am 14. August 1967 wurde die traditionelle Immatrikulationsfeier mit dem in Hamburg geprägten Ruf „Unter den Talaren – Muff von tausend Jahren" gesprengt, es war die letzte für eine lange Zeit. Am 25. Mai 1968 besetzten Studenten das Rathaus, am 13. Januar 1969 das Rektorat der Universität. Doch dank der Besonnenheit der Betroffenen wurden jeweils den Konflikt entspannende Lösungen gefunden. So reagierte der damalige Rektor, Ludwig Raiser, mit Augenmaß, gab ein gewisses Verständnis für die Proteste zu erkennen, wies aber auch deutlich und kompromisslos auf deren Gren-

Das Studium generale sucht die wissenschaftsgeleitete Auseinandersetzung mit Gegenwartsfragen.

zen hin: Nach drei Stunden wurde das Rektorat wieder geräumt und an Stelle der Besetzung eine öffentliche Diskussion im Festsaal anberaumt.
Die Politisierung der akademischen Jugend, die „respektlosen Protestaktionen" wirkten sich, abgesehen von den gesamtgesellschaftlichen Folgen, auch beschleunigend auf die anstehende Hochschulreform aus. Am 1. Oktober 1969 trat, vom baden-württembergischen Landtag verabschiedet, ein neues Hochschulgesetz in Kraft, das Nichtordinarien (Mittelbau) und Studierenden ein gewisses Mitspracherecht in den Selbstverwaltungsgremien der Universität einräumte, die Einführung einer Präsidialverfassung – am 1. Oktober 1972 begann dann die erste Amtszeit des auf acht Jahre gewählten Präsidenten Adolf Theis – ermöglichte, vor allem aber die alten, seit der Gründung bestehenden Fakultäten (Theologie, Jura, Medizin, Philosophie) samt den jüngeren Fakultäten (Staatswissenschaften, Naturwissenschaften) auflöste und siebzehn neue Fachbereiche (später wieder in Fakultäten umbenannt) schuf: Evangelische Theologie, Katholische Theologie, Rechtswissenschaft, Wirtschaftswissenschaft, Theoretische Medizin, Klinische Medizin, Philosophie, Sozial- und Verhaltenswissenschaften, Neuphilologie, Geschichte, Altertums- und Kulturwissenschaften, Mathematik, Physik, Chemie, Pharmazie, Biologie und Erdwissenschaften.

Heute gliedert sich die Universität in fünfzehn Fakultäten. 1990 kam zu den 17 Fachbereichen die Fakultät für Informatik als die erste ingenieurwissenschaftliche Fakultät an einer klassischen deutschen Universität hinzu. Andererseits wurden inzwischen die vier Fakultäten für Chemie und Pharmazie sowie die für Philosophie und Geschichte in zwei vereint. Gleiches geschah den beiden Medizinischen Fakultäten, wobei allerdings das gesamte Universitätsklinikum, das heute über siebzehn Spezialkliniken verfügt, 1998 in eine selbständige Anstalt des öffentlichen Rechts überführt wurde.
Ein besonderes Ereignis in der jüngeren Universitätsgeschichte bildete das 1977 gefeierte fünfhundertjährige Jubiläum. Im Mittelpunkt aller Feierlichkeiten stand ein Festakt in der Stiftskirche, bei dem die Reden weit über Tübingen hinaus Aufmerksamkeit erhielten, insbesondere die des Bundespräsidenten Walter Scheel über den „Mut zur kritischen Sympathie" und die von Hans Küng, damals noch Angehöriger der Katholisch-theologischen Fakultät, über „Wissenschaft und Gottesfrage. Heute noch an Gott glauben?" Im Zusammenhang mit dem Jubiläum stand auch eine intensive Beschäftigung der Tübinger Universität mit ihrer eigenen Geschichte. Dabei setzte sie sich auch als eine der ersten deutschen Hochschulen intensiv und kritisch mit ihrer jüngsten Vergangenheit und ihrer Rolle in der Zeit des Nationalsozialismus auseinander.

In den letzten fünf Jahrzehnten haben Lehre und Forschung manch neue Methoden und Wege aufgegriffen, viele neue Themen, Fragen und Inhalte hinzugewonnen. Zudem haben sich in diesem Zeitraum das äußere Bild und die innere Struktur der Alma mater mehr verändert als in den Jahrhunderten zuvor. Bei alledem hat die Universität nicht nur auf Vorgänge von außen reagiert, sie war an den gesellschaftlichen und wirtschaftlichen Entwicklungen auf vielerlei Weise beteiligt, hat sie verursacht oder mitgestaltet, ihnen Impulse vermittelt und weitergegeben. Produzierend und konsumierend war und ist sie im „Computer-Zeitalter" an den Prozessen der Hightech-Welt und der Globalisierung beteiligt.

Die Universität Tübingen ist nicht nur 525 Jahre alt, ehrwürdig und traditionsreich, sie ist auch mit der Zeit gegangen, hat sich mit Erfolg den Herausforderungen der neuen Zeit gestellt und ist so trotz des hohen Alters modern, weltoffen und gut gerüstet für die Zukunft.

So ermöglichen heute alle Studiengänge, modular und gestuft, an internationale Standards angepasste Abschlüsse. Ja, in virtuellen Seminaren werden gar neue Lehr- und Kommunikationsformen getestet, um eine Basis zu schaffen für den weiteren Ausbau zur virtuellen Zukunftsuniversität.

In ihrem Bemühen werden die Universität, ihre Fakultäten, Seminare, Institute, Lehrstühle, Fächer unterstützt von 14 Graduiertenkollegs, sieben Sonderforschungsbereichen der Deutschen Forschungsgemeinschaft sowie zahlreichen interdisziplinären Arbeitskreisen und Arbeitsstellen. Eng verknüpft ist die Hochschule zudem mit einer ganzen Reihe von außeruniversitären, ihr aber eng verbundenen Einrichtungen vor Ort oder in der Region. Etwa mit den in Tübingen ansässigen Max-Planck-Instituten oder der Bundesforschungsanstalt für Viruskrankheiten der Tiere.

Schließlich ist sie aber auch Partnerschaften mit ausländischen Universitäten eingegangen. So pflegt sie internationale Kontakte mit mehr als hundert Hochschulen in 35 Ländern, darunter fünfzig in den USA, vermittelt den Austausch von Wissen, Lehrenden und Studierenden. Für den internationalen guten Ruf der Universität sorgen auch über 30 außergewöhnliche und ganz unterschiedliche Sammlungen und Museen, die über Kostbarkeiten von höchstem wissenschaftlichen und kulturgeschichtlichen Wert verfügen, zudem die Universitätsbibliothek, die nicht nur über einen umfangreichen und äußerst seltenen Altbestand verfügt – allein 60 000 ihrer drei Millionen Druckwerke stammen aus der Zeit vor 1700 – sondern auch über ihresgleichen suchende Sondersammelgebiete, etwa in den Bereichen Theologie, Alter Orient oder Indologie.

Groß geschrieben wurde und wird an der Tübinger Universität auch der Praxisbezug. Seit langem ist der „Elfenbeinturm" weit geöffnet, ist er zahlreiche Kooperationen zwischen Unternehmen und Wissenschaften eingegangen. So unterhält die Hochschule seit 1980 ein Technologietransferzentrum, das Bedürfnisse der Praktiker aufgreift und aktuelle Forschungsergebnisse in praktische Anwendungen umsetzt. Und mit dem Ziel der Zusammenführung von Erfindung und Verwertung engagiert sie sich seit kurzem zusammen mit der Stadt im hochschulnahen Gewerbepark Obere Viehweide zur Förderung von jungen Unternehmen, „die aus der Universität heraus entstehen und deren Fortentwicklung nur durch die Nähe zur universitären Wissenschaft zu sichern ist". Ende 2001 konnte dort der Grundstein gelegt werden für die Errichtung eines ersten Labor- und Verfügungsgebäudes. Dabei stehen solche „praxisbezogenen" Einrichtungen nicht nur den Naturwissenschaftlern zur Verfügung, sie gibt es auch für die Geisteswissenschaftler: Im „Studio Literatur und Theater" werden Studierenden aller Fachrichtungen Kurse und Seminare im „Kreativen Schreiben" angeboten, wobei bekannte Autoren oder Theaterleute beraten, kritisieren und Anregungen geben, und in der „Poetik-Dozentur" wurde ein Forum geschaffen für Schriftsteller aus verschiedenen Ländern mit unterschiedlichen sozialen und kulturellen Erfahrungen, die „sich einmischen und laut nachdenken".

Die Entwicklung seit dem Ende des Zweiten Weltkriegs ist gewiss stürmisch verlaufen, vieles hat sich verändert. Die Universität hat inzwischen ein anderes, ein neues Aussehen. Sie hat sich in einem bislang unbekannten Ausmaß räumlich ausgedehnt und innerlich gewandelt. Wirft man einen Blick auf die Orte der Wissenschaft, wird dabei aber auch mindestens eine alle 525 Jahre Universitätsgeschichte an- und überdauernde Konstante deutlich: die gegenseitigen Bedingtheiten von Stadt und Universität. Tübingen ist in erster Linie eine Universitätsstadt. Die Entwicklung der Universität hat die Gestaltung und das Leben der Stadt nachhaltig bestimmt und geprägt, so wie auch die historischen und naturräumlichen Gegebenheiten des Ortes den – einerseits einzwängenden, andererseits aber auch viele Möglichkeiten eröffnenden – chancenreichen Rahmen boten für die Entfaltung und Gestaltung der Universität. Diese hat ihn zu nutzen gewusst.
Wilfried Setzler

Carlo Schmid (1896–1979)

Carlo Schmid war mit Tübingen und seiner Universität eng verbunden: Hier hat er studiert, gelehrt und die Weichen gestellt für den Neubeginn nach dem Ende der NS-Herrschaft. Er hatte gerade das Abitur gemacht, als der Erste Weltkrieg ausbrach.

Wie die meisten seiner Altersgenossen meldete er sich freiwillig und hat den ganzen Krieg mitgemacht, zuletzt als Leutnant. Danach begann er im Februar 1919 das Studium der Rechtswissenschaft in Tübingen. Hier schloss er sich der Sozialistischen Studentengruppe an und war auch an den gewalthaften Auseinandersetzungen um den Pazifisten Gumbel beteiligt, der „Lustnauer Schlacht". Beim Kapp-Putsch stand er an der Spitze einer Sicherheitskompanie zum Schutze der Republik. Nach nur sechs Semestern beendete er sein Studium im Dezember 1921 mit dem besten Examen seit 35 Jahren.

Während der Referendarszeit am Amtsgericht Tübingen beschäftigte er sich mit der Arbeit an seiner Dissertation bei dem Frankfurter Arbeitsrechtler Hugo Sinzheimer, die er im Sommer 1923 abschloss. 1925 wurde er Gerichtsassessor in Tübingen, 1927 erreichte er am Amtsgericht Tübingen sein Berufsziel Richter. Gleichzeitig war er wissenschaftlicher Mitarbeiter am Seminar für Völkerrecht.

Noch im gleichen Jahr holte ihn Victor Bruns an das Kaiser-Wilhelm-Institut für ausländisches öffentliches Recht und Völkerrecht in Berlin. Hier kam er ihn Kontakt mit herausragenden Juristen wie Heinrich Triepel, Erich Kaufmann und Hermann Heller. In Berlin entwickelte sich seine Überzeugung von einem überpositiven und vom Staatsrecht unabhängigen Völkerrecht, die später ihren Niederschlag im Grundgesetz fand. Seine Habilitationsschrift handelte dann auch über die Rechtsprechung des Haager Internationalen Gerichtshofs. Da er seine Abneigung gegen den Nationalsozialismus deutlich zum Ausdruck brachte, war eine Hochschulkarriere für ihn ausgeschlossen. Er musste sogar Schlimmeres befürchten. So betrachtete er die Einberufung als Kriegsverwaltungsrat als Chance, der dauernden Überwachung zu entkommen. Allerdings entwickelte sich sein Amt in Lille schnell zu einem gefährlichen Posten. Um das Schlimmste zu verhindern und die Gesetze der Menschlichkeiten so weit wie möglich einzuhalten, setzte er sich bald noch größeren Gefahren aus als in Tübingen.

Das Kriegsende erlebte er dann wieder in Tübingen. Noch bevor die Franzosen eingerückt waren, hatte er versucht, die Selbstreinigung der Universität vorzubereiten. Nach dem Einmarsch bildete er einen Arbeitsstab aus unbelasteten Professoren, um die Verhandlungen mit der Besatzungsmacht zu führen und einen Wechsel im Rektorat zu erreichen. Nicht nur sein Vertrautsein mit der französischen Kultur, sondern auch seine Kenntnisse und Erfahrungen machten ihn in Südwürttemberg zum wichtigsten Ansprechpartner für die französische Besatzungsmacht.

Für die Universität wurde er der maßgebliche Mann. Rasche Entnazifizierung und die Berufung von hervorragenden Gelehrten sollten sie zu einer der ersten in Deutschland machen. So gelang es ihm, Romano Guardini mit dem Angebot freier Lehrtätigkeit nach Tübingen zu holen. Wilhelm Weischedel, Eduard Spranger, Helmut Thielicke, Walter F. Otto und bei den Naturwissenschaftlern Adolf Butenandt und Alfred Kühn waren Männer, die den Studierenden über ihr Fachwissen hinaus Orientierung bieten konnten und die Universität in Deutschland attraktiv machten. Am 20. August 1945 konnte die Theologische Fakultät als erste in Deutschland und am 15. Oktober die gesamte Universität den Lehrbetrieb wieder aufnehmen. Tübingen wurde, nach dem Urteil vieler, eine der wichtigsten und brillantesten Universitäten im Nachkriegsdeutschland.

Carlo Schmids weitere hochfliegende Pläne, aus Tübingen auch ein Zentrum der Künste zu machen, eine große überregionale Tageszeitung zu gründen und einen der ganz großen Verlage hierher zu locken, waren nicht ganz so erfolgreich. Immerhin gab es für eine gewisse Zeit ein beinahe großstädtisches Kulturleben. Erziehung und Bildung waren für Carlo Schmid auch und vor allem ästhetische und philosophische Bildung. Nicht zuletzt durch seinen Einfluss wurde die Universität ein geistiges Zentrum der Nachkriegszeit.

Hans-Otto Binder

Deutsche Burse / Leibniz Kolleg

Die am 28. März 1928 gegründete Stiftung „Deutsche Burse Tübingen" beauftragte den Stuttgarter Architektur-Professor Paul Schmitthenner mit der Planung eines Studentenheims für Auslandsdeutsche auf dem 46 Ar umfassenden Grundstück Brunnenstraße 34.

Am 28. April 1930 erfolgte die Eröffnung des dreigeschossigen, massiven Kalkputzbaus mit Walmdach, Rechteck- und Stichbogenfenstern, der an der Südwestecke einen kurzen, schmaleren Seitenflügel aufweist.

Am 5. Februar 1948 wurde hier auf Betreiben der französischen Besatzungsmacht, konzeptionell von Tübinger Professoren mitgestaltet, das „Leibniz Kolleg" als neues Hochschulinstitut eröffnet, in dem Studierwillige ein propädeutisches Jahr absolvieren sollten, um „durch Bildung ihres Denkens und Erweiterung ihres Wissens auf eine dem Ganzen dienende, der Verantwortung bewußte Arbeit im Fachstudium" vorbereitet zu werden.

Nach der Ausgliederung aus dem Universitätsverband wurde das Leibniz Kolleg seit 1972 zunächst von einem privaten Trägerverein weitergeführt; Ende 1994 ging die Trägerschaft auf eine Stiftung über.

Stefan Zauner

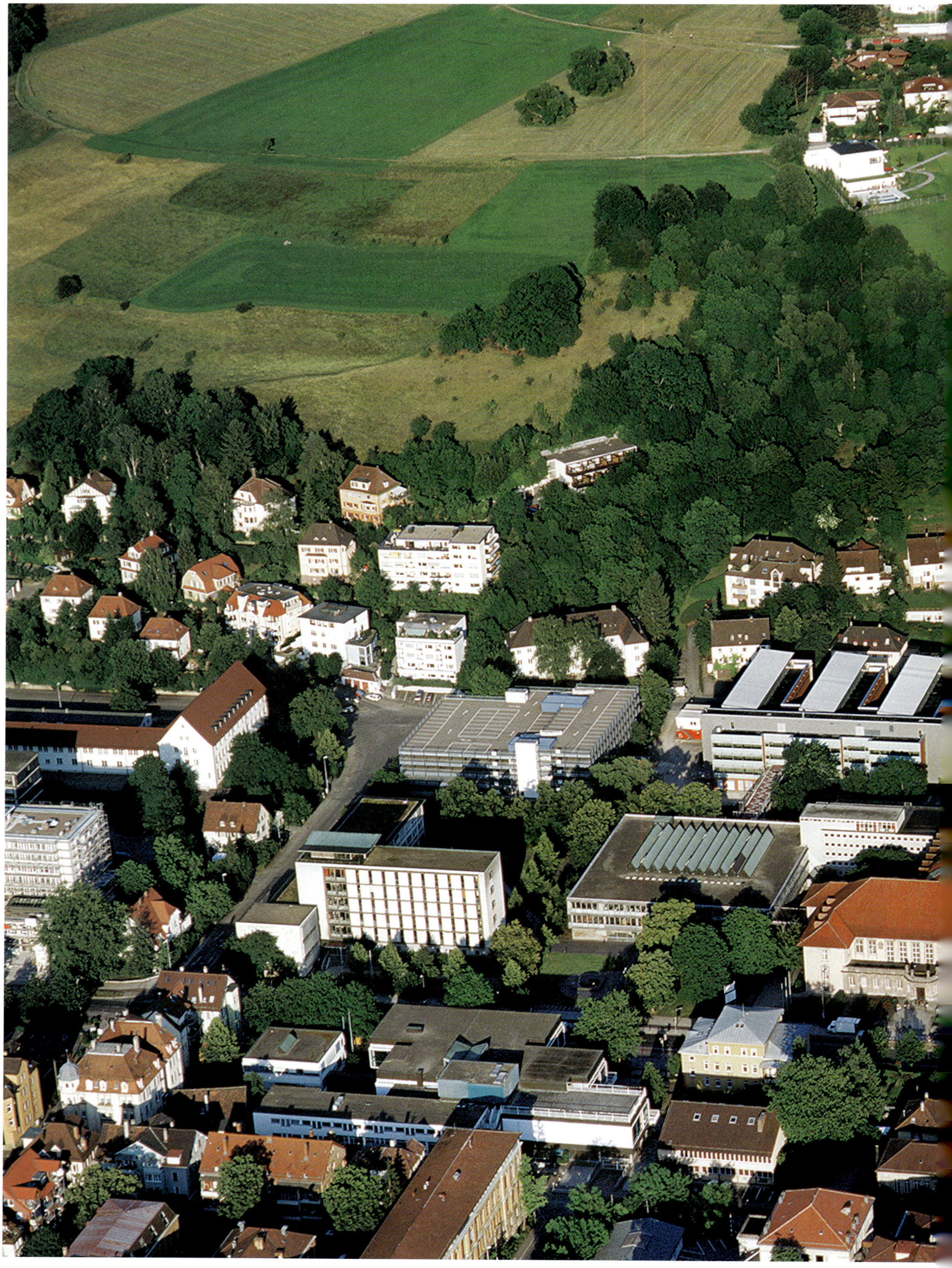

Von der Neuen Aula zum Hegelbau

Das enorme Anwachsen der Studierendenfrequenz ab der Mitte der fünfziger Jahre führte rasch – nachdem alle Personal- und Raumreserven ausgeschöpft waren – zu einem extremen Bedarf an Lehrenden und einem enormen Mangel an Räumen. Zunächst behalf man sich mit allerhand Provisorien und Ad-hoc-Planungen aus der Hand. Die Situation beschreibt eine im Sommer 1957 verfasste Denkschrift, in der es heißt: "Wenn so fortgefahren wird, besteht die Gefahr, daß die Gebäude der Universität völlig verstreut werden und zwischen den zusammengehörigen Institutionen keine rechte Zusammenarbeit mehr möglich ist."

Um diese Gefahr abzuwenden, zudem die Raumnot zu beseitigen, wurde 1958 ein Generalbebauungsplan verabschiedet, der unter anderem eine Verlegung der Naturwissenschaften auf die Morgenstelle vorsah und die Unterbringung der besonders stark wachsenden Geisteswissenschaften unter Ausnutzung der dann frei werdenden Gebäude und mit Hilfe neuer Bauten im Altbestandsgebiet der Universität festschrieb.

So entstand in der Folgezeit, von der Neuen Aula ausgehend (rechts am Bildrand vorne, im Bildhintergrund das Fernheizwerk), stadtauswärts entlang der Wilhelmstraße ein neues Universitätszentrum. Kaum war 1958 der Hegelbau (siehe auch nächste Seite) eingeweiht, wurde die Erweiterung der Universitätsbibliothek (1959–1963) vollzogen. Da der Bauplatz gegenüber der Neuen Aula durch das gerade errichtete Studenten-Clubhaus belegt war, blieb nur die Erweiterung in Richtung Ammer oder in Richtung Lustnau. Dort stand allerdings die Universitätsturnhalle im Weg, also wurden dem Institut für Leibeserziehungen weit außerhalb der alten Stadtgrenzen ein Neubaugebiet zugewiesen und die Alte Turnhalle kurzerhand abgerissen. In jüngster Zeit hat dann die Bibliothek wieder, und nun über die Ammer hinüber, eine Vergrößerung erfahren. Dem Bibliotheksanbau von 1959/63 gegenüber auf der anderen Seite der Wilhelmstraße stand die alte Universitätsreithalle. Auch diese wurde abgebrochen (1962), um ein Gelände für die dringend benötigte Mensa zu gewinnen, die zwischen 1963 und 1966 nach Plänen des Architekten Paul Baumgarten entstand und sich mit ihrem Freisitz und ihrer Cafeteria schnell zu einem beliebten Treffpunkt entwickelte. Allerdings waren schon fünf Jahre später Erweiterungs- und Umbaumaßnahmen nötig, da sich die Zahl der Essen von ursprünglich geplanten 3000 bereits im Jahr 1970 auf 5000 erhöht hatte.

Wilfried Setzler

Eduard Spranger (1882–1963)

Der Philosoph und Pädagoge Eduard Spranger (1882–1963) studierte seit 1900 in Berlin Philosophie, Pädagogik, Geschichte und deutsche Literaturgeschichte und wurde dort 1905 zum Dr. phil. promoviert. Die Habilitation für Philosophie und Pädagogik erfolgte 1909. Eine Professur bekleidete er zunächst in Leipzig (seit 1911), dann in Berlin (1919–1945). Seit 1920 wirkte er auch als engagierter Schulreformer und Mitbegründer der Pädagogischen Akademien in Preußen. Wegen seiner Teilnahme an der „Mittwochsgesellschaft" und persönlichen Bekanntschaft mit den Hitler-Attentätern wurde er nach dem 20. Juli 1944 inhaftiert. Von Mai bis Oktober 1945 war er kommissarischer Rektor der Berliner Universität, bevor er auf sowjetischen Druck abgesetzt wurde.

Von Juli 1946 bis September 1950 wirkte Spranger als Ordinarius für Philosophie mit besonderer Berücksichtigung von Pädagogik und Psychologie in Tübingen; bis zum Amtsantritt seines Nachfolgers Otto Friedrich Bollnow im Frühjahr 1953 vertrat er den vakanten Lehrstuhl selbst. Das riesige Œuvre begründete Sprangers internationales Renommee als eines Hauptvertreters der modernen Kulturpädagogik und idealistischen Kulturphilosophie sowie als Begründer einer eigenen geisteswissenschaftlichen Psychologie.

Neben mehreren in- und ausländischen Ehrendoktortiteln erhielt Spranger zahlreiche Auszeichnungen, darunter das Große Verdienstkreuz mit Stern und Schulterband, die Aufnahme in den Orden

Pour le mérite und die Goldene Verfassungsmedaille des Landes Baden-Württemberg. Aus Anlass des 75. Geburtstags (1957) überreichte der Kultusminister dem Rektor der Universität Tübingen eine Büste Sprangers als Gabe des Landes.

Die Aufnahme zeigt Eduard Spranger in seinen letzten Lebensjahren vor einem Porträt des Schulreformers Georg Kerschensteiner, mit dem ihn eine jahrzehntelange Freundschaft verbunden hatte.

Stefan Zauner

Kupferbau

Der 1968 fertig gestellte Kupferbau wurde in den frühen sechziger Jahren konzipiert als Teil eines Erweiterungsprogrammes für die Zentralen Einrichtungen der Universität an der Wilhelmstraße. Der sprunghafte Anstieg der Studentenzahlen machte damals den Bau einer Mensa, die Erweiterung der Universitätsbibliothek und für die wachsenden Kollegs die Bereitstellung zusätzlicher und größerer Hörsäle erforderlich. Als städtebaulicher Standort schien das Gelände zwischen der Alten Physik und dem ehemaligen Reitstall (heute Mensa) wie geschaffen. Allerdings war eine Realisierung des gedachten neuen Universitätsmittelpunktes ohne erhebliche Eingriffe in die vorhandene Bausubstanz nicht zu verwirklichen.

Ein Architektenwettbewerb (1960) sah hierfür eine großzügige Freilegung vor, die sich jedoch nicht in toto verwirklichen ließ, weil nicht alle genutzten alten Gebäude so kurzfristig zur Verfügung gestellt werden konnten. Das Hörsaalgebäude fand schließlich auf dem Gelände des ehemaligen Physiologischen Institutes Platz.

Der Architekt war Professor Paul Baumgarten, der schon den Wettbewerb für das neue Universitätsforum gewonnen hatte. Sein Gebäudeentwurf ist ein geschlossener Kubus, der die zu erwartende Belästigung durch den Verkehrslärm von der Straßenkreuzung her bereits berücksichtigte.

Die Universität erhielt mit diesem eigenwilligen Gebäude den ersten, neuzeitlichen Erfordernissen entsprechenden Hörsaalkomplex, der mit seiner großzügigen räumlichen Konzeption und seinen technischen Einrichtungen auch als Kongresszentrum zunehmend Verwendung fand.

Der Baukörper ist, trotz seiner Geschlossenheit, geprägt durch eine klar ablesbare Formensprache: Zu beiden Flanken des zweigeschossigen Erschließungsbauwerks sind fünf unterschiedlich große Hörsäle angeordnet. Die Säle bieten zwischen 200 und 600 Hörern Platz.

Heinz Haas

Ernst Bloch (1885–1977)

Der marxistische Philosoph Ernst Bloch kam 1961 nach Tübingen, zuerst auf Initiative der Buchhändlerin Julie Gastl zu Vorträgen eingeladen, dann mit Unterstützung von Walter Jens und Theodor Eschenburg als Gastprofessor. 1956 hatte die SED über ihn Publikationsverbot verhängt, weil er den Ungarnaufstand begrüßt hatte.

1885 in Ludwigshafen am Rhein geboren, wurde er 1949 Philosophieprofessor in Leipzig. Sein vom „Prinzip Hoffnung" bestimmtes Denken, das sich in unverwechselbarer, fast expressionistischer Sprache ausdrückte, beeinflusste die akademische Jugend der sechziger und siebziger Jahre in Deutschland.

Seine „Ontologie des Noch-Nicht" deckte das utopische Potential im europäischen Denken auf und wandte es kritisch-emanzipatorisch gegen rückwärtsgewandte und oppressive Tendenzen im Osten wie im Westen Deutschlands.

In Tübingen wohnten Blochs „Im Schwanzer", der heutigen „Ernst-Bloch-Straße", am Neckar. Hier verfasste Ernst Bloch seine „Tübinger Einleitung in die Philosophie", hier starb er 1977. Er und seine Frau Karola liegen auf dem Tübinger Bergfriedhof begraben.

Reinhold Rieger

Neuphilologikum

Nach dem „Philosophikum", dem heutigen „Hegelbau", war das Neuphilologikum der zweite Institutsneubau für die Geisteswissenschaften. Das große Sichtbetongebäude an der Wilhelmstraße wurde in enger Kooperation von Universitätsbauamt und Fakultät entworfen und zwischen 1971 und 1974 auf dem Gelände der ehemaligen Universitäts-Tennisplätze erbaut. Es gilt mit seinen Seminar- und Übungsräumen, Hörsälen und Büros, mit der umfangreichen Bibliothek und seiner technischen Ausstattung auf einer Nutzfläche von fast 12 000 Quadratmetern bis heute als besonders gelungener Universitätsbau, der vielfältigen Ansprüchen auch dann noch genügte, als die Studentenzahlen auf das Doppelte der ursprünglich geplanten anstiegen. Heute gehen ungefähr 8000 Studenten dort jeden Tag ein und aus – die neuphilologische Fakultät ist die größte der Universität –, widmen sich in Vorlesungen, Seminaren und Übungen ihren Studien oder genießen den Siebziger-Jahre-Charme der „Liegewiese": Das im typischen Zeitkolorit jener Jahre gehaltene „Parlatorium" im ersten Stock dient den Neuphilologen seit jeher als Verweil-, Ruhe- und Disputationszone. Offiziell ist es die „Neuphilologie", mancher Spötter bezeichnet das Gebäude auch als „Philologenburg", aber in Tübingen bekannt ist es als der „Brecht-Bau". Im Februar 1998 – zu Brechts 100. Geburtstag – wurde die Bezeichnung sogar „amtlich": Auf einen Antrag aus Studentenkreisen hin stimmte der Fakultätsrat mit Zweidrittelmehrheit dafür, das Neuphilologikum auch offiziell nach dem berühmten Hauspatron zu benennen.

Aber nicht nur Germanisten geben sich hier der Forschung und der Lehre hin. 1969/70 als einer von fünf Fachbereichen aus der Philosophischen Fakultät hervorgegangen, bietet die Neuphilologie heute verschiedene Studiengänge in zahlreichen Fachbereichen an: Allgemeine Sprachwissenschaft, Anglistik, Amerikanistik, Nordistik, Rhetorik, Romanistik, Slavistik und, als Aufbaustudiengang, Medienwissenschaften. Außerdem sind hier eine Reihe interdisziplinärer Forschungseinrichtungen ebenso angesiedelt wie das Seminar für Vergleichende Sprachwissenschaft, das eigentlich zur Fakultät für Kulturwissenschaft gehört.

Neueste und bundesweit viel beachtete Einrichtung ist das in ehemaligen Seminarräumen eingerichtete Multimedia-Labor, eine Besonderheit in der deutschen Universitätslandschaft, der erste Schritt hin zur „virtuellen Universität" des 21. Jahrhunderts. Es bündelt das in der Neuphilologie und anderen Fakultäten vorhandene pädagogische, fachliche und technische Know-how und wird so zu einem Ort des Austauschs von Studenten, Graduierten, Lehrern, Fachleuten. Das Labor ist gleichermaßen Produktions-, Lehr- und Übungszentrum für mediengestütztes Lernen und Lehren, Forschungsstelle für den veränderten Umgang mit neuen Medien und Kommunikationstechnologien und Service- und Beratungszentrum für die gesamte Universität.

Christopher Blum

Lothar-Meyer-Bau

Der Namenspatron dieses frühen Nachkriegsbaus verweist auf seine Nutzung: Das Gebäude ist benannt nach dem Tübinger Chemiker Lothar Meyer (1830–1895), der von 1876 bis 1895 in Tübingen wirkte und zeitgleich mit dem Russen Dmitrij Mendelejew das Periodensystem der chemischen Elemente entdeckte.

Das Gebäude dient heute als mineralogisches, pharmakologisches und toxikologisches Forschungsinstitut. Gedacht war es als Forschungsinstitut für die Faserchemie eines norddeutschen Industriekonzerns. Dieser ursprüngliche Zweck des Gebäudes lässt sich noch heute ablesen am sogenannten „Spinnturm" an der rechten Seite, dessen nach unten verlaufende Betonlamellen ursprünglich der Abschirmung vom Sonnenlicht dienen sollten. Noch im Rohbau jedoch wurde das Gebäude 1954 vom Land Baden-Württemberg für die Universität übernommen und durch Baumaßnahmen dem neuen Zweck angepasst. Nach Fertigstellung dieser Arbeiten galt das Gebäude als hochmoderner Bau, der den Erfordernissen zeitgemäßer Forschung und Lehre genügte und das frühere Domizil, die gegenüber an der Wilhelmstraße gelegene Alte Chemie von 1907 – an die heute nur noch der gleichnamige Parkplatz erinnert – mit ihrer mangelhaften Ausstattung und der drangvollen Enge vergessen ließ. Lange Jahre galt der Lothar-Meyer-Bau als Wahrzeichen an der Wilhelmstraße für den Geist der Aufbaujahre nach dem Zweiten Weltkrieg.

Schon die äußere und innere architektonische Gestaltung des in Eisenbeton gleichsam in einem Guss errichteten Baus – Architekt war Richard Horn aus Aalen – rief positive Reaktionen hervor. Aber vor allem seine technisch-räumliche Konzeption und Ausstattung beeindruckte die Zeitgenossen: Moderne Labors, Werkstätten und Unterrichtsräume mit entsprechender technischer Ausrüstung an Leitungen, Armaturen und Gerätschaften für Wasser, Gas und Elektrizität, ein wirkungsvolles Be- und Entlüftungssystem und fortschrittliche Sicherheitsvorkehrungen überzeugten Nutzer wie Beobachter. Für sie war das Gebäude ein „weithin sichtbarer Markstein und ein Zeichen neuer Baugesinnung im Tübinger Stadtbild".

Aber auch am Lothar-Meyer-Bau nagte der Zahn der Zeit: Seit Ende der 80er Jahre wurde er unter erheblichem finanziellen Aufwand mehrfach saniert und erweitert, um auch heute noch pharmakologische, toxikologische, mineralogische und geochemische Wissenschaft zeitgemäß und sicher betreiben zu können. Unberührt davon blieb das aus der Erbauungszeit stammende riesige farbige Mosaik an der Straßenfront: Es verkörpert die sieben Säulen der Weisheit. Christopher Blum

Paläontologie (Institut für Geologie und Paläontologie)

Mit der Geschichte des Instituts für Geologie und Paläontologie verbinden sich die Namen zweier bedeutender Tübinger Wissenschaftler: Friedrich August von Quenstedt (1809–1889) und Friedrich Freiherr von Hoyningen-Huene (1875–1969). Während Quenstedt als erster Forscher eine systematische Sammlung vor allem von Ammoniten anlegte – und damit den Übergang von der vorwissenschaftlichen zur wissenschaftlichen Fossilienkunde markiert –, trug von Hoyningen-Huene auf ausgedehnten Forschungsreisen in der ganzen Welt in erster Linie Saurierfunde zusammen. Beide legten so zu Beginn des 19. Jahrhunderts den Grundstock zu einer geo- und paläontologischen Sammlung an Sauriern, Fischen, Ammoniten und Pflanzen, die heute als eine der bedeutendsten Deutschlands gilt und mit den renommiertesten Sammlungen in aller Welt konkurrieren kann, enthält sie doch zum Teil weltweit einmalige Stücke.

1902 fand diese Sammlung nach einer langwierigen Planungs- und Bauphase eine angemessene Heimstatt im, wie es damals noch hieß, Zoologisch-Geologischen Institut an der Sigwart- und Hölderlinstraße, dem bis dahin und für lange Zeit danach größten Institutskomplex der Universität. Noch heute bildet das imposante Gebäude einen ansehnlichen Rahmen für die kostbaren Schaustücke in seinem Inneren, dem durch die Verkehrssituation allerdings etwas von seiner Schau-Wirkung genommen ist: Über einem Sockel aus Natursteinquadern erheben sich zwei Hauptgeschosse in rötlich-gelbem Klinkermauerwerk; das ursprüngliche Mansarddach wurde 1958 durch eine einfache Aufstockung ersetzt. Die lange Fassade gewinnt Halt durch verschiedene architektonische Elemente wie Werksteingesimse, Eck- und Mittelrisalite und die großen Portale.

Wer durch das Hauptportal eintritt, findet sich rasch wieder in der Schausammlung, umgeben von Skeletten von Dinosauriern und anderen Landreptilien, Schwimm- und Flugsauriern, Krokodilen des Jurameeres, eiszeitlichen Säugetieren aus Württemberg, Ammoniten, Seelilien, und allerlei anderem prähistorischen Getier. Ausschnitte fossiler Meeresböden findet der Besucher ebenso wie Antworten auf Fragen der allgemeinen Paläontologie. Eines der Prunkstücke ist das schwäbische „Medusenhaupt", eine 30 Quadratmeter große Platte mit versteinerten Seelilien aus dem Meer des schwarzen Jura.

Mit dieser Sammlung, die mehr umfasst als nur publikumswirksame Dinosaurierskelette, und von der im Übrigen nur ein Bruchteil überhaupt präsentiert werden kann, ist das Institut nicht nur für Familien und Schulklassen ein Anziehungspunkt. Wissenschaftler aus aller Welt finden hier neben den Exponaten auch eine große Zahl an engagierten und kompetenten Gesprächspartnern unter Lehrenden und Studierenden: Das Institut ist eines der größten Universitätsinstitute für Geowissenschaften in Deutschland. Unter seinem Dach vereinen sich die Arbeitsbereiche der allgemeinen und angewandten Paläontologie, der Geophysik, der Paläo- und der Mikropaläontologie, der Sedimentgeologie sowie der interdisziplinäre Bereich Geoökologie und Ökosystemmanagement.

Christopher Blum

Mensa Wilhelmstraße

Im Jahr 1956 rechnete die Tübinger Studentenzeitung „Notizen" vor, nirgendwo seien die Mensaverhältnisse so schlecht wie in Tübingen, wo für die inzwischen 6000 Studierenden nur 160 Tischplätze zu Verfügung stünden. Nachdem seit 1949 in der Bundesrepublik zwölf Mensen neu geschaffen worden und acht weitere im Bau oder im Planungsstadium seien, müsse sich die Tübinger Universität mit der kleinsten Mensa überhaupt begnügen.

Der Neubau nach Plänen von Paul Baumgarten (1900–1984) entstand schließlich seit 1962 auf dem Gelände neben dem Kanzlerhaus – dort, wo sich seit 1837 der Universitätsreitstall befand, von dem der Tübinger Reitverein im Sommer 1961 Abschied genommen hatte. Wie beim Clubhaus sollte auch hier so etwas wie Clubcharakter geschaffen werden und nicht eine rein funktionelle „Abfütterungsmaschine".

Diesem Ziel diente auch die Auflockerung der Bauglieder mit den zweifach zurückgesetzten Fronten zum alten Kanzlerhaus hin. Die ihr ursprünglich zugedachte städtebauliche Funktion als Eckpfeiler eines zentralen Universitätsforums an der Wilhelmstraße wird die Mensa allerdings wohl nie erfüllen.

Diese reizvolle Gesamtkonzeption sah die Errichtung eines großen Hörsaalgebäudes anstelle der Alten Physik ebenso vor wie den Abbruch des alten Chemischen Instituts und des Kanzlerhauses, um an einer verkehrsberuhigten Wilhelmstraße einen großzügigen, grünen Platz als Zentrum der Universität zu schaffen. Johannes Michael Wischnath

Mensa: Speisesaal

Als die neue Mensa zu Beginn des Sommersemesters 1966 nach mehrfacher Verzögerung den Betrieb aufnahm, war sie bereits zu klein. Der Neubau umfasste bei seiner Fertigstellung einen Erfrischungsraum mit 120, das öffentliche Restaurant „Fergenhans" mit 150 und den Bierkeller mit 80 Plätzen sowie den eigentlichen Mensabereich mit 800 Sitzplätzen.

Bis zu 4500 Essen konnten jetzt täglich ausgeben werden. Der Bau war auf den Bedarf einer Universität von 11 000 Studierenden hin geplant, eine Zahl, die bereits im Wintersemester 1966/67 überschritten wurde.
Deshalb blieb die Altstadt-Mensa „Prinz Karl" bis heute bestehen, und schon bald begannen die Planungen für einen zweiten Mensa-Neubau im Erweiterungsgebiet auf der Morgenstelle.

Johannes Michael Wischnath

Mensa Prinz Karl
mit Gedenktafel an Alzheimer

1920 kaufte die Tübinger Studentenhilfe für 320 000 Mark das Hotel „Prinz Karl" in der Hafengasse und betrieb es seither als Mensa academica und öffentliche Gaststätte. Im Frühjahr 1945 wurde das Haus von der französischen Besatzungsmacht beschlagnahmt.

Mancherlei Notlösungen wurden nun erforderlich. Von 1946 bis zur Währungsreform war die „Neckarmüllerei" Ausweichmensa, außerdem das Schlatterhaus der Evangelischen Studentengemeinde, wo die Essensausgabe erst 2001 eingestellt wurde. Vom Wintersemester 1948 bis zum Sommersemester 1952 diente auch die Städtische Volksküche als provisorische Mensa, während die Hoover-Speisung sogar in der Garderobe der Neuen Aula ausgegeben wurde.

Angesichts dieser Situation richtete der Allgemeine Studentenausschuss im November 1951 einen Offenen Brief an den französischen Hochkommissar François-Poncet (1887–1978) und erklärte die Freigabe der Mensa zu einem Prüfstein für die Völkerverständigung. Tatsächlich folgte François-Poncet der Einladung der Studentenschaft nach Tübingen, wo er nicht nur mit einem diplomatisch-geschliffenen Vortrag brillierte, sondern auch die Zusage machte, die Mensa umgehend freizugeben. Im Sommer 1952 wurde das Gebäude wieder seiner alten Bestimmung übergeben.

Bis heute erfreut sich das geschichtsträchtige Haus großer Beliebtheit. Als es nach der jüngsten Sanierung im Herbst 2001 ohne jede Vorankündigung wieder öffnete, stellten sich schon am ersten Tag 400 Essensgäste ein.

Die Gedenktafel an der Fassade erinnert an den Arzt Alois Alzheimer (1864–1919), der hier 1886/87 während seines Studiums wohnte und zwei Jahrzehnte später, im Jahr 1906, bei der „Versammlung südwestdeutscher Irrenärzte" in Tübingen erstmals über die Krankheit berichtete, die nach ihm benannt werden sollte.

Johannes Michael Wischnath

Clubhaus

Seit 1927 betrieb die Studentenschaft den Bau eines Studentenhauses auf dem Freigelände gegenüber der Neuen Aula. Paul Bonatz legte dafür mehrfach überarbeitete Pläne vor, zu deren Realisierung es dann nicht mehr gekommen ist.

1952 stellte die US-Hochkommission 250 000 Mark für den Bau eines Studentenhauses bereit. Da diese Mittel aber nur befristet zur Verfügung standen, musste unter erheblichem Zeitdruck geplant und gebaut werden. Ausgeführt wurde ein Entwurf von Rolf Gutbrod (1910–1999), dem Erbauer der Stuttgarter Liederhalle, der sich in die historisch gewachsene Umgebung einfügt, ohne seine Modernität zu verleugnen.

Den Tübinger Bedürfnissen entsprach dieser Bau jedoch nur bedingt, weil sich an der notorischen Mensa-Misere nichts änderte und die Möglichkeit für eine großzügige Gesamtlösung an dieser zentralen Stelle nun verbaut war. Immerhin beherbergte das Clubhaus außer den eigentlichen Clubräumen und dem Erfrischungsraum auch noch die Geschäftsräume des Studentenwerks und des Allgemeinen Studentenausschusses, ein Studentinnentagesheim mit Küche, ein Musikzimmer, einen Ausstellungs- und einen Tischtennisraum.

Bequemlichkeit und Geräumigkeit sollten nach dem Wunsch der amerikanischen Geldgeber dem Clubhaus das Gepräge geben und damit einen Beitrag zur Erziehung einer von demokratischem Geist geprägten Studentenschaft leisten.

Wohl weniger im Sinn der Spender dürfte gewesen sein, dass das Clubhaus in den Jahren seit 1967 zum Hauptquartier der antiamerikanischen linken studentischen Opposition wurde. Nach der vom Gesetzgeber verfügten Auflösung der verfassten Studentenschaft musste der letzte „AStA" Ende 1977 das Clubhaus räumen.

Vieles hat sich über die Jahre verändert. Wer das „Studentinnentagesheim" der fünfziger Jahre suchen wollte, fände jetzt das Frauencafé „Lila Villa", und statt Fachschaftsbällen werden längst Clubhausfeten gefeiert. Aber ein Zentrum studentischer Kommunikation ist das Clubhaus immer geblieben.   Johannes Michael Wischnath

Theodor Eschenburg (1904 – 1999)

Theodor Eschenburg (1904–1999) studierte Geschichte und Nationalökonomie in Tübingen, Dijon und Berlin (1924–1929, hier 1928/29 zusätzlich Jura), wo er 1928 zum Dr. phil. promoviert wurde. Er unterhielt enge Kontakte zu Außenminister Stresemann und gehörte 1930 zu den Mitbegründern der Deutschen Staatspartei. 1932 bis 1945 war er als Geschäftsführer für Verbände der Kleinindustrie tätig. Bei Kriegsende kam Eschenburg nach Tübingen, wo ihn Carlo Schmid zunächst zum Flüchtlingskommissar für Württemberg-Hohenzollern, 1947 zum Stellvertreter des Innenministers ernannte. 1948 bis 1952 spielte er an der Seite Gebhard Müllers eine wichtige Rolle bei den Südweststaatsverhandlungen und der Gründung des Landes Baden-Württemberg.

Seine Hochschullehrerlaufbahn in Tübingen begann 1946/47 mit einem Lehrauftrag für die Geschichte der Weimarer Republik. 1949 wurde Eschenburg Honorarprofessor. Zum Wintersemester 1952/53 erfolgte die Berufung auf den neu geschaffenen Lehrstuhl für Wissenschaftliche Politik. 1961 bis 1963 bekleidete er das Amt des Rektors. Im Frühjahr 1973 wurde er emeritiert.

Als herausragender Vertreter des Faches Politikwissenschaft hinterließ Theodor Eschenburg ein umfangreiches Œuvre; auch prägte er mehrere Generationen von Studierenden. Darüber hinaus war er einflussreicher Publizist und politischer Kommentator, Politikberater und Mitglied zahlreicher juristischer, politischer und wissenschaftlicher Gremien. Hohe Auszeichnungen (unter anderem Aufnahme in den Orden Pour le mérite, Stern zum Großen Verdienstkreuz der Bundesrepublik, Verdienstmedaille des Landes Baden-Württemberg) zeigen die große Wertschätzung, die ihm zuteil wurde. Stefan Zauner

Institut für Politikwissenschaft

Zu einem selbständigen akademischen Fach entwickelte sich die Politikwissenschaft in Deutschland erst nach dem Zweiten Weltkrieg. Die Einrichtung des Faches an der Universität Tübingen im Jahr 1952 ist eng mit dem Namen von Theodor Eschenburg verbunden, der als Lehrstuhlinhaber die Entwicklung des Faches in den ersten Jahrzehnten maßgeblich bestimmte.
So beschäftigte sich das Fach zunächst thematisch vor allem mit den institutionellen Strukturen der Bundesrepublik. Danach kamen die weitgehend sozialwissenschaftlich orientierte vergleichende Analyse von Industriegesellschaften sowie Fragestellungen zu „Internationalen Beziehungen" und zur „Friedens- und Konfliktforschung" hinzu. Inzwischen ist das Institut, das heute einen Personalbestand von 13 wissenschaftlichen Stellen, darunter sechs Professuren, ausweist, in drei Abteilungen gegliedert: Innen- und EU-Politik und Politische Theorie, Internationale Beziehungen/Friedens- und Konfliktforschung, Vergleichende Analyse politischer Systeme und Empirische Politikforschung.
Ein wichtiger Ort für Lehrende wie Lernende ist die Bibliothek, die über einen Bestand von 50 000 Bänden und über einhundert laufend gehaltene Fachzeitschriften verfügt. Seit 1988 ist das Institut in der Melanchthonstraße 36 untergebracht, das bis dahin dem Max-Planck-Institut für Verhaltensforschung als Heimstatt gedient hatte. Wilfried Setzler

Nauklerstraße 47

Ende 1906 wurde das Deutsche Institut für Ärztliche Mission (DIFÄM) mit Sitz in Tübingen gegründet. Hauptinitiator Paul Lechler, ein Stuttgarter Fabrikant, ermöglichte den Erwerb des 64 Ar umfassenden Grundstücks Nauklerstraße 47, auf dem am 1. April 1909 ein dreigeschossiger Hauptbau mit Mansardwalmdach, Bogenfenstern im Erdgeschoss und Säulenportikus in Werkstein sowie kleinerem, zweigeschossigem Anbau eröffnet (und am 20. Oktober desselben Jahres offiziell eingeweiht) wurde.

In den ersten Wochen des Zweiten Weltkriegs erfolgte die Umwandlung des Gebäudes in ein Städtisches Hilfskrankenhaus für Zivilkranke, das im April 1943 an die Medizinische Universitätsklinik überging.

Seit Oktober 1945 residierten Teile der Landesregierung für Württemberg-Hohenzollern in dem Bau, zunächst die Staatskanzlei sowie die Landesdirektionen für Justiz, des Inneren sowie für Kultus, Erziehung und Kunst des von Carlo Schmid geleiteten „Staatssekretariats". Dieses wurde im Sommer 1947 durch die erste parlamentarisch gewählte Landesregierung unter Staatspräsident Lorenz Bock abgelöst; ihm folgte im August 1948 Gebhard Müller nach. Beiden diente das Haus weiterhin als Sitz der Staatskanzlei und einiger Ministerien. Mit der Gründung Baden-Württembergs im Frühjahr 1952 wurde das Gebäude vom Regierungspräsidium Tübingen übernommen.

Nach dem Auszug der Behörde in den Neubau auf den Mühlbachäckern und einjährigen Umbauarbeiten konnten im Juni des Jahres 1991 fünf wirtschaftswissenschaftliche Lehrstühle, das Computerlabor sowie das Prüfungsamt, und schließlich Ende der neunziger Jahre auch noch das Dekanat der Wirtschaftswissenschaftlichen Fakultät in das Gebäude einziehen.

Stefan Zauner

Wirtschaftswissenschaftliches Seminar Mohlstraße 36

Das 1971 errichtete Gebäude in der Mohlstraße 36 wurde von der Firma IDUNA Vereinigte Lebensversicherung AG in Hamburg als Bürohaus konzipiert. Es ist im Terrassenstil angelegt und umfasst rund 3500 Quadratmeter Nutzfläche. Aufgrund seiner großflächigen kupferfarbenen Fensterverglasungen wurde es bald von den Beschäftigten auch „Goldbau" genannt. Das Land Baden-Württemberg, vertreten durch die Universität Tübingen, mietete das gesamte Objekt langfristig an, um dem Raummangel beim damaligen Fachbereich Wirtschaftswissenschaft abzuhelfen. Bereits bei der Bauplanung durfte der Fachbereich mitwirken und seinen Bedarf einbringen. Die Bibliothek des Wirtschaftswissenschaftlichen Seminars war seit 1964 im so genannten Provisorium, einem Barackenbau in der Brunnenstraße 27, in qualvoller Enge untergebracht und platzte aus allen Nähten. Aber auch Lehrstühle und Forschungseinrichtungen des Fachbereichs in anderen Anmietungen der näheren Umgebung konnten im Sommersemester 1971 endlich in das neue Gebäude in der Mohlstraße umziehen. Doch bald war auch dieses Gebäude wieder viel zu klein.

Mit der Übergabe des Gebäudes Nauklerstraße 47 im Jahre 1991 war es für die Wirtschaftswissenschaftliche Fakultät möglich, sich aus ihrer räumlichen Not zu befreien. Damit konnten 1992 die Bibliothek in der Mohlstraße vergrößert und für die Benutzer verbesserte Arbeitsbedingungen geschaffen werden. Das Gebäude stellt mit seiner Bibliothek bis heute für Lehrkörper und Studierende das Zentrum des Wirtschaftswissenschaftlichen Seminars dar. Nach Auslaufen des Mietvertrags im Jahr 1998 machte das Land von seinem Optionsrecht Gebrauch und kaufte die Liegenschaft für die Universität.

Bernd Mayer

Sportinstitut mit Anlagen

Leibesübungen, körperliche Ertüchtigung und Spiel – Ausgleich zu bewegungsarmem Studium auf harten Bibliotheksstühlen oder Hörsaalbänken – gehören seit jeher Ausbildungsprogramm Tübinger Studierender. Vor allem in den letzten 150 Jahren versuchte die Universität diesem Bedürfnis durch die Anlage geeigneter Sportstätten Rechnung zu tragen.

Den stetig steigenden Studentenzahlen nach dem Zweiten Weltkrieg allerdings und den neuen technischen Anforderungen wurden die alten Anlagen – etwa die Turnhalle an der Wilhelmstraße oder das Universitätsstadion an der Rottenburger Straße – bald nicht mehr gerecht. Abhilfe schufen die großzügigen Anlagen für den Universitätssport in der Wilhelm- und der Alberstraße in Lustnau. Hier im Ziegeltäle fand sich in idealer Weise ein Gelände, das den Bedürfnissen des Sports an der Universität gerecht wurde – dem Hochschulsport für Angehörige aller Fakultäten, der Ausbildung künftiger Sportpädagogen und der sportwissenschaftlichen Forschung – und gleichzeitig nahe genug beim Zentrum der Universität lag. Im Juli 1966 eingeweiht und mit einer großen Spielhalle, einer Turnhalle, einer Gymnastikhalle, einer Kleinschwimmhalle, mit Hörsaal, Seminarraum, Bibliothek und Außensportanlagen ausgestattet, wurde das Institut für Leibesübungen doch bald wieder zu klein, um die rapide anwachsenden Studentenzahlen aufnehmen zu können.

Die 500-Jahr-Feier der Universität im Jahr 1977 bot den Anlass und die finanziellen Mittel, die Anlagen wiederum zu erweitern. 1979 wurde die neue Halle mit ihren verschiedenen Trainings-, Unterrichts- und Erholungsräumen in Betrieb genommen, 1980 die Außenanlagen – Spielfelder in verschiedenen Größen, Kunststoffbahn, Finnenbahn und Tennisplätze – eingeweiht.

Bis heute tummeln sich auf dem Gelände des Instituts für Sportwissenschaft, wie es mittlerweile heißt, täglich hunderte von Studentinnen und Studenten, die sich die körperliche Frische für die geistige Arbeit holen oder gleich einen der verschiedenen Studiengänge des IfS absolvieren. Denn das IfS trägt nicht nur den Hochschulsport, es bietet in seinen sechs Arbeitsbereichen auch eine intensive sportwissenschaftliche Ausbildung mit den Schwerpunkten Sportpädagogik, allgemeine Sporttheorie, Sportpsychologie, Bewegungs-, Trainings- und Methodenlehre, Biomechanik, Sozial- und Gesundheitswissenschaften.

Christopher Blum

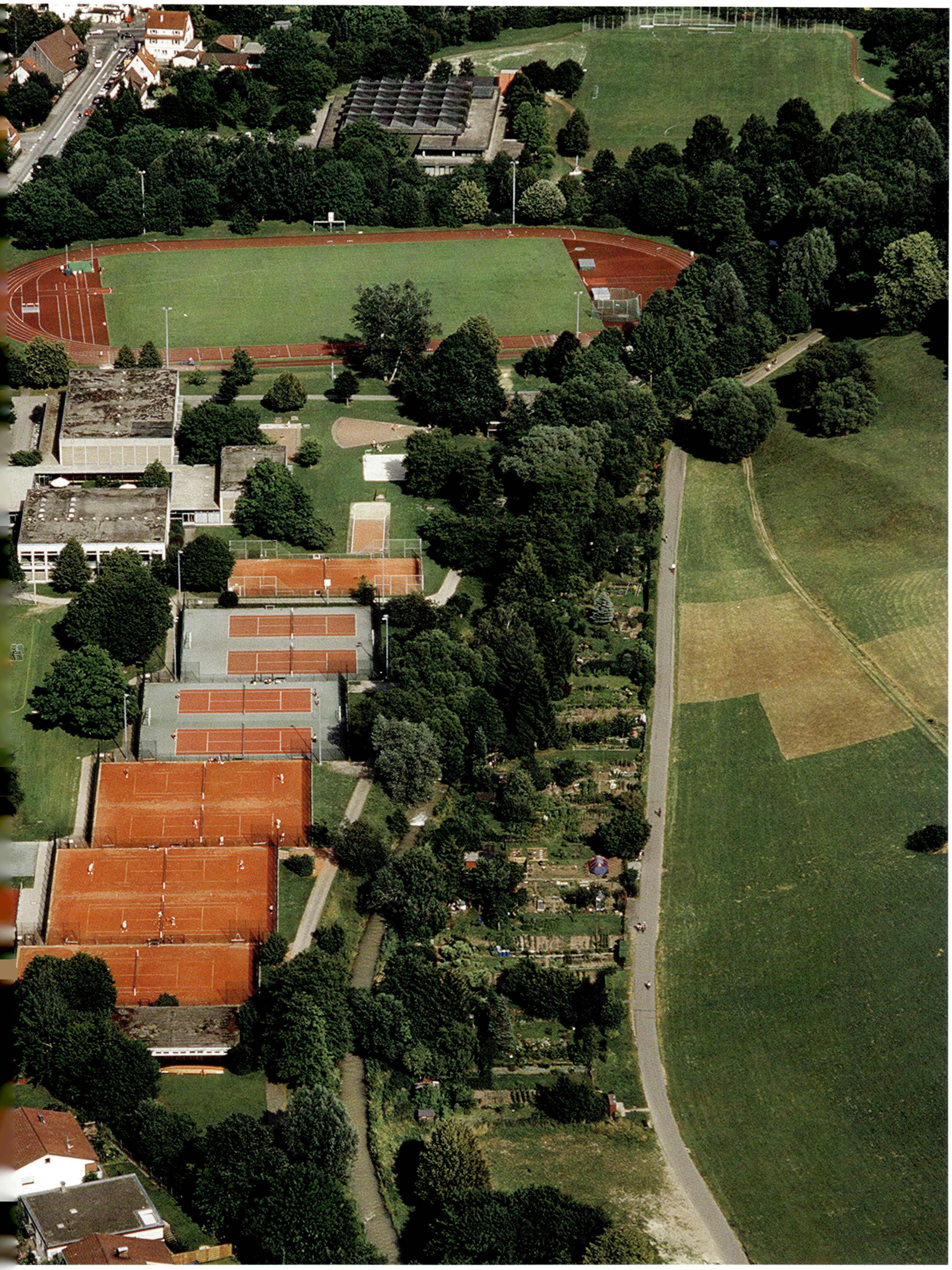

Schloss Hohentübingen: Südflügel

Am 20. Dezember 1816 ging, nachdem schon 1815 die ehemalige Schlosskapelle mit Sakristei an die Kirche übertragen worden war, die verkommene Feste Hohentübingen durch Erlass des württembergischen Königs Wilhelm I. offiziell an die Universität über. Doch schon 1752 war im Nord-Ost-Turm ein astronomisches Observatorium eingerichtet worden. Von 1796 bis 1831 wirkte dort Johann Gottlieb Friedrich Bohnenberger, Mathematiker, Astronom und Geodät an der Universität. Er wählte diesen Turm zum Zentralpunkt der trigonometrischen Landesvermessung des Königsreiches Württemberg (1818–1840).

Im Südflügel hatte sich seit 1803 das Naturalienkabinett mit mineralogischen und paläontologischen Objekten einquartiert, im Nordflügel die physikalische Instrumentensammlung. In den ehemaligen herzoglichen Wohnräumen im Ostflügel lebte unter anderem der Mathematiker, experimentelle Physiker und spätere Nobelpreisträger Karl Ferdinand Braun (1850–1918).

Die offizielle Zuweisung des Schlosses bot den jungen Naturwissenschaften neue Expansionsmöglichkeiten. In der ehemaligen Schlossküche im Südflügel richtete Ludwig Sigwart (1784–1864), erster deutscher Biochemiker, ein Laboratorium ein. Ihm folgte Julius Eugen Schlossberger (1846–1860), der Begründer der Physiologischen Chemie an der Universität Tübingen. Hier war auch von 1861 bis 1872 die Arbeitsstätte von Felix Hoppe-Seyler (1825–1875), Professor für Medizinische Chemie. 1869 legte Friedrich Miescher in diesen Räumen mit der Entdeckung des Nuklein den Grundstein für die moderne molekulare Biologie und Medizin. Heute untersucht dort das Institut für Ur- und Frühgeschichte, Ältere Abteilung, Sedimente aus Grabungen.

In den Jahren von 1979 bis 1994 wurde die Vierflügelanlage des Schlosses, die im Wesentlichen unter Herzog Ulrich zwischen 1534 und 1537 entstanden ist, grundlegend saniert. Nur an der Südseite ist heute noch die ursprüngliche Ausgestaltung mit Loggienbalkon erhalten. Im Erdgeschoss zeichnet sich die Schlosskirche mit ihrem reich ornamentierten Portal ab, zur Süd-West-Ecke hin schließt die ehemalige Schlossküche an. Statt der Naturwissenschaften bestimmen heute die kulturwissenschaftlichen, mit Ausnahme des Ludwig-Uhland-Institutes für Empirische Kulturwissenschaft am „Museum Schloss Hohentübingen" beteiligten Institute das Leben auf dem Schloss: Institut für Ur- und Frühgeschichte und Archäologie des Mittelalters, Institut für Klassische Archäologie einschließlich der Numismatischen Arbeitsstelle, Ägyptologisches Institut, Altorientalisches Seminar und das Institut für Ethnologie.

Bettina von Freytag gen. Löringhoff

Die Anfänge der Kunst: Das Pferdchen aus der Vogelherdhöhle im Lonetal

Wann und wo die Kunst begonnen hat, können wir aus guten Gründen nicht wissen. Auch die Grenze zwischen zweckgebundenem Gegenstand und Kunstwerk ist fließend. Dem heutigen Stand der Forschung nach, der sich durch Neufunde und Verfeinerung naturwissenschaftlicher Methoden freilich jederzeit verändern kann, gehören jedoch die in den Kalkhöhlen der Schwäbischen Alb gefundenen Plastiken aus Mammutelfenbein zu den weltweit ältesten Zeugnissen menschlicher Kunst.

Bedeutendster Fundort ist die Vogelherdhöhle im Lonetal. 1931 hatte Gustav Riek vom Urgeschichtlichen Institut der Universität Tübingen sie untersucht. In zwei Schichten der Jüngeren Altsteinzeit, dem so genannten Aurignacien, konnte er neben mehreren Tausenden von Steinartefakten rund ein Dutzend Statuetten bergen, geschaffen vor etwa 35 000 Jahren. Am berühmtesten ist das nur 4,82 Zentimeter lange Wildpferdchen – ein Urpferd auch im Goetheschen Sinne –, von der Haltung her deutlich als Hengst charakterisiert. Je drei Mammute und Höhlenlöwen, ein Bison, ein Nashorn (?) geben die größten und stärksten Tiere der natürlichen Umwelt in Auswahl wieder. Ihr Abbild zeugt von jagdmagischen Vorstellungen. Sie dürften als Talismane für Fruchtbarkeits- und Tötungszauber eingesetzt und auch getragen worden sein. Diese Deutung wird durch eine mitgefundene schematische Menschendarstellung (mit Tierkopf?) unterstützt – wohl als ein Priestermagier, ein Schamane zu interpretieren. Der Schöpfer dieser Kunstwerke war der Homo sapiens sapiens, unser genetischer Ahnherr. Er war in dieser Zeit aus dem Osten nach Europa gezogen und löste den Neandertaler ab. Auf seinem Wege dürfte er der „Nabelschnur" Donau gefolgt sein, wohl eine entscheidende Ursache für diese Fundhäufung im süddeutschen Raum. Mehrere Knochenfunde, darunter ein im Museum Schloss Hohentübingen ausgestellter Schädel, ermöglichen eine detaillierte Vorstellung von seinem Aussehen.

Bettina von Freytag gen. Löringhoff

Altägyptische Opferkammer Seschemnofers III. aus Gisa

Welche Universität kann ihre Besucher schon mit einer altägyptischen Opferkammer überraschen? Ernst von Sieglin, Fabrikant von Thompsons Waschpulver in Stuttgart, seiner Verdienste um die Universität wegen mit dem Ehrendoktor ausgezeichnet und zum Ehrensenator ernannt, vom König mit dem Titel des Geheimen Hofrates ausgezeichnet und in den personalen Adelsstand erhoben, schenkte 1908 seiner Landesuniversität Tübingen diese von ihm erworbene reliefierte Kammer aus dem Alten Reich. Sie war Teil einer Mastaba, einer Grabanlage für Seschemnofer III. am Fuß der Cheopspyramide, die von einer durch von Sieglin finanzierte Expedition freigelegt worden war. Zu datieren ist sie in die Mitte der 5. Dynastie gegen 2420 v. Chr. Seschemnofer war hoher Beamter, Wesir und Oberrichter, Fürst, Kammerherr, Vorlesepriester und Vorsteher aller Arbeiten des Königs, ja, er wird sogar auf der wohl zuletzt fertiggestellten Südwand im übertragenen Sinne als „leiblicher Sohn des Königs" bezeichnet.
In dieser Kammer konnten die Lebenden die Opfer für die Verstorbenen spenden. Zwei Scheintüren fassen an der Westwand die Hauptszene ein: Seschemnofer und seine Frau Hetepheres sitzen prunkvoll gekleidet am mit Broten beladenen Speisetisch. Das Pantherfell zeichnet den Grabherren als Priester aus. Unter der Tischplatte sind weitere Gaben aufgelistet, an denen sich der Verstorbene jeden Tag erfreuen soll.

Im unteren Register werden Tiere für das Opfer geschlachtet. Eine rechteckige Opferliste über dem Tisch – wiederholt auf der gegenüberliegenden Ostwand – gibt die Gaben an, die Seschemnofer beim Mahl zugedacht sind: unter anderem Weihrauchduft, verschiedene Öle, allein elf verschiedene Arten von Broten, vier Sorten von Bier.
        Bettina von Freytag gen. Löringhoff

Tübinger Waffenläufer

„Ein stehender, mit gattung Sturmhaube Bedeckter sich vorwärts Beugender nakender Soldat, der den rechten arm gantz vor sich außstreckt, an deßen Hand die vordersten Glieder der finger fehlen, der linke arm ist mit der zusammen gebogenen Hand in der Stellung, als wenn er einen Spieß gegen seinen Feind außstoßen wollte. Ist durch das alter metalbraun angelauffen."
Mit diesen Worten beschreibt der Stuttgarter Regierungsrat Carl Sigmund Tux (um 1715–1798) im Verzeichnis seiner Antiquitäten aus Bronze eine 16,35 Zentimeter hohe Statuette. Damals in ihrer Bedeutung noch nicht erkannt, ist das „Lehrstück der Kunstgeschichte" (K. Schefold) heute als „Der Tübinger Waffenläufer" berühmt.
Ursprünglich trug der Bärtige am linken Arm noch einen gesondert gearbeiteten Rundschild, sein Helm war von einem mächtigen Busch bekrönt, der tief in den Rücken hinabreichte. Wie Vasenbilder zeigen, ist er in der typischen Haltung eines Läufers in Startstellung wiedergegeben, und zwar für die Disziplin Waffenlauf. Junge Griechen trainierten so für ihren Einsatz als Schwergerüstete, als Hopliten, im Kampf. Die in der Zeit der Perserkriege zwischen 490 (Schlacht von Marathon) und 479 v. Chr. (Schlacht von Plataä) wohl in Athen gearbeitete Figur dürfte als Dankesgabe eines Siegers im Waffenlauf der Stadtgöttin Athena geweiht worden sein.
Ihre künstlerische und technische Qualität ist herausragend. Wie kaum eine andere der uns erhaltenen Bronzestatuetten verkörpert sie den Übergang von der archaischen zur frühklassischen griechischen Kunst. Zusammen mit dieser und weiteren Bronzen erhielt die Universität von Tux als Nachlasslegat eine rund 4000 Objekte umfassende Sammlung antiker und moderner Münzen und Medaillen. Dieses Tux'ische Münz- und Antiquitätencabinett steht am Beginn archäologischer Sammlungen an der Universität Tübingen. Mit gutem Grund wurde daher der Waffenläufer als Logo des 1997 eröffneten Museums Schloss Hohentübingen gewählt.
        Bettina von Freytag gen. Löringhoff

173

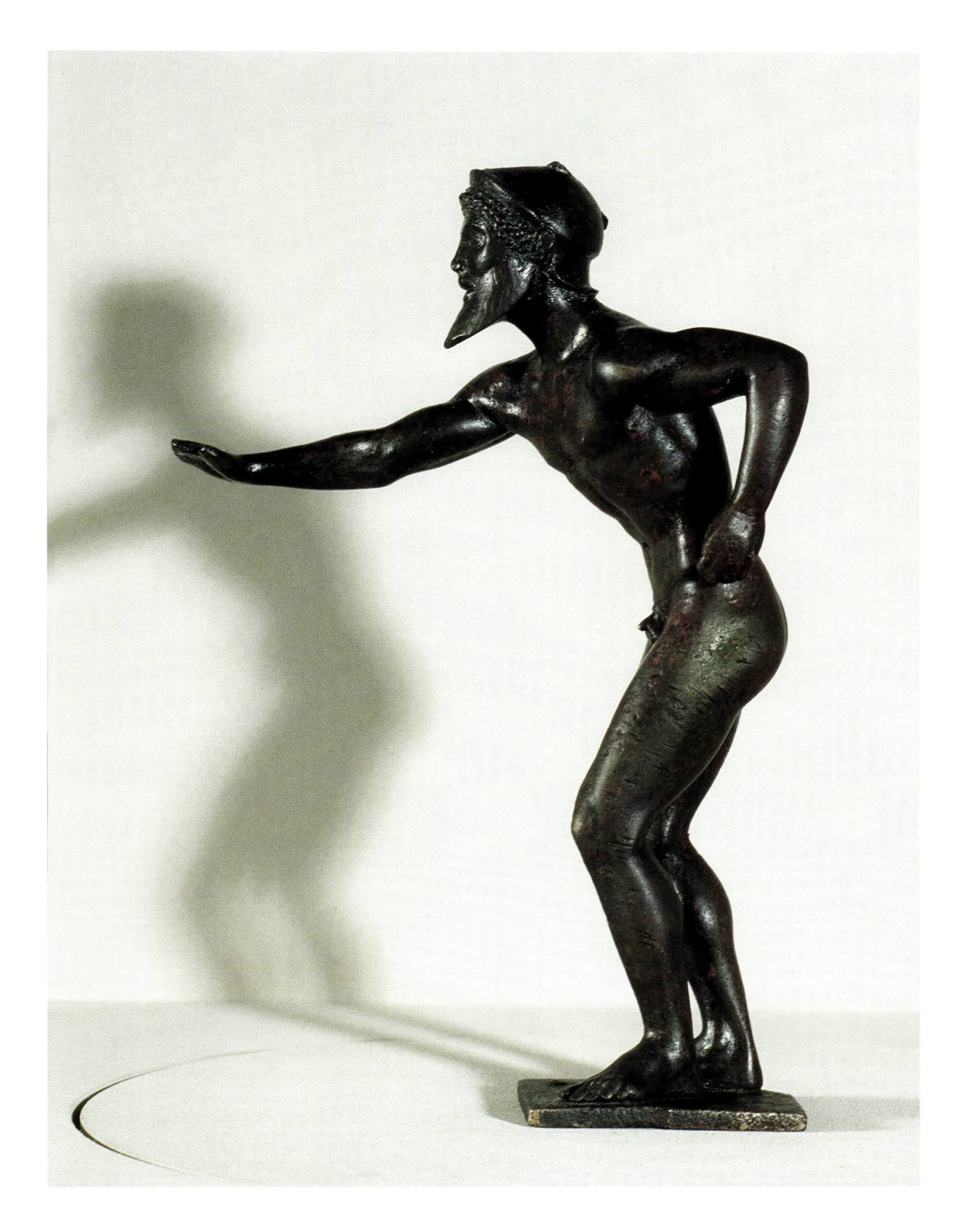

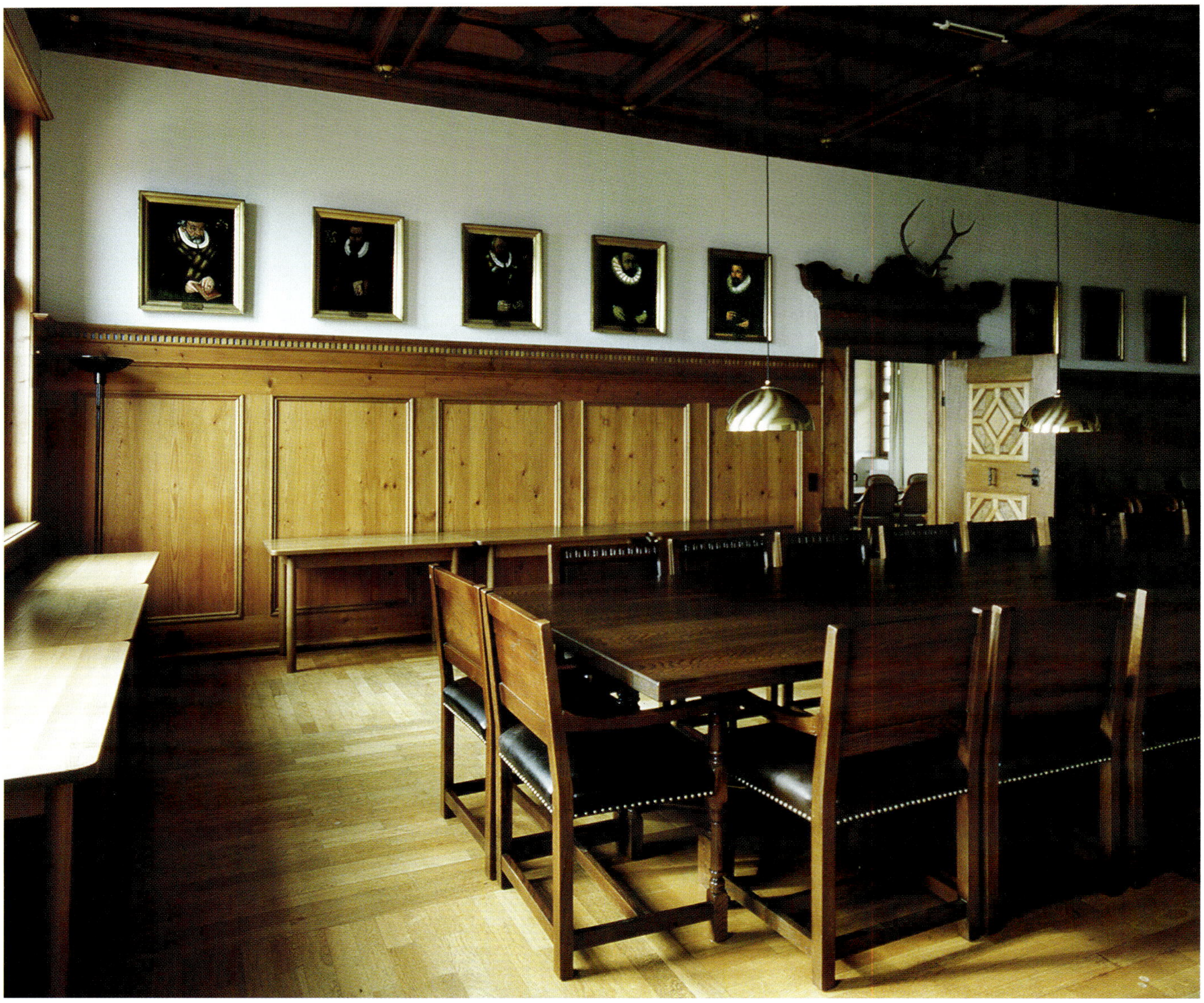

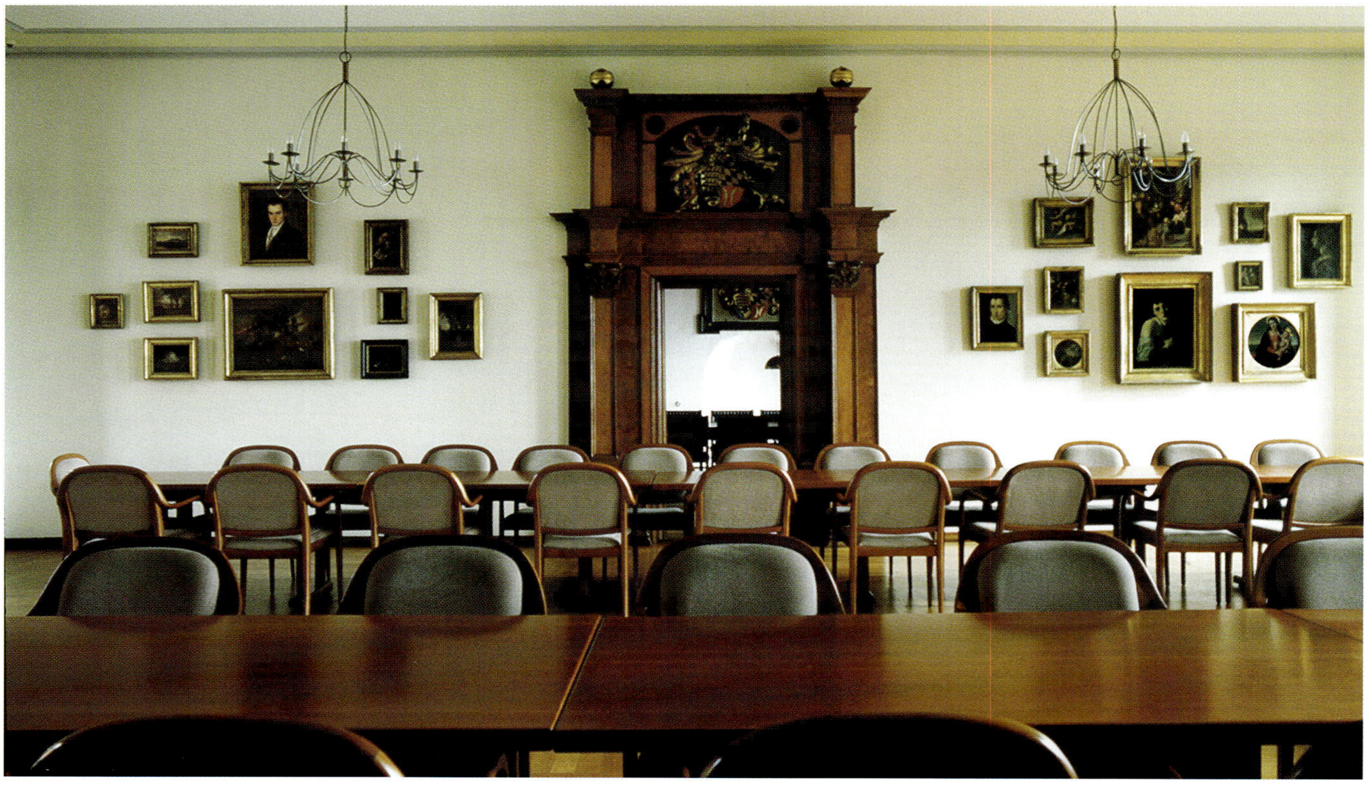

Professorengalerie

Zwar besitzen auch andere Universitäten Sammlungen von Professorenporträts, doch keine kommt der Tübinger Sammlung gleich, die nach ihrem Umfang, ihrer Geschlossenheit, ihrem Alter und ihrer zeitlichen Erstreckung einzigartig ist. Wohl zum 100jährigen Jubiläum der Universität 1577 erstmals erwogen – das älteste aller Porträts datiert auf das Jahr 1578 –, wurde die Idee dann zwischen 1588 und 1590 in die Tat umgesetzt. Von jedem damals lebenden und einigen in der Zwischenzeit verstorbenen Professoren ließ man ein eigenes Ölgemälde fertigen. Man kann die Reihe, fast vollzählig erhalten, heute in den Fürstenzimmern des Schlosses bewundern. 1604 folgte die nächste Serie. Und da der Brauch dann bis in die heutige Zeit fortgesetzt wurde – allerdings beschränkte man sich seit dem 19. Jahrhundert auf Porträts der Rektoren und Kanzler –, ist die Sammlung, wenn auch immer mal wieder eines der Bilder verloren ging, inzwischen auf über 330 angewachsen. Der eigentliche Wert der Sammlung besteht vor allem in ihrem dokumentarischen Charakter, zumal die Abbildungen als Brustbilder eben nicht nur Köpfe, sondern auch Kleidung, Handschuhe, Barette, Hüte, Schmuckstücke, Wappen zeigen. Meist haben die Professoren Symbole der von ihnen vertretenen Fächer in der Hand, Bücher oder wissenschaftliche Hilfsmittel vor sich liegen.

Wilfried Setzler

Köllesche Sammlung

Die 1848 erfolgte Stiftung der Gemälde des württembergischen Diplomaten und Juristen Christoph Friedrich Karl von Kölle (1781–1848) stellt den wichtigsten Bestandteil der universitären Gemäldesammlungen dar. Seit 1990 ist der größere Teil der Kölleschen Gemälde in den Fürstenzimmern des Schlosses Hohentübingen zugänglich. Ein kleines Rundbild von Lucas Cranach d. Ä. mit dem Bildnis einer jungen Frau von 1527 ist als Leihgabe der Universität Tübingen in der Staatsgalerie Stuttgart. Die Sammlung umfaßt 53 Werke von Künstlern des 16. bis 19. Jahrhunderts, wobei auch Kopien nach italienischen Meistern der Renaissance vertreten sind. Die Bedeutung der Kölleschen Sammlung liegt darin, dass sich hiermit eine der letzten erhaltenen württembergischen Privatsammlung des frühen 19. Jahrhunderts in öffentlichem Besitz befindet. Aus diesem Grund wurde die Gemäldesammlung unter Landesdenkmalschutz gestellt.

Anette Michels

Schloss Hohentübingen: Nord-Ost-Turm

In den Fundamenten des heutigen Nord-Ost-Turmes wurden bei den Sanierungsmaßnahmen nach 1988 Spuren eines frühen Rundturmes entdeckt, einem Vorläufer der ersten , schon im Jahr 1078 erwähnten Burganlage der Grafen von Tübingen.

Auch bei den späteren Umbauten wurde der Nord-Ost-Turm besonders repräsentativ ausgestaltet. Noch heute sind in zwei Geschossen die verzierten Kamine zu sehen – die meisten anderen Räume konnten nur durch Holzkohlebecken beheizt werden. Besonders beeindrucken die mittigen, fein in Sandstein ausgearbeiteten, gedrehten Säulen, die die Deckenkonstruktion tragen. Im ersten Geschoss, heute Übungsraum des Institutes für Klassische Archäologie, blieb die ursprüngliche, farbig gefasste Holzdecke erhalten.
Dieser Raum – einst degradiert zu einer Wirtsstube – mit seinem Rundblick vom Ammer- zum Neckartal ist gefragt für Vortrags- und Kongressveranstaltungen und bietet so eine gesuchte Begegnungsstätte für Stadt und Universität.

Bettina von Freytag gen. Löringhoff

Abgußsammlung im Rittersaal

Ursprünglich dürfte der fast 1000 Quadratmeter große, über sechs Meter hohe sogenannte Rittersaal einst als Festsaal geplant worden sein. Bauliche Spuren belegen jedoch seine Aufteilung in mehrere Räume, seine Nutzung als Pferdestall, als Zeughaus, als Bandhaus, ja sogar als Wirtshaus. 1906 schließlich wurde er zum Hörsaal für Physik.
Erst nach der Übernahme durch die Universität wurden 1819 bis 1821 für die Universitätsbibliothek die großen klassizistischen Rundbogenfenster eingebaut. Hier war von 1863 bis 1873 die Arbeitsstätte des Dichters Hermann Kurz (1813–1873). Nach Auszug der Bibliothek 1912 diente der Raum unterschiedlichen Zwecken, so etwa als Festsaal für die 450-Jahre-Jubiläumsfeier der Universität. Besucher berichten von der ersten Autoausstellung nach dem Zweiten Weltkrieg, von Jugendsportwettbewerben und juristischen Klausuren, die außer Festen hier stattgefunden haben.
Wohl nie war der Raumeindruck im so genannten Rittersaal so geschlossen, so licht und ansprechend wie heute – er scheint wie geschaffen für die rund 350 Abgüsse antiker griechischer Skulpturen. Die ältesten unter ihnen – etwa die Artemis von Versailles und der Apollo von Belvedere – wurden schon 1836 erworben, zu Zeiten, als es noch kein Archäologisches Institut gab. Nach Stationen im Pfleghof und der Wilhelmstraße 9 haben sie ihren Weg aufs Schloss gefunden. Man bedenke die Transportprobleme auf strohgepolsterten Pferdewagen über das Tübinger Kopfsteinpflaster. Da die Schlosstore für luftgepolsterte Umzugswagen zu niedrig sind, mussten die Abgüsse 1995 von der Nordseite des Schlosses her antransportiert und über einen sieben Meter hohen Aufzug durch eines der großen Fenster in den Rittersaal hineingehievt werden!
Dem Besucher erschließt sich ein imaginäres Museum antiker griechischer Plastik, ein Rundgang durch die griechische Kunst- und Kulturgeschichte. Aus den Museen der Welt sind die bekanntesten griechischen Skulpturen in maßstabsgetreuen Kopien zusammengetragen. Viele der Abgüsse sind schon über einhundertfünfzig Jahre alt, geben die frühere Erhaltung der heute durch Umwelteinflüsse beschädigten oder verlorenen Originale wieder, zeigen einen überholten Forschungsstand auf, führen damit auch ein in die Wissenschaftsgeschichte. Im Original nie nebeneinander sichtbare Werke können hier im Vergleich studiert werden – ein für Schüler, Archäologen, Kunsthistoriker und Bildende Künstler unschätzbares Hilfsmittel.   Bettina von Freytag gen. Löringhoff

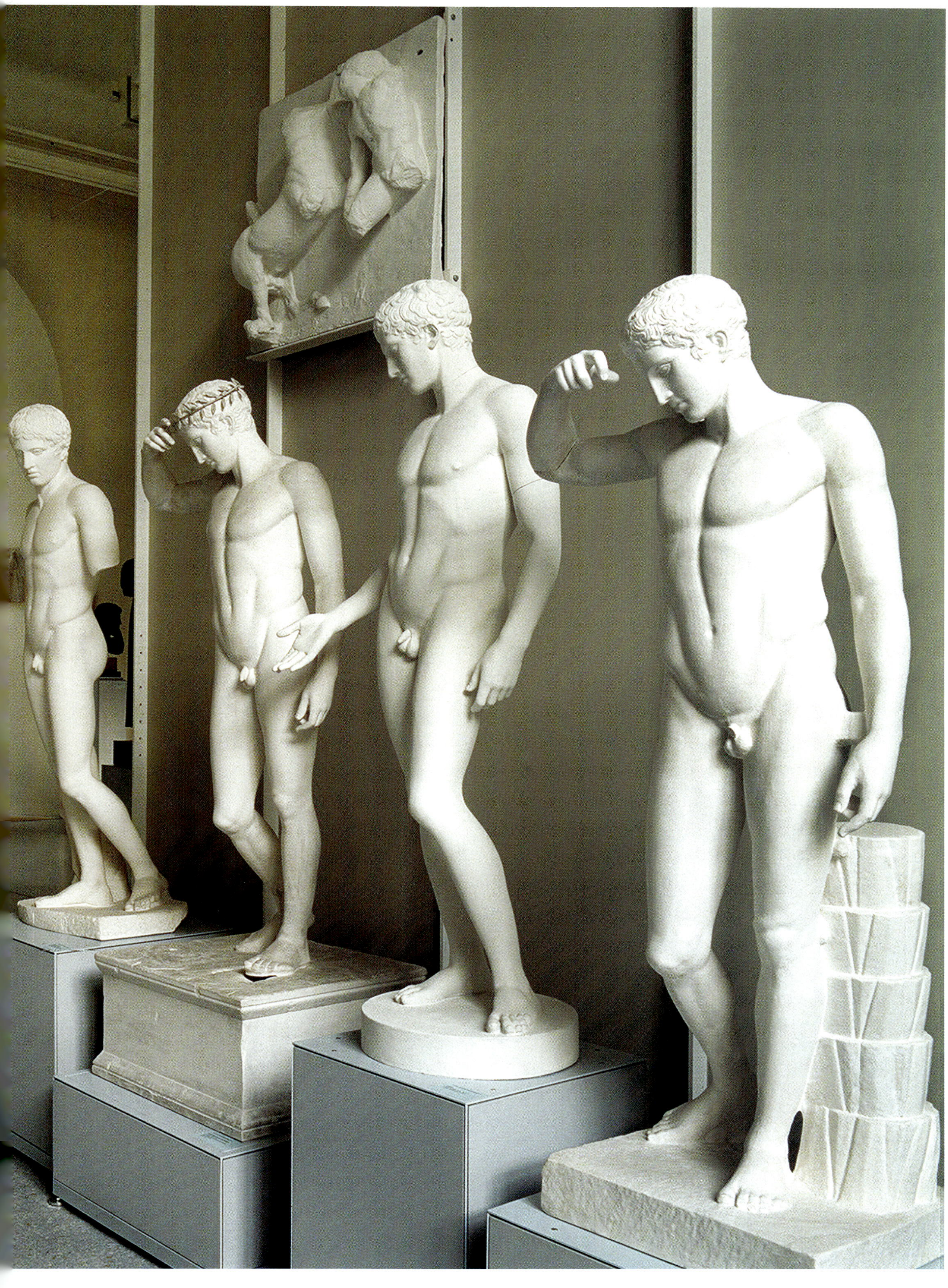

Theologicum

Die beiden theologischen Fakultäten zogen 1963 aus der Neuen Aula in das Gebäude der ehemaligen Medizinischen Klinik um, das allerdings in seinem linken, südlichen Flügel zunächst noch die Medizinische Poliklinik beherbergte. 1879 war es als einer der ersten Bauten des neuen Klinikbereichs fertiggestellt und später wiederholt umgebaut worden. Von Anfang an setzte die Statik der ehemaligen Krankensäle einer Aufnahme großer Büchermassen enge Grenzen. Die seit den siebziger Jahren rasch zunehmende Zahl der Theologiestudierenden (Höhepunkt im Wintersemester 1984/85 mit 2250 evangelischen und 1009 katholischen Studierenden), vor allem aber der wachsende Umfang der Bibliotheksbestände machten schließlich eine Erweiterung nötig.

1987 bis 1989 errichtete das Universitätsbauamt für Bibliothek und Lehrveranstaltungen einen achteckigen Zentralbau: Er ruht als filigrane Stahlkonstruktion auf einem massiven Unterbau aus Stahlbeton und ist durch einen geschlossenen, weiträumigen Gang mit dem Altbau verbunden. Das Erdgeschoss enthält einen Hörsaal und drei Seminarräume; die Bibliotheksgeschosse umfassen eine Freihandbibliothek mit 200 000 und (im Untergeschoss) ein Magazin mit 80 000 Bänden.

Im renovierten Altbau sind weitere Seminarräume sowie die Dienstzimmer der beiden theologischen Fakultäten untergebracht. Ulrich Köpf

Zahn-, Mund- und Kieferklinik

1907 hielt das Zahnmedizinische Institut seinen Einzug in die sogenannte „Alte Burse" in der Altstadt Tübingens. Zudem dehnte es sich mit seiner vorklinischen Abteilung auf das alte Kanzlerhaus an der Münzgasse aus.

Erst der Neubau der Zahnklinik im Jahr 1967, geplant und ausgeführt durch das damalige Universitätsbauamt Tübingen, beendete diesen zwar äußerlich idyllischen, letztlich aber doch anachronistischen Zustand.

Entgegen dem 1958 aufgestellten Generalbebauungsplan der Tübinger Universität, der das neue Fakultätsgebiet der Medizinischen Fakultät auf dem Schnarrenberg festlegte, wurde nach eingehender Untersuchung das Grundstück Ecke Liebermeister- und Osianderstraße im dicht bebauten alten Klinikgebiet gewählt. Für diesen Schritt sprachen zum einen die enge Nachbarschaft der Klinik zum Stadtzentrum; zum anderen die Unabhängigkeit der Zahnklinik von programmatischen Zusammenhängen anderer Fakultäten, die einen beschleunigten Neubau erschwert oder spätere Planungsansätze eventuell behindert hätten.

Die neue Zahn-, Mund- und Kieferklinik verfolgte als ausgesprochene Spezialklinik mit großer Ambulanz die neue Tendenz, im Klinikbau die einzelnen Funktionsbereiche stärker zu betonen. Es entstand eine Gesamtanlage aus vier selbständigen Baukörpern, die untereinander verbunden sind. Der pavillonartige, viergeschossige Behandlungsbau gliedert sich ebenweise in die vier Abteilungen Chirurgische, Konservierende, Prothetische und Kieferorthopädische Zahnheilkunde. Im Mittelbau liegen Labors, Praktikaräume, Büros und die Operationsabteilung der Kieferchirurgie. Der hangaufwärts gelegene Bettenbau hat drei Stationen mit insgesamt 45 Betten. Abgerundet wird die Anlage durch einen kleinen Hörsaalbau.

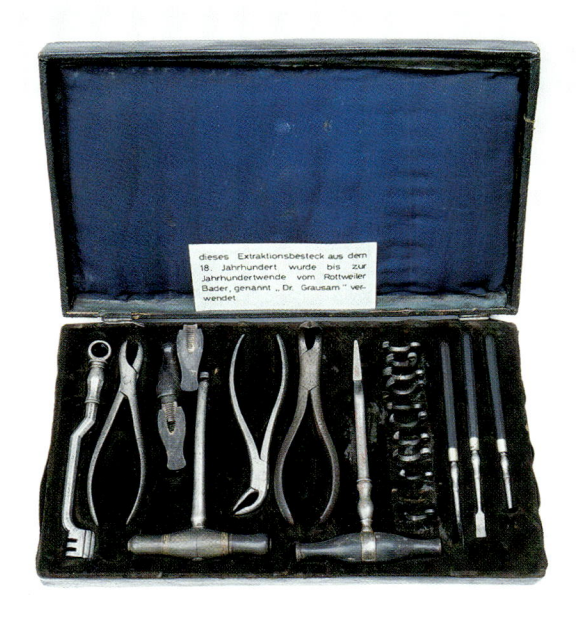

Um die Baugruppe räumlich und gestalterisch zusammenzufassen, wählte man durchgehend Kunststein als Brüstungsverkleidung. In Planung ist derzeit eine neue Operationsabteilung, welche aufgeständert über dem vorhandenen Hörsaal errichtet werden soll. Sie wird über eine Brücke an den Bettenbau angeschlossen sein und erhält einen separaten Zugang direkt gegenüber dem Eingang zum Behandlungsbau. Annette Fisely-Minte

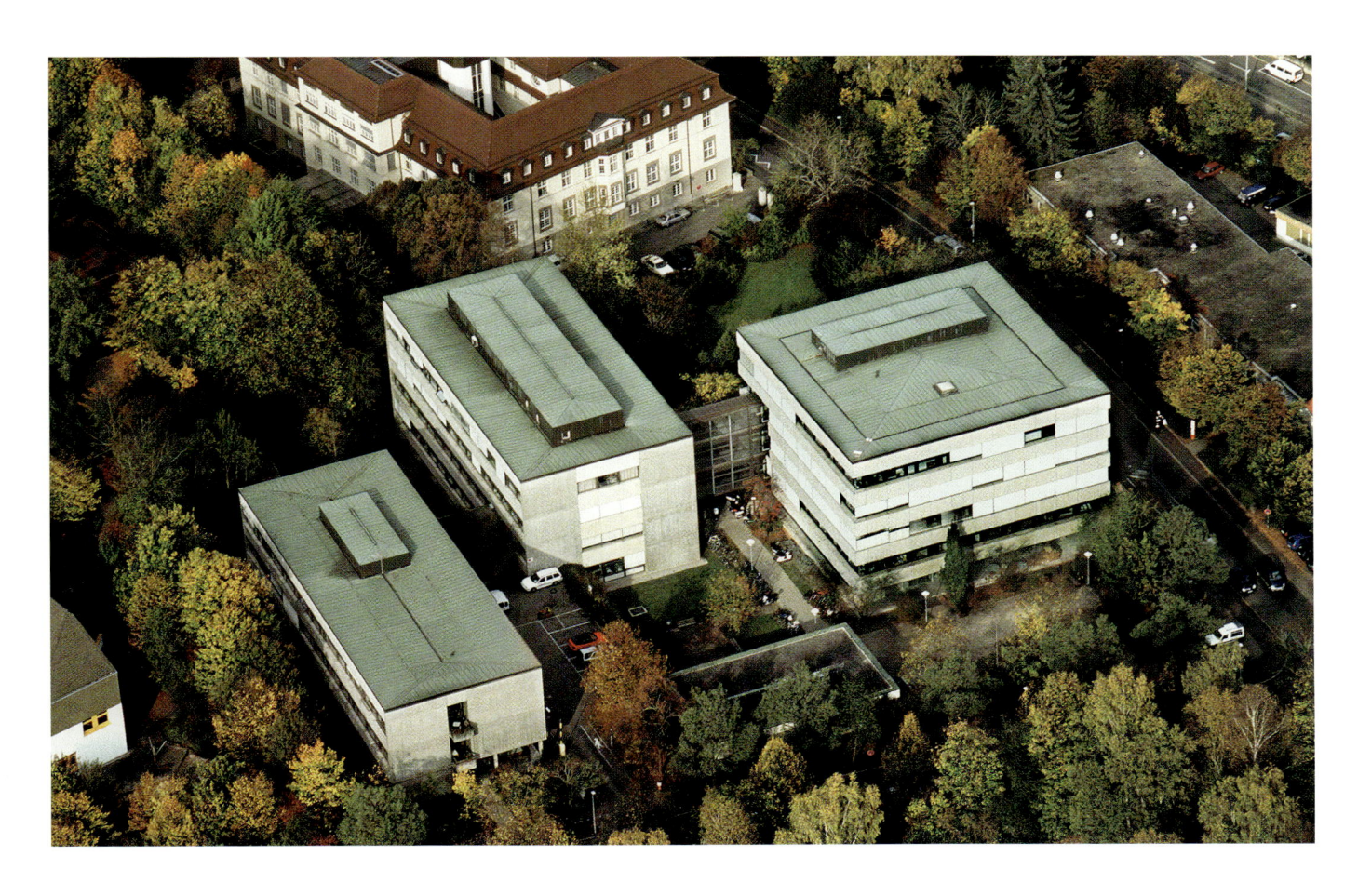

Schnarrenbergklinikum

An der Besiedlung der Anhöhen im Norden von Tübingen hat die Universität von Anfang an teilgenommen. Ihr Beschluss zum Generalbebauungsplan von 1958, der die Zielvorstellungen ihres zukünftigen Ausbaus enthält, leitet eine großzügige bauliche Entwicklung an zwei Standorten am Westrand dieses Gebiets ein: Auf der Morgenstelle entstehen die Naturwissenschaften, auf dem Schnarrenberg das neue medizinische Zentrum.

Hier werden 1961 die Medizinische Klinik, die Zentralküche der Kliniken und eine Gruppe von Schwesternhäusern fertiggestellt. 1964 kommt das Institut für Physiologische Chemie dazu. Es folgt 1974 die Schwesternschule.

Mit Inbetriebnahme des Chirurgisch-Radiologischen Zentrums (CRONA) und des Versorgungszentrums für alle Kliniken sowie der medizinischen Poliklinik in den Jahren 1988/89 verlagert sich der Schwerpunkt der klinischen Einrichtungen von der Innenstadt auf den Schnarrenberg.

In den neunziger Jahren folgen Kinderklinik, Transfusionsmedizin und weitere Personalwohngebäude. Eine Gebietserweiterung am Oberen Schnarrenberg nimmt den Bauabschnitt der Anatomie, die Mikrobiologie/Virologie (2001) und die neue HNO-Klinik (Fertigstellung 2002) auf.

Mit den jüngsten Planungen für die Nuklearmedizin (im Rohbau) und für das Laborforschungsgebäude der Medizin (Baubeginn 2002) ist nun – nach 40jähriger Bautätigkeit – die bauliche Verdichtung des Schnarrenbergs so weit fortgeschritten, dass die Reserven an bebaubaren Flächen fast erschöpft sind. Eine Erweiterung des Baugebiets für das Klinikum muss im Sinne der 1958 formulierten Ziele ins Auge gefasst werden. Thomas Schmid

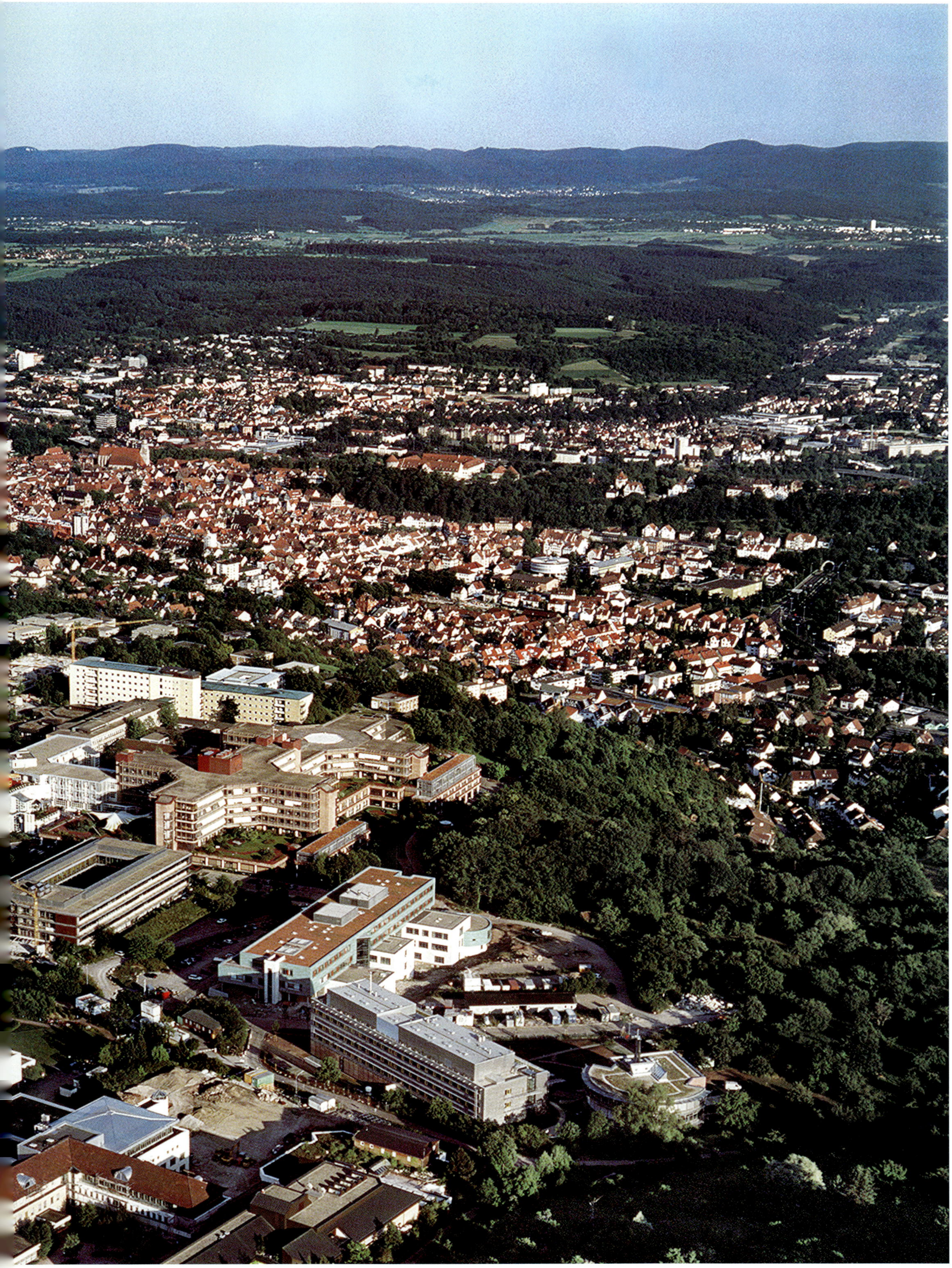

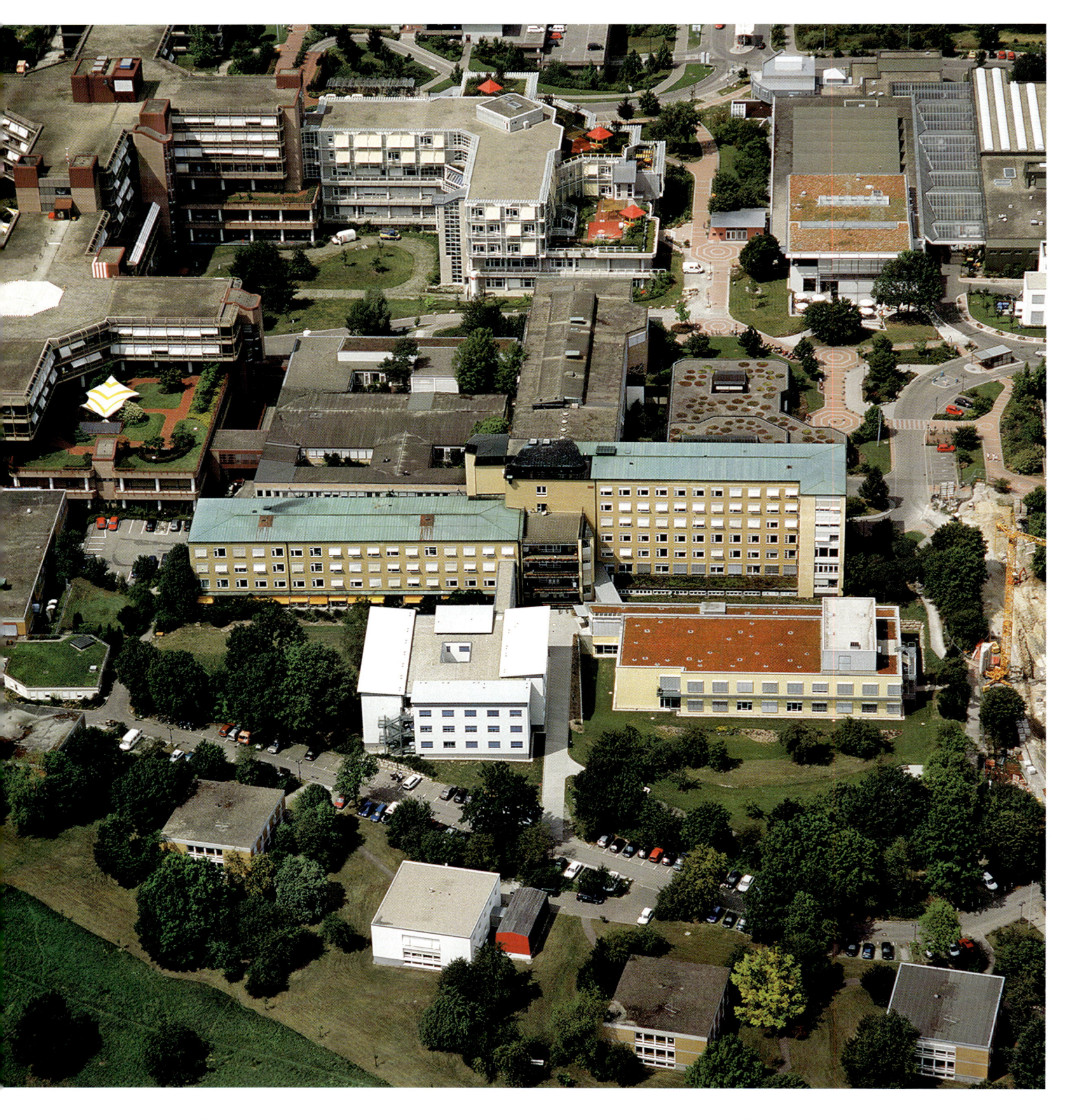

Kliniken und Kunst

Rund um die „Med", die ockerfarbene Medizinische Klinik in der Bildmitte, wächst das Klinikum auf dem Schnarrenberg Jahr um Jahr: Links oben ist das CRONA-Klinikum zu erkennen, rechts angebaut die neue helle Kinderklinik; oben rechts die neue Cafeteria, unterhalb der Med Wohnheime und Lehrgebäude für Pflegeberufe. Die Skulptur „Kartenhaus" der Künstlerinnen Sophia Wonner-Mruck und Susanna Lutzenberger hängt im Treppenhaus des neuen Instituts für Medizinische Mikrobiologie und Virologie gegenüber der ebenfalls neu erbauten HNO-Klinik.   Martin Bernklau

183

Neue Kinderklinik Schnarrenberg

1927 waren beim Bau der alten Kinderklinik aus dem Zwang des Sparens heraus keinerlei Raumreserven für eine weitere Entwicklung vorgesehen. Nach dem Zweiten Weltkrieg und insbesondere seit den siebziger Jahren machte die Kinderheilkunde jedoch eine dramatische Entwicklung durch, die zu einer ausgeprägten Vielfältigkeit des Faches führte.

Diese Entwicklung war gefolgt von baulichen und räumlichen Erweiterungen zum Beispiel durch Hinzunahme des ehemaligen Oberamtes, die letztendlich aber nicht mehr den Anforderungen entsprechen konnten, die man an die moderne Medizin stellen muss. Ein Neubau wurde in absehbarer Zeit erforderlich.

Der Wissenschaftsrat empfahl 1990, nur die Neonatologie direkt der Frauenklinik zuzuordnen und eine enge Verbindung der internistischen Abteilungen der Kinderklinik mit der bereits im CRONA vorhandenen Kinderchirurgie und Kardiologie anzustreben. Im Dezember 1998 wurde die Kinderklinik, deren Neubau durch das Staatliche Vermögens- und Hochbauamt Tübingen geplant und ausgeführt wurde, auf dem Schnarrenberg eingeweiht.

Die Planung orientierte sich in ihren Grundstrukturen an dem benachbarten CRONA. Von hier wurden etwa Geschosshöhen, technische Strukturen und Brandschutzkonzepte übernommen. Die Kinderklinik hat 130 Planbetten. Davon werden 90 Betten in sieben Stationen – Neuropädiatrie, Entwicklungsneurologie, Knochenmarktransplantation, Hämatologie/Onkologie, zwei Allgemein-Pädiatrische Stationen und Kinderchirugie – im Neubau untergebracht.

Die oberen Geschosse nehmen die Pflegebereiche auf, während in den unteren Geschossen ein Hörsaal, die Poliklinik, die Sonographie, die Physiotherapie und der Laborbereich untergebracht sind.

Der enge Verbund mit dem CRONA-Klinikum – so liegen die Haupteingänge der zwei Kliniken auf der gleichen Ebene – ermöglichen auch die gemeinsame Nutzung wichtiger im CRONA schon bestehender Einrichtungen sowie von Teilen der technischen Infrastruktur.

Die Kinderklinik ist ein Haus der Maximalversorgung und hat einen Einzugsbereich vom Schwarzwald und Bodensee bis hin zu den Toren Stuttgarts. Gleichzeitig ist sie ein Kreiskrankenhaus für Stadt und Landkreis Tübingen. Als Universitätsklinik leistet sie darüber hinaus Aufgaben in Forschung und Lehre.

Annette Fisely-Minte

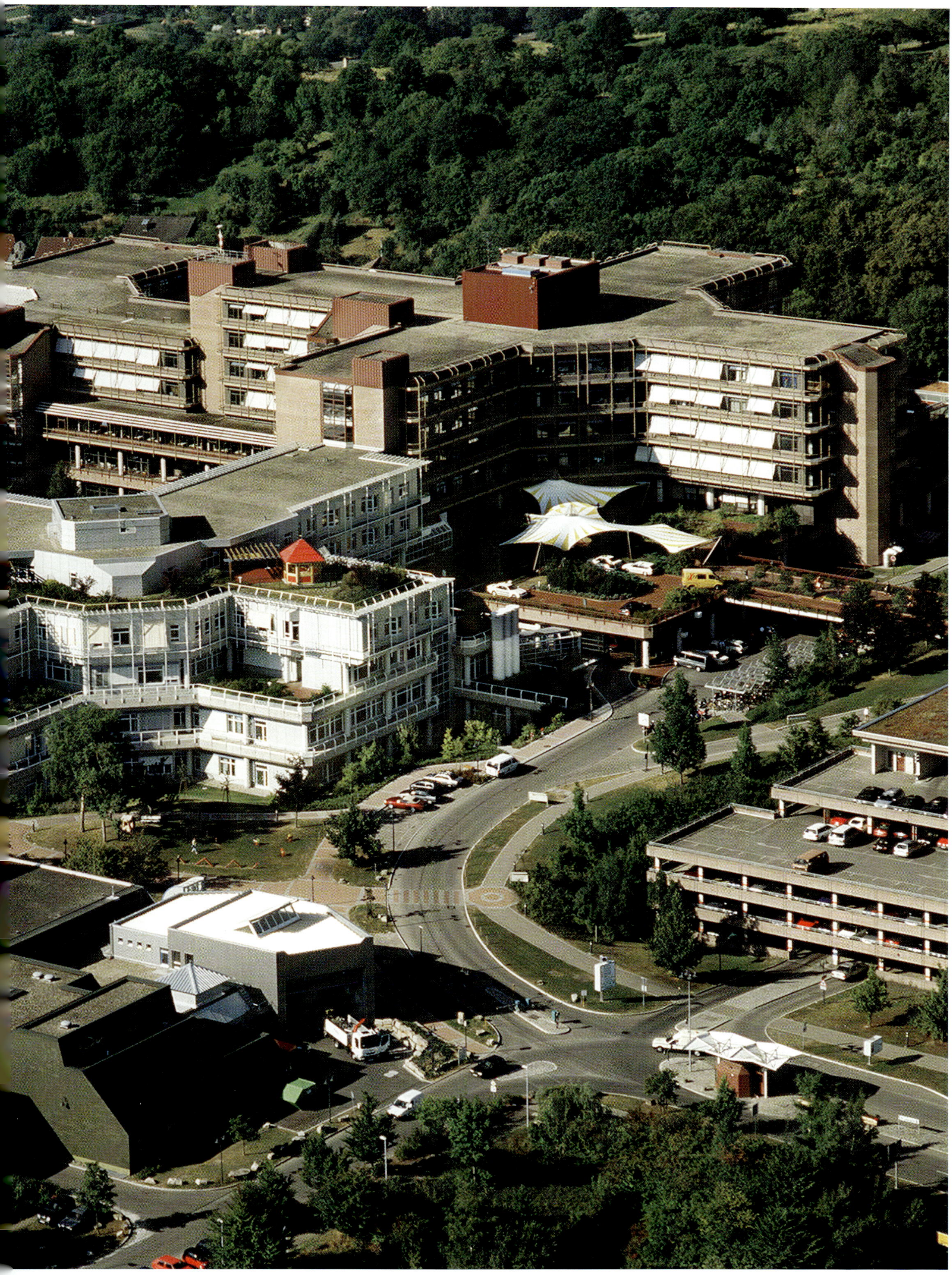

Ein Dank der japanischen Medizin

Einem in Tübingen 1866 bis 1869 ausgebildeten Mediziner, dem 1849 in Bietigheim geborenen Erwin Bälz, der von 1876 bis 1905 als Leibarzt des Kaisers von Japan Karriere machte und die japanische Medizin reformierte, verdankt die Universität eines ihrer originellsten Denkmale. Nur wenige Schritte von der neuen Kinderklinik entfernt, vor dem Personalkasino, errichtete die Internationale Medizinische Gesellschaft Japans zu seinen Ehren eine Kasuga-Steinlaterne und einen Gedichtstein mit der Inschrift „Erwin Bälz, Du hast die japanische Medizin zu ihrer ersten Blüte erweckt (Shuoshi Mizuhara)". Wilfried Setzler

Neue Kinderklinik: Treppenhaus

Kinderklinik und CRONA unterscheiden sich äußerlich voneinander. Zum einen ändert sich innerhalb von 20 Jahren die Formensprache. Zum anderen erforderte die Bauaufgabe Kinderklinik auch andere Ausdrucksformen und Gestaltungsmittel. Die durch die Staffelung der Pflegegeschosse entstehenden Dachfreiflächen wurden genutzt, um dort Spiel- und Aufenthaltsbereiche zu schaffen. Die hier errichteten rot bedachten Pavillons haben eine weit in die Umgebung reichende freundliche Signalwirkung.

Auf die Ausgestaltung des Innenbereiches wurde ganz besonderer Wert gelegt, insbesondere auf ein durchgängiges Farbkonzept.

Es wurde mit den Fachleuten der Kinderklinik abgestimmt, wobei es den Planern darauf ankam, kein kunterbuntes Farbdurcheinander zu erzeugen, wie man es gemeinhin für kindgerecht hält. Durch eine geschickte Farbauswahl und unterstützt durch künstlerische Beiträge versuchten die Planer, eine vertrauenerweckende und beruhigende Atmosphäre zu schaffen. Insgesamt empfängt den Besucher oder den Patienten eine helle, freundliche und weitläufige Atmosphäre, die vor allem dazu beitragen soll, Kindern die Angst vor dem Krankenhaus zu nehmen. Deshalb wurden im Eingangsbereich zusätzlich mehrere Spielgeräte – unter anderem ein Fischkutter, eine Eisenbahn und ein Salzwasseraquarium – aufgestellt. Zudem wird den jungen Patienten die Möglichkeit geboten, sich künstlerisch zu betätigen und die Ergebnisse anschließend zu präsentieren. So gibt es auf den Fluren aller Krankenstationen Pinnwände, auf denen die Kinder und Jugendlichen ihre Kunstwerke ausstellen können. Annette Fisely-Minte

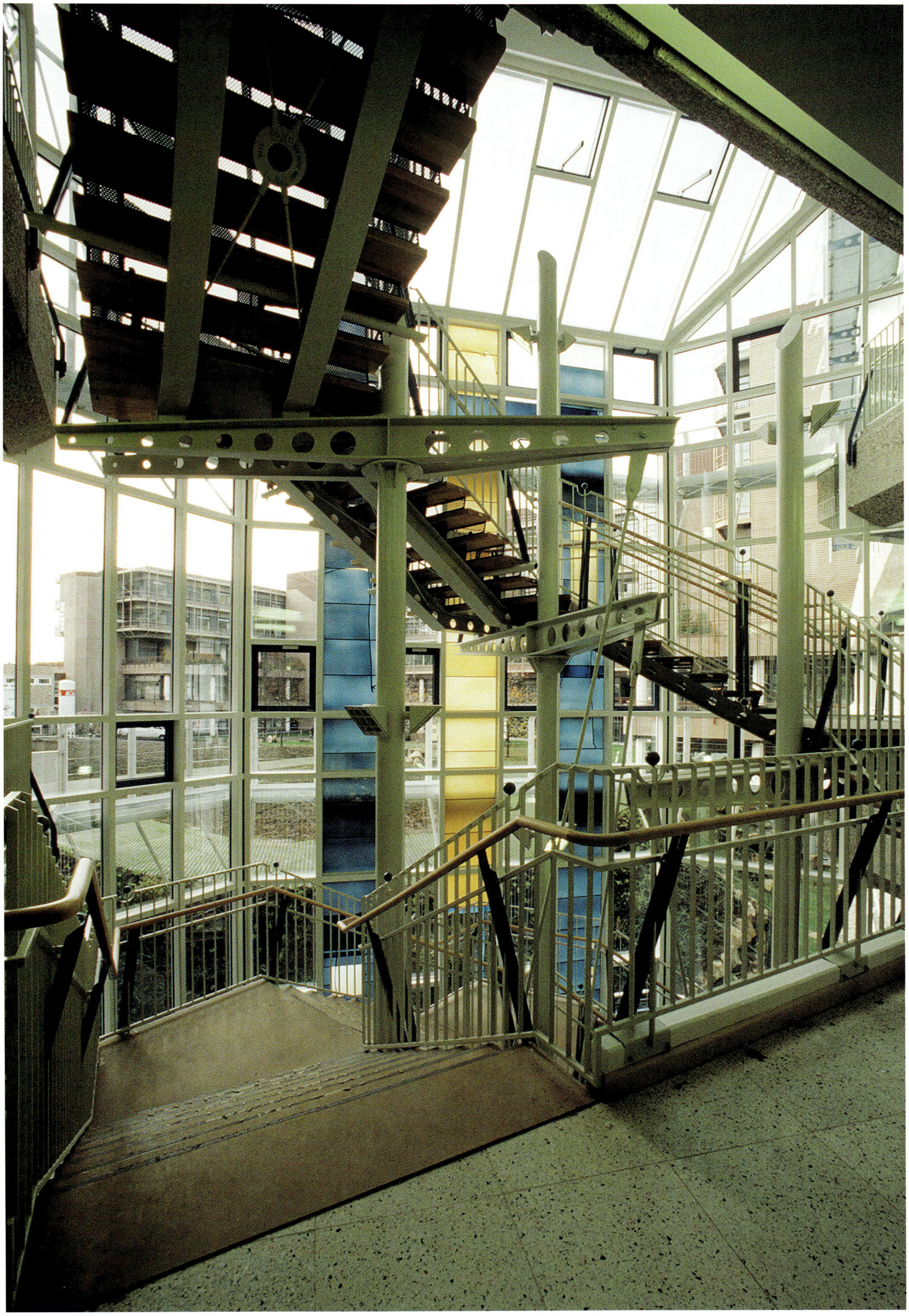

Das Gräberfeld X

Seit Mitte des 19. Jahrhunderts hatte das Gräberfeld auf dem Stadtfriedhof als Begräbnisort für die sterblichen Überreste von Hingerichteten, Selbstmördern und Menschen gedient, die sich ein Begräbnis nicht hatten leisten können und deshalb nach ihrem Tod der Anatomie für Forschungs- und Lehrzwecke zur Verfügung gestellt worden waren. In der NS-Zeit wurde das Areal zu einer Entsorgungsstelle für Hunderte von NS-Opfern. Bedenkenlos akzeptierten die damaligen Anatomen, dass ihr plötzlicher Überschuss an Leichen mit Gewaltakten des NS-Regimes zusammenhing: Mehr als zwei Drittel der 1077 in dieser Zeit in der Anatomie sezierten Leichen stammten von Menschen, die vom „Volksgerichtshof" und NS-Sondergerichten zum Tode verurteilt, in Kriegsgefangenen- und Erziehungslagern, in Arbeitshäusern und Haftanstalten, als Zwangsarbeiter oder „Volksfremde" zu Tode geprügelt oder sonstwie in den Tod getrieben worden waren.

Nach 1945 mehrfach umgestaltet, wurde das 1980 in eine kaum beachtete „Ehrengrabanlage" umgewandelte Gräberfeld zum Spiegel einer lange verschwiegenen und nur schwer zu bewältigenden Verstrickung der Universität in die nationalsozialistische Vernichtungspolitik. Erst 1987 brachte eine von der Stadt in Auftrag gegebene Studie Klarheit über Herkunft und Zahl der NS-Opfer. Als daraufhin Medizinstudenten den Verdacht äußerten, sie würden noch immer an Präparaten ausgebildet, die von Opfern des NS-Regimes stammten, reagierte die Universitätsleitung auf das weltweite Echo, indem sie sämtliche Präparatesammlungen ihrer Institute und Kliniken durch eine unabhängige Kommission überprüfen ließ. Die dabei gefundenen Präparate, die von Toten der NS-Gewaltherrschaft stammten oder bei denen sich ein entsprechender Verdacht nicht ausschließen ließ, wurden 1990 auf dem Gräberfeld X beigesetzt: „Mahnung sei dieser Stein den Lebenden", appellierte der Text ohne die Anatomie konkret zu nennen. Kaum hatte man sich symbolisch vor den Opfern der NS-Gewalt verneigt, verwüsteten Rechtsradikale das Mahnmal. Heute gibt eine Infotafel am Eingang des Gräberfelds Auskunft über die Vorgänge in der NS-Zeit. Noch immer aber wartet man auf die Einlösung der 1989 von der Expertenkommission ausgesprochenen Empfehlung: „Die Bereitschaft zur Auseinandersetzung mit Missbräuchen der Vergangenheit, um künftigen Fehlentwicklungen rechtzeitig entgegenzusteuern, sollte für das Anatomische Institut eine Herausforderung sein, die Vorgänge in der NS-Zeit aufzuarbeiten, in die Lehre einzubringen und in einer Dokumentation allgemein zugänglich zu machen."

Benigna Schönhagen

Neues Lehrgebäude für die Anatomie

Als erstes Gebäude vor der Altstadt war 1835 das Anatomische Institut auf dem Österberg errichtet worden. Schon seit langem entspricht das in einem größeren Maße sanierungsbedürftige Gebäude nicht mehr den modernen wissenschaftlichen Anforderungen.

Um Abhilfe zu schaffen, wurde mitten im Universitätsklinikum auf dem Schnarrenberg als erstes ein neues Lehrgebäude für die Anatomie erbaut, das zum Wintersemester 2000/2001 in Betrieb genommen werden konnte. In ihm wird – wie es im Konzept für die Einrichtung heißt – „die makroskopische und mikroskopische Anatomie auf höchstem technischen Niveau mit der Computerbasierten virtuellen Medizin kombiniert". Während die Kurse nun im neuen Gebäude stattfinden, sind die Labore, Hörsäle und Seminarräume noch im alten Gebäude lokalisiert. Eine Zusammenführung wird ein zweiter Bauabschnitt bringen.

Wilfried Setzler

Morgenstelle

Von den Ursprüngen im 15. Jahrhundert bis zur Mitte des 20. Jahrhunderts waren die Tallagen die angestammten Bereiche der „Universität". Nach dem Zweiten Weltkrieg wurde die Erweiterung der Universität im Generalbebauungsplan von 1958 in langfristig vorausschauender Weise geplant und mit dem Grunderwerb für die Hochschulgebiete in der Höhe auf dem Schnarrenberg, Steinenberg und der Morgenstelle in den sechziger Jahren gesichert.

Der Neubau der Naturwissenschaftlichen Institute auf der Morgenstelle – er sollte der erste in Tübingen nach einheitlichen Planungsgesichtspunkten von der städtebaulichen Anlage bis im Detail errichtete Baukomplex einer Fakultät werden – umfasst in Planung und Ausführung den Zeitraum von 1962 bis 1974.

Kerngedanke war, nahezu alle Einrichtungen der Fakultät für Lehre und Forschung in einem gemeinsamen Gebiet unterzubringen und dieses Ziel mit möglichst geringem Zeitaufwand zu erreichen. Dabei sollte ein Institutstyp als städtebaulich wirksamer Baustein entwickelt werden, der sowohl den besonderen Bedürfnissen der Fächer als auch der Anwendung moderner industrieller Fertigungsmethoden entsprach.

Das Ergebnis dieser Überlegungen stellte sich im Lageplan als ein Kranz von Institutsgebäuden dar – von der Kuppe aus talwärts niedriger gestaffelt – um den flach gehaltenen Bereich der Hörsäle und Bibliotheken.

Städtebaulich als neuer Universitätsbereich komplettiert wurde die Morgenstelle erstmals 1975 durch die Fertigstellung der Mensa II.

1995 konnte der Neubau eines Verfügungsgebäudes für Forschungsvorhaben der Mikrobiologie, Zellbiologie, Immunbiologie und der Chemie und Physik neuer Materialien feierlich seiner Bestimmung übergeben werden. Mit dem neuen Verfügungsgebäude wird der Universität eine zeitgemäße, interdisziplinäre Zusammenarbeit von Wissenschaftlern der verschiedensten Fachbereiche ermöglicht.

Insgesamt konnten seit dem Beginn des Ausbaus für die Fachbereiche Chemie, Physik, Mathematik, Pharmazie und Biologie rund 68 000 Quadratmeter Nutzfläche geschaffen werden.

Auf den unbebauten Flächen sollen künftig Einrichtungen, wie die Institute für Informatik, Mathematik, Geowissenschaften und weitere Forschungsgebäude ihren Platz finden.

Dieter Wagner

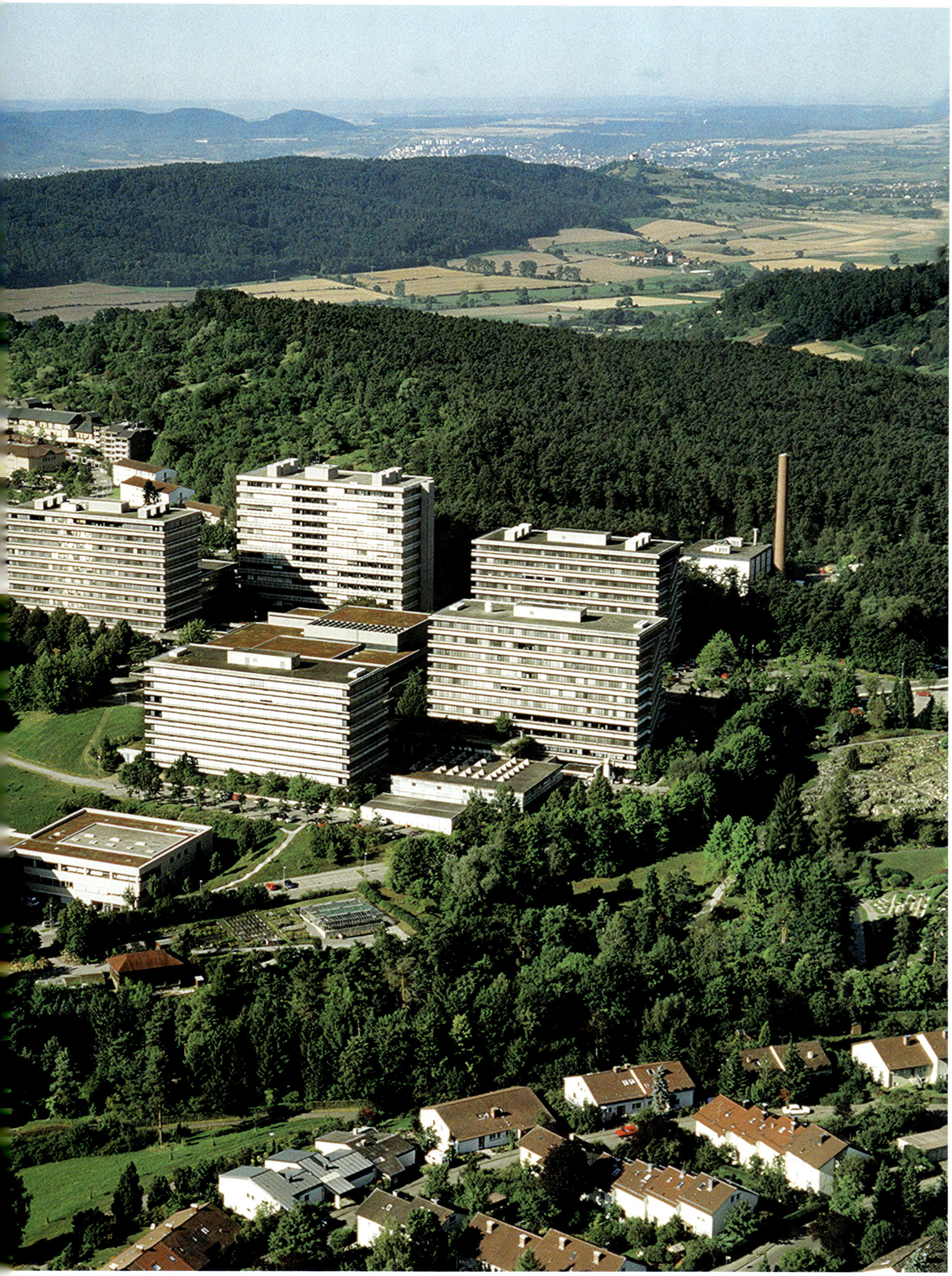

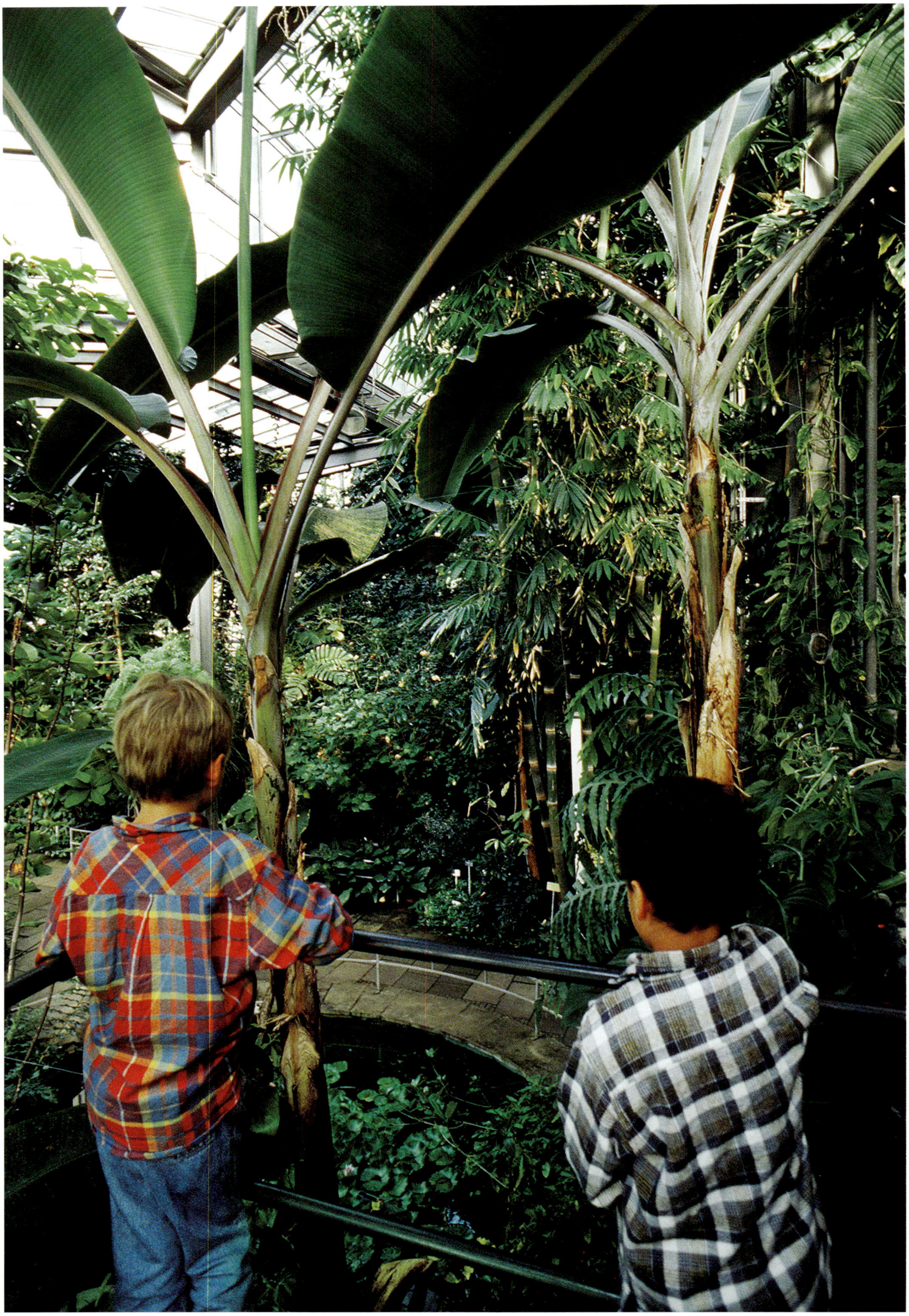

Neuer Botanischer Garten

Der 1969 „Auf der Morgenstelle" eröffnete Neue Botanische Garten verfügt über fünf insgesamt 2 400 Quadratmeter einnehmende Gewächshäuser (Tropicarium, Sukkulenten- und Subtropenhaus, Aquarien) und zehn Hektar Freilandanlagen.

Auf dieser Gartenfläche werden etwa 12 000 verschiedene Pflanzenarten aus fast allen Lebensräumen der Erde kultiviert, viermal soviel, wie in der heimischen Flora vorkommen. Geordnet sind sie nach verschiedenen Gesichtspunkten. So gibt es etwa ein Arboretum mit rund 1 300 Nadel- und Laubholzarten, einen Medizinalgarten, geographisch und systematisch geordnete Reviere sowie ökologische Bereiche. Zudem findet man Nutz und Zierpflanzen in reicher Menge, darunter einen Rhododendron-Hain mit rund zweihundert verschiedenen Wild- und Zuchtformen.

Mit der Errichtung eines Fuchsien-Pavillons anläßlich des 500. Geburtstagsjubiläums von Leonhart Fuchs erhielt der Botanische Garten 2001 eine neue Attraktion.

Dieses einzigartige Pflanzenparadies, das jährlich etwa 120 000 Besucher anzieht, ist wahrlich „zugleich ein Ort von Lehre und Forschung, Treffpunkt zur Information und Weiterbildung. Schaufenster in die Welt mit ihrer Schönheit und ihren ökologischen Problemen und Oase der Ruhe, Besinnung und des Staunens."   Wilfried Setzler

Sternwarte auf der Waldhäuser Höhe

Nach dem Weggang von Rosenberg (1926), der eine private Sternwarte auf dem Österberg dem mittlerweile etwas rückständig gewordenen Schloss-Observatorium vorzog, lag die Tübinger Universitätsastronomie bis zur Berufung von Siedentopf (1949) völlig brach.

Und obwohl Pläne für den Bau eines Astronomischen Instituts bereits vorlagen und im Wintersemester 1952/53 die Einrichtung der ehemaligen Bosch-Sternwarte Heidelberg angekauft werden konnte, zögerte sich der Baubeginn immer wieder hinaus.
Errichtet wurde zuerst der Kuppelbau und dann das Institut. Beim Richtfest (1958) war zu konsta-

tieren, dass Tübingen nach den drei Universitäts-Sternwarten in Göttingen, Bonn und München sowie den beiden staatlichen Sternwarten in Hamburg und Heidelberg nun der sechste Ort ist, an dem in Deutschland seit 150 Jahren eine solche, wenn auch bescheidene Einrichtung erstellt wurde, deren Kosten nicht höher waren als die eines Düsenjägers. Friedemann Rex

Hohentübingen: Alte Sternwarte

1752, drei Jahrhunderte nach der Geburt des Astronomen und Mathematikers Johannes Stöffler, der 1511 die astronomische Uhr am Tübinger Rathaus schuf, wurde auf dem nordöstlichen Eckturm des Schlosses, angeregt durch Herzog Carl Eugen, das erste Observatorium Tübingens in Gestalt eines regelmäßigen Achtecks errichtet.

Der oberste Boden war mit Kupfer gedeckt und an den Seiten durch eine solide eiserne Galerie begrenzt. Die Ausstattung konnte für die damalige Zeit als gut gelten und wurde in der Folgezeit noch merklich verbessert. Ihren Höhepunkt erfuhr diese Sternwarte in der Ära des Professors Johann Gottlieb Friedrich Bohnenberger (1798/1803–1831) durch innere Umbauten, instrumentelle Neuerwerbungen, das Schlossgartenhäuschen mit drehbarem Dach und dementsprechend erweiterten Beobachtungsmöglichkeiten.

Das Observatorium avancierte zum Ausgangspunkt des Koordinatensystems für die württembergische Landesvermessung, worauf an der Schlosshofwand links vom Turmeingang hingewiesen wird.

Nach knapp 200-jährigem Bestand hatte die alte Sternwarte endgültig ausgedient. Sie wurde Mitte des 20. Jahrhunderts entfernt und der Turm in seine alte Form zurückgebaut. Friedemann Rex

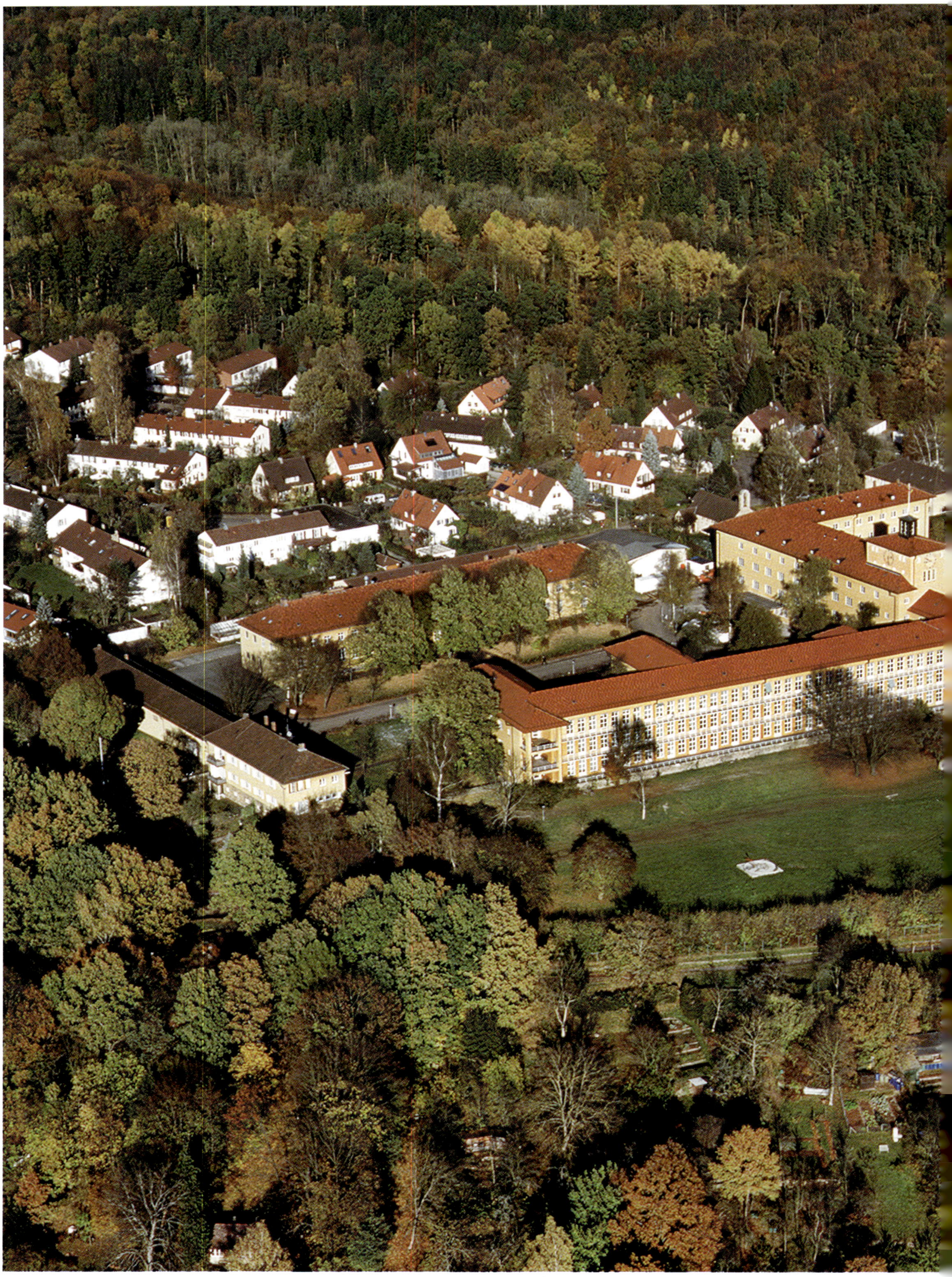

Auf dem Sand

Die vielleicht schönste Lage hat die jüngste Fakultät der Universität auf dem Sand erobert, die 1990 als erste ingenieurwissenschaftliche Fakultät an einer klassischen Universität gegründete Fakultät für Informatik. Die Krankenhausgebäude in Südlage mit Blick auf Stadt, Österberg und Schwäbische Alb, in denen jetzt die Computer rattern und der IT-Nachwuchs ausgebildet wird, haben eine wechselvolle Geschichte hinter sich. Im Zuge der Kriegsvorbereitung wurde auf dem Sand 1937 das Tübinger Standortlazarett errichtet, nach einem Standardbautyp mit Krankenblocks auf der Südseite, einem Behandlungsblock im Querflügel und niedrigeren Wirtschaftsgebäuden und Personalunterkünften. Die ersten Patienten mussten schon 1939 Verwundeten aus dem Frankreichfeldzug weichen, am Ende des Krieges waren 700 Verletzte in dem 200-Bettenbau zusammengepfercht. An diese Zeit erinnern noch martialische Halbreliefs und eine Inschrift im Haupttreppenhaus. Die französische Besatzung übernahm das Lazarett und gab es gleich als Versorgungskrankenhaus wieder frei. Von 1954 bis 1982 existierten dann französisches Garnisonslazarett und das Versorgungskrankenhaus für Hirnverletzte nebeneinander. Ein eigenes Tübinger Konzept für die Rehabilitation von Hirnverletzten wurde dort entwickelt, bevor das Krankenhaus 1986 geschlossen wurde.

Der Ostflügel wurde zunächst von einer EDV-Firma übernommen, bevor die Universität ab 1990 einen Teil ihrer frischgebackenen Informatik dort unterbringen konnte. Auch das wurde gegen Proteste durchgesetzt: In dieser Zeit größter studentischer Wohnungsnot wurde täglich mit einer möglichen Besetzung durch Studierende gerechnet. Ein Umbau der sehr großen Räume in Studentenzimmer wäre indes teurer gekommen als Neubauten. Nachdem die Bundeswehr mit ihren Depot- und Verwaltungseinheiten auch die übrigen Flügel freigemacht hatte, konnten seit 2001 weitere Lehrstühle der Universität einziehen. Zunächst wurde die Informatik mit ihren bis dahin drei Standorten dort vereinigt. Dann folgte das Astronomische Institut, das seine Gebäude an der Sternwarte in der Waldhäuser Straße aufgab, und schließlich das Institut für Kriminologie.

Vor der Eberhard-Wildermuth-Siedlung aus den fünfziger Jahren hat sich damit ein eigener Trabantencampus der Universität in einem Gebäudekomplex entwickelt, der einmal als Wahrzeichen völkisch-nationalsozialistischer Kampfbereitschaft konzipiert worden war. Michael Seifert

Max-Planck-Institute

Aus dem 1912 in Berlin gegründeten Kaiser-Wilhelm-Institut für Biologie und dem Kaiser-Wilhelm-Institut für Biochemie bildete sich 1937 auf Initiative von Adolf Butenandt eine Arbeitsgemeinschaft zur Pflege der Virusforschung. 1943 wurden die Arbeitsgruppe und nachfolgend die Institute nach Tübingen verlegt. Aus diesen Ursprüngen entwickelte sich nach dem Krieg und der Gründung der Max-Planck-Gesellschaft das „Max-Planck-Institut für Virusforschung", das 1960 das am heutigen Standort in der Spemannstraße errichtete Gebäude bezog und seit 1984 „Max-Planck-Institut für Entwicklungsbiologie" heißt. 1992 wurde es zwar durch den Bau des Fischhauses mit Aquarien und Laboratorien entscheidend erweitert, inzwischen wird aber über einen weiteren Ausbau nachgedacht, um den Forschungsabteilungen Proteinentwicklung, Biochemie, Genetik – hier arbeitet die Nobelpreisträgerin Christiane Nüsslein-Volhard – Evolutions-, Zell- und Molekulare Biologie angemessene Voraussetzungen bieten zu können. Über die Forschung hinaus fördert das Institut auch den Technologietransfer; mehrere Firmen wurden in den letzten Jahren von früheren Mitarbeitern gegründet und auf dem Campus angesiedelt. Am Max-Planck-Institut für Biologie etablierte sich 1958 die „Forschergruppe Kybernetik", aus der 1968 das Max-Planck-Institut für Biologische Kybernetik entstand. Während zunächst die Verhaltensanalyse des visuellen Systems von Insekten im Vordergrund der Forschungsarbeit stand, hat sich der Schwerpunkt in den letzten Jahren verschoben: Neben der „Vergleichenden Neurobiologie" existieren die beiden neuen Abteilungen „Kognitive Humanpsychophysik" (gegründet 1993) und „Physiologie der kognitiven Prozesse" (gegründet 1997), die mit komplementärem methodischen Ansatz an der systemanalytischen Aufklärung von komplexen Leistungen im Gehirn von Primaten arbeiten.

Eine weitere Forschungsstätte an der Spemannstraße ist das Friedrich-Miescher-Laboratorium, Heimat für vier junge Forschungsgruppen, die auf verschiedenen Gebieten der Biologie arbeiten. Benannt ist es nach dem Schweizer Biologen, der 1869 im Laboratorium Felix Hoppe-Seylers im Tübinger Schloss die Nukleinsäuren entdeckte.

Auf dem weitläufigen Campus finden sich aber noch weitere Gebäude, etwa das Max-Planck-Haus, das den Gästen der Institute als Tagungsraum und Unterkunft dient und die Zentralbibliothek für die Mitarbeiter beherbergt.   Christopher Blum

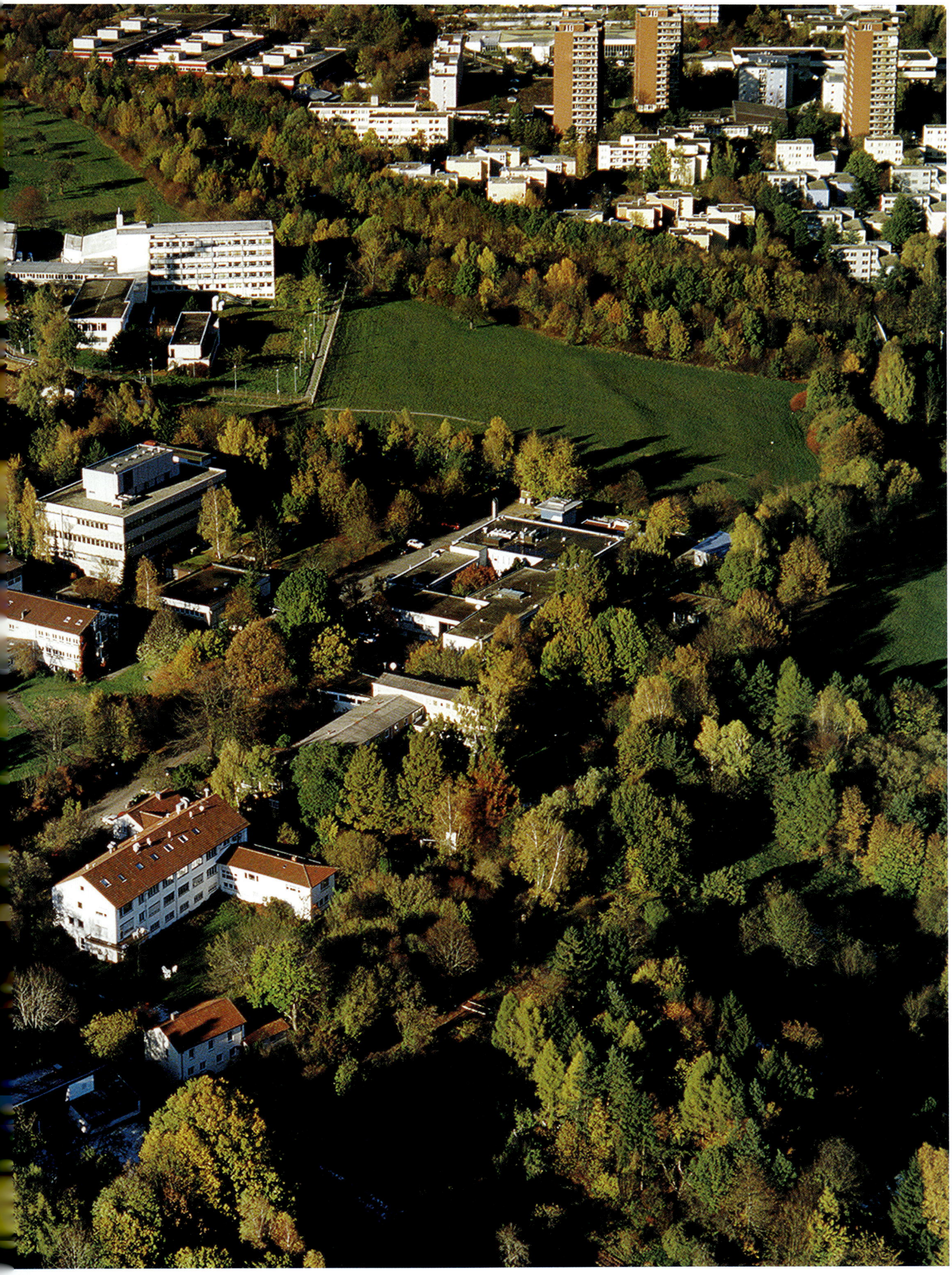

Studentendorf Waldhäuser-Ost

Mit den Gebäuden am Fichtenweg begegnete das Studentenwerk einem Problem, mit dem Universität wie Stadt nach dem Zweiten Weltkrieg immer wieder zu kämpfen hatten: der Wohnungsnot.

Im Frühjahr 1973 war der erste Abschnitt des „Dorfes" mit insgesamt rund 1100 Plätzen fertiggestellt: Drei Hochhäuser mit 14 beziehungsweise 16 Geschossen, dazu neun drei- und viergeschossige Gebäude – eines davon verheirateten Studentenpaaren vorbehalten. War man über das Wohnangebot allseits erfreut, so war der Beginn des studentischen Wohnens doch schwierig: Vor dem Hintergrund enorm angestiegener Baukosten waren die ersten Monate geprägt von Auseinandersetzungen zwischen den vom Studentenwerk eingesetzten Treuhändern und den auf mehr Selbstverwaltung und niedrigere Mieten pochenden Bewohnern. Als die Wogen sich geglättet hatten, wandte man sich der Entwicklung des Dorfes und seiner Infrastruktur zu; in den Folgejahren wurde das Gemeinschaftszentrum ausgebaut, ein Parkhaus mit 415 Parkplätzen entstand. Mitte der achtziger Jahre zählte das Studentendorf Waldhäuser-Ost rund 1500 Bewohner.

Aber die Studentenzahlen wuchsen weiterhin, zusätzlicher Wohnraum wurde nötig. Dabei bemühten sich die Architekten stets, nach zeitgemäßen Erfordernissen zu bauen und auch die stadtplanerische Dimension im Auge zu behalten; „Nachverdichtung", das nachträgliche behutsame Einfügen neuer Wohngebäude in die vorhandene Bebauung, hieß – im Einklang mit der Tübinger Stadtverwaltung – die Devise. So wurde 1992 auf dem Parkdeck ein Aufstockung für 134 Studierende errichtet. Ende der 90er Jahre entstanden die vorerst letzten Gebäude. Zu beiden Seiten des Fußgängersteges über den Berliner Ring hinüber zum Einkaufszentrum entstanden zwei neue Wohnheime – die Europa-Häuser – mit insgesamt 117 Plätzen, die vor allem für die Unterbringung ausländischer Studierender benötigt wurden.

Christopher Blum

Kasernen wurden zu Wohnheimen

Über fünfzig Jahre lang diente die 1935 erbaute Hindenburg-Kaserne dem Militär, zuerst dem deutschen, dann seit 1945 dem französischen. 1991 sind die Franzosen abgezogen, und aus der „Terra incognita", bewacht und abgeschirmt, entwickelte und entwickelt sich ein moderner Stadtteil, wie er interessanter kaum sein kann. Ungewöhnliche planerische Grundsätze schufen und schaffen dabei ein gemischt genutztes und baulich verdichtetes Stadtgebiet. Oberstes, immer wieder Schlagzeilen produzierendes Leitbild ist eine „Rückbesinnung auf die große Flexibilität, die für die traditionelle europäische Stadt selbstverständlich war". Das neue Stadtquartier soll einen innerstädtischen Charakter bekommen, geprägt sein von der Vielfalt der Strukturen und alle Funktionen städtischen Lebens vereinen: Arbeiten, Wohnen, Freizeit, Einkaufen.

Für Aufsehen sorgte und sorgt etwa die Behandlung der Straßen und Plätze, sollen diese doch „in erster Linie als Aufenthaltsräume für Menschen und erst in zweiter Linie als Verkehrsträger" entwickelt und zum „öffentlichen Begegnungsraum besonders für den Alltag von Kindern und älteren Menschen, von Randgruppen und Zuwanderern werden".

In die Planungen und Überlegungen einbezogen wurden auch die alten, frei gewordenen Kasernengebäude, die zum größten Teil erhalten werden sollten. Vier ganze und zwei halbe Blöcke der alten Mannschaftsunterkünfte übernahm das Tübinger Studentenwerk und baute sie zu Studentenwohnheimen um, die zum Teil schon im Wintersemester 1992/93 bezogen werden konnten, so dass Studierende die ersten zivilen Bewohner des neuen Viertels wurden. Für gut 30 Millionen Mark wurden schließlich 560 Wohnheimplätze geschaffen, wobei die Studenten in Sechser-Gruppen zusammenwohnen. Pro Mieter stehen 30 Quatratmeter Wohnraum zur Verfügung. In zwei Haushälften wurden familiengerechte Wohnungen für Studierende mit Kindern und eine Kinderkrippe eingerichtet.

Wilfried Setzler

„Haus der Begegnung" Lessingweg 3

Universitätseigene Stätten für Begegnungen und Gesprächskreise gehörten lange nicht zum Selbstverständnis der Hochschulen, ein spezifischer Repräsentationsaufwand war im Land der Schwaben sogar regelrecht verpönt. In Tübingen bedurfte es erst eines aus Baden gebürtigen Universitätspräsidenten, um das Bedürfnis nach einem quasi exterritorialen Ambiente voll Flair und Komfort zu decken.

Es dauerte nur zweieinhalb Jahre, bis Präsident Adolf Theis 1975 die 1935/36 erbaute und dem Land Baden-Württemberg gehörende Dienstvilla des jeweiligen Chirurgieklinikchefs, die nach dem Zweiten Weltkrieg nicht umsonst für den französischen Standortkommandanten beschlagnahmt war, in das „Haus der Begegnung" für wissenschaftliche Tagungen und Veranstaltungen von Amtsträgern der Universität mit Sitzungsräumen, Gästezimmern und Swimmingpool umwidmen konnte.

Seither beherbergte das Domizil in prächtiger Südhanglage mit Blick auf Tübingen und die Albkette dahinter eine Fülle erlauchter Gäste aus dem In- und Ausland. Gelegentlich mussten eigens entsprechende Nationalflaggen entliehen werden, und mitunter waren Nutzungsgenehmigungen kurzfristig wieder zu entziehen, wenn sich abzeichnete, dass der beantragte Zweck nicht mit der Hausordnung und ihrer politischen Neutralität übereinstimmte.

Heute ist die Einrichtung aus dem Universitätsalltag nicht mehr wegzudenken, und es gibt kaum eine Wissenschaftsdisziplin, die im „Lessingweg", nicht schon ihre Symposien ausgerichtet hätte.

Volker Schäfer

Porträt von Hans Rothfels (1891–1976) im Lessingweg 3

Hans Rothfels wurde am 12. April 1891 geboren und studierte unter anderem bei Friedrich Meinecke in Freiburg. Als Student konvertierte er vom Judentum zum Protestantismus, dem er sich bis zu seinem Tod verpflichtet fühlte. Nach seiner schweren Kriegsverletzung setzte er das Studium fort und promovierte 1918 bei Hermann Oncken über Carl von Clausewitz.

Politik- und Ideengeschichte blieben für seine wissenschaftliche Arbeit bestimmend. Schon zwei Jahre nach der Habilitation erhielt er 1926 einen Ruf nach Königsberg. Dort entwickelte er sich zu einem engagierten und beliebten Lehrer. Seine Schüler führte er zur Volksgeschichte und damit zu einer methodischen Innovation weg von der traditionellen Politik- und Staatengeschichte.

Dieser Paradigmenwechsel führte zu einer modernen Sozialgeschichte, war aber auch anfällig für völkisches Gedankengut, dem einige seiner Schüler später erlagen. Nach der Machtergreifung war Rothfels zunächst als Weltkriegsoffizier von der sofortigen Entlassung geschützt, aber im Sommer 1934 erfolgte auch für ihn die Amtsenthebung, die für den vollständig assimilierten Patrioten einen schweren Schlag bedeutete. Nur schwer ließ er sich von der Notwendigkeit der Emigration überzeugen, aber nach seiner Verhaftung in der Reichpogromnacht emigrierte er im August 1939 zunächst nach England und dann in die USA, wo er im Oktober 1940 einen Lehrauftrag in Providence erhielt. 1946 erfolgte dann der ehrenvolle Ruf nach Chicago. Hier veröffentlichte er 1948 sein lange Zeit maßgebendes Buch über die deutsche Opposition gegen Hitler, das zunächst einem amerikanischen Publikum über die Existenz eines deutschen Widerstands aufklären wollte. Es wurde weit über die USA und Deutschland bekannt und war lange Zeit maßgebend.

Für Deutschland hatte das Buch eine doppelte Wirkung. Zum einen wirkte die Existenz eines Widerstands entlastend und widerlegte die Vorstellung von einem uneingeschränkt nazistischen Deutschland. Zum andern wurde die Orientierung am Grundsätzlichen lange Zeit der Leitgedanke der Widerstandsforschung. Die Opposition der Arbeiter und kleinen Leute im Alltag wurde dadurch lange vernachlässigt.

Nachdem Rothfels zwei Rufe nach Erlangen und Heidelberg abgelehnt hatte, nahm er 1951 den Ruf nach Tübingen an. Es war für ihn die „Rückkehr an den naturgegebenen Standort".

Für die Geschichtswissenschaft war sein Wirken in doppelter Weise wichtig. Einerseits betonte er die Diskontinuität in der Deutschen Geschichte und den Unterschied zwischen Bismarck und Hitler. Das konnte als Versuch einer teilweisen „Rettung" der Deutschen Geschichte verstanden werden. Andererseits bestand er darauf, dass die unbequemen Fragen nicht verdrängt werden. So war ihm die Herausgabe der Vierteljahrshefte für Zeitgeschichte ein besonderes Anliegen. Auch für das Münchner Institut für Zeitgeschichte war er der Spiritus Rector.

Ohne Hans Rothfels wäre die Begründung der Zeitgeschichte nicht möglich gewesen. Die methodische Erneuerung innerhalb der Geschichtswissenschaft in den sechziger Jahren vollzog sich ohne ihn. In die Fischer-Kontroverse griff er nicht mehr ein. Aber sein Wirken ist mit der Reduzierung auf die wissenschaftliche Tätigkeit nicht zu begreifen. Er verkörperte auch in seiner Person eine Geschichtswissenschaft, die stark an ethische Normen gebunden war. Dies kam in seinen Vorlesungen und Vorträgen zum Ausdruck. Rothfels hatte in Tübingen einen großen Hörerkreis, der über die Geschichtsstudenten weit hinaus reichte. Er griff aktuelle Probleme ebenso wie Grundsatzfragen der Politik auf, gab Hilfen zur Orientierung und scheute sich nicht, klare Stellung zu beziehen.

An der Vortragsreihe „Deutsches Geistesleben und Nationalsozialismus" der Universität Tübingen 1964 war er maßgeblich beteiligt. Diese Vorlesungsreihe war die erste in der Bundesrepublik, in der eine Universität ihre eigene Vergangenheit reflektierte. Hans Rothfels hat sich in Tübingen wohlgefühlt und hier – in der Waldhäuser Straße 18 – auch sein Domizil gebaut, das er bis zu seinem Tode 1976 bewohnte.

Hans-Otto Binder

Heinrich-Fabri-Institut

Das Heinrich-Fabri-Institut in Blaubeuren wurde 1985 auf Initiative des Universitätspräsidenten Adolf Theis gegründet. Damals übernahm die Eberhard-Karls-Universität die drei Gebäude der ehemaligen landwirtschaftlichen Berufsfachschule und des Goethe-Instituts und baute sie mit staatlichen und privaten Fördermitteln zu einem modernen Tagungszentrum um.

Seither haben in seinen gastlichen Räumen zahlreiche Veranstaltungen stattgefunden, darunter die „Blaubeurer Symposien". Das Institut umfasst heute neben einem großen Tagungsraum mit 80 Plätzen vier kleinere Seminarräume sowie 48 Zimmer mit insgesamt 77 Betten.

Sein Name erinnert an Heinrich Fabri, den Vertrauten des Universitätsgründers Eberhard im Bart, der von 1475 bis 1495 Abt des Benediktinerklosters Blaubeuren war. Er hat am 11. März 1477 in Urach die inserierte Bulle publiziert, mit der Papst Sixtus IV. 1476 die Universitätsgründung genehmigt hatte.

Ulrich Köpf

Berghaus Iseler in Oberjoch

Von einer marode gewordenen alpinen Sportlerhütte ehrfürchtigen Alters über ein malträtiertes Schullandheim zu einem faszinierenden Studien- und Freizeitzentrum – so ließe sich die Geschichte des rund 1300 Meter hoch gelegenen Berghauses Iseler in Oberjoch skizzieren.

In der Tat etablierte hier die Universität Tübingen eine Heimstatt für Lehren und Lernen, die ihresgleichen sucht. 1976, also nur ein Jahr nach Inbetriebnahme des „Hauses der Begegnung" im Tübinger Lessingweg, kaufte sie dem Landessportbund Württemberg für 375 000 Mark das in ein paradiesisches Panorama eingebettete Anwesen im bayerischen Allgäu ab. Dass die zur Abmilderung allzu spartanischer Verhältnisse unerlässlichen Umbauten – vielfach von universitätseigenen Hausmeistern und Handwerkern geleistet – nach und nach Millionen kosteten, entmutigte den Präsidenten Adolf Theis, die treibende Kraft von Erwerb, Sanierung und Umbau, keineswegs. In früher Erkenntnis der spezifischen Hochschulbedürfnisse fernab traditioneller Institute und Hörsäle, motivierte er ganze Scharen von Spendern zur Finanzierung alles Notwendigen, denn staatliche Gelder flossen für derartige Begegnungsstätten mit ihrer optimalen Mischung aus Arbeit, Gemeinschaftsleben und Erholung nicht. Inzwischen haben unzählige Studierende mit ihren

Dozenten das 150 Kilometer Luftlinie von der Mutteruniversität Tübingen entfernte Studienhaus bevölkert, allen voran Botaniker, Geographen, Geologen, Wirtschaftswissenschaftler, Physiker und nicht zuletzt Sportwissenschaftler. Aber auch urlaubende Universitätsbedienstete kommen immer wieder in den Genuss von Skikursen oder Bergtouren. Und dass für die geradezu legendäre Bewirtung auch nach 25 Jahren immer noch dasselbe Pächterehepaar Egger sorgt, spricht Bände.

Volker Schäfer

Zeicheninstitut

Das Zeicheninstitut wendet sich innerhalb des Studium generale an künstlerisch interessierte Studierende aller Fakultäten. Rund 25 Kurse werden von 150 bis 200 Teilnehmern pro Semester besucht. Neben den klassischen künstlerischen Disziplinen wie Porträt- und Aktzeichnen, Malerei, Drucktechnik, Keramik, Bildhauerei und Fotografie umfasst das Angebot auch temporäre Projekte wie zum Beispiel „Bühnengestaltung" oder „Wege zur Abstraktion". Darüber hinaus finden Vorträge über zeitgenössische Kunstformen und Präsentationen von jungen Künstlern aus der Region statt. Führungen durch Ausstellungen begleiten die vorwiegend kunstpraktisch ausgerichtete Tätigkeit des Zeicheninstituts. Zudem besteht in Korrekturstunden die Möglichkeit der individuellen Beratung.

Das Institut wird zum ersten Mal im Jahre 1768 schriftlich erwähnt und kann auf eine Tradition von 230 Jahren zurückblicken. Im 19. Jahrhundert wurde überwiegend nach Lithographien kopiert, nach Buntdrucken aquarelliert und nach Gipsmodellen gezeichnet. Mit Heinrich Seufferheld wurde 1909 zum ersten Mal ein Künstler in das Amt des Universitätszeichenlehrers berufen. Ihm folgten unter anderen Gerth Biese und Martin Schmid.

Frido Hohberger

Großer und kleiner Senat

Blick in den Großen Senats (oben) während einer vom Rektor der Universität geleiteten Sitzung. Im Hintergrund an der Wand Rektorenporträts aus der seit über vierhundert Jahren bestehenden Gemäldesammlung der Universität. Im Bild unten trägt sich im Kleinen Senat der englische Premierminister Tony Blair am 30. Juni 2001 ins Gästebuch der Universität ein, umgeben von Wirtschaftsminister Dr. Walter Döring, Prof. Dr. Hans Küng, Oberbürgermeisterin Brigitte Russ-Scherer, Wissenschaftsminister Klaus von Trotha, Rektor Prof. Dr. Eberhard Schaich.

Geschwister-Scholl-Platz

Der Geschwister-Scholl-Platz vor der Neuen Aula ist in seiner klassischen Gestalt mit den beiden historischen Brunnen erst vor ganz kurzer Zeit neu entstanden. Dieses Bild ist am 15. Mai 2001, dem Tag der feierlichen Einweihung des Platzes, aufgenommen worden. Kaum ein Bauwerk hat so schnell breite und uneingeschränkte Zustimmung aller Bevölkerungskreise gefunden. Die Universitätsbrunnen repräsentieren auch in anschaulicher Weise die Idee der Universitätsgründung.

Die originalen Brunnen wurden der Universität anlässlich ihres 400. Geburtstages im Jahr 1877 von der Stadt Tübingen „als Zeichen inniger Dankbarkeit" vermacht.

Die Wasserversorgung der Brunnen geriet allerdings für viele Jahre zu einer Konfliktzone ersten Ranges zwischen Universität und Stadt. Wassermangel in der Nervenklinik wurde 1926 auf die Universitätsbrunnen zurückgeführt, die daraufhin „außer Tätigkeit" gesetzt wurden. Die Brunnen vermittelten daher einen verkommenen Eindruck, was dazu führte, dass sie im Zuge der Erweiterung der Neuen Aula in den Jahren 1928 bis 1931 spurlos verschwanden.

Im Sommer 1989 geriet der Geschwister-Scholl-Platz stürmisch ins kommunalpolitische Gerede, weil die unästhetischen 39 Parkplätze, vermeintlicher Ausdruck unzeitgemäßer Privilegien, zum Stein des Anstoßes wurden. Die Stadt bat 1989 offiziell die Universität, „diesen Platz nicht mehr als Parkplatz nutzen zu wollen, einen Wettbewerb zur Gestaltung auszuschreiben und für die Bereitstellung der dafür erforderlichen Mittel zu sorgen." Die Universität ist zwar nicht zügig folgsam gewesen, hat aber mit Verständnis und Augenmaß reagiert. Der Geschwister-Scholl-Platz hat wieder ein Gesicht, das dieser prominenten Stelle Tübingens würdig ist. Er ist seit seinem Ursprung ein Platz der Universität nicht nur für ihre Mitglieder, sondern für alle. Dies soll er auch in Zukunft sein.

Eberhard Schaich

Autoren und Herausgeber

Dr. phil. Matthias Asche M. A.
Wissenschaftlicher Assistent
an der Fakultät für Philosophie und Geschichte

Martin Bernklau
Journalist

Dr. rer. soc. Sabine Besenfelder
Wissenschaftliche Angestellte
an der Fakultät für Sozial- und
Verhaltenswissenschaften

Dr. phil. Hans-Otto Binder
Akademischer Oberrat an der Fakultät
für Philosophie und Geschichte

Christopher Blum
Historiker, Angestellter der Universitätsstadt
Tübingen

Dr. phil. Franz Brendle
Akademischer Rat an der Fakultät
für Philosophie und Geschichte

Prof. Dr. theol. Volker Drehsen
Ordinarius für Praktische Theologie
an der Evangelisch-Theologischen Fakultät

Gudrun Emberger
Historikerin in Gotha

Annette Fisely-Minte
Architektin im Staatlichen Vermögens-
und Hochbauamt

Prof. Dr. phil. Bettina Baronesse von Freytag
gen. Löringhoff
Akademische Direktorin an der Fakultät
für Kulturwissenschaften

Wolfgang Friedrich
Wissenschaftlicher Mitarbeiter
an der Juristischen Fakultät

Heinz Haas
Architekt im Staatlichen Vermögens-
und Hochbauamt

Dr. rer. soc. Wolfram Hauer M. A.
Wissenschaftlicher Angestellter an der Fakultät
für Sozial- und Verhaltenswissenschaften

Frido Hohberger
Universitätszeichenlehrer an der Fakultät
für Kulturwissenschaften

Matthias Ilg
Doktorand an der Fakultät
für Philosophie und Geschichte

Carsten Kohlmann M. A.
Doktorand an der Fakultät
für Philosophie und Geschichte

Prof. Dr. theol. Ulrich Köpf
Ordinarius für Kirchengeschichte an der
Evangelisch-Theologischen Fakultät

Prof. Dr. phil. Sönke Lorenz
Ordinarius für Mittlere und Neuere Geschichte
mit Schwerpunkt Geschichtliche Landeskunde
und Historische Hilfswissenschaften an der
Fakultät für Philosophie und Geschichte

Dr. phil. Alfred Lutz
Historiker in Ravensburg

Dr. phil. Wolfgang Mährle
Archivassessor am Hauptstaatsarchiv Stuttgart

Michael C. Maurer
Student an der Fakultät für Philosophie
und Geschichte

Dipl.-Volksw. Bernd Mayer
Akademischer Direktor an der
Wirtschaftswissenschaftlichen Fakultät

Dr. phil. Anette Michels
Akademische Rätin an der Fakultät für Kulturwissenschaften

Prof. Dr. phil. Sylvia Paletschek
Professorin für Neuere Geschichte
an der Universität Freiburg

Prof. Dr. phil. nat. Friedemann Rex
Diplomchemiker, Professor für Geschichte
der Naturwissenschaften i. R.
an der Fakultät für Physik

Dr. phil. Reinhold Rieger
Akademischer Oberrat an der
Evangelisch-Theologischen Fakultät

Prof. Dr. phil. Volker Schäfer
Honorarprofessor, Archivdirektor i. R.
an der Universität

Prof. Dr. oec. Publ. Eberhard Schaich
Ordinarius für Statistik, Ökonometrie und
Unternehmensforschung an der Wirtschafts-
wissenschaftlichen Fakultät,
Rektor der Universität

Prof. Dr. phil. Anton Schindling
Ordinarius für Mittlere und Neuere Geschichte
an der Fakultät für Philosophie und Geschichte

Prof. Dr. Manfred Hermann Schmid
Ordinarius für Musikwissenschaft
an der Fakultät für Kulturwissenschaften

Thomas Schmid
Architekt im Staatlichen Vermögens-
und Hochbauamt

Dr. phil. Benigna Schönhagen
Leiterin des Jüdischen Kulturmuseums
Augsburg-Schwaben

Prof. Dr. jur. Jan Schröder
Ordinarius für Bürgerliches Recht
und Deutsche Rechtsgeschichte an der
Juristischen Fakultät

Christian Schulz M. A.
Doktorand an der Fakultät
für Philosophie und Geschichte

Christopher Schwieger
Wissenschaftlicher Mitarbeiter
an der Juristischen Fakultät

Michael Seifert
Leiter der Presse- und Öffentlichkeitsarbeit
der Universität

Prof. Dr. phil. Wilfried Setzler
Leiter des Kulturamtes der Universitätsstadt
Tübingen und Honorarprofessor an der
Fakultät für Philosophie und Geschichte

Thomas Strittmatter
Architekt im Staatlichen Vermögens-
und Hochbauamt

Ulrike Treusch
Wissenschaftliche Mitarbeiterin
an der Evangelisch-Theologischen Fakultät

Wolfgang Urban M. A.
Diözesankonservator der Diözese
Rottenburg-Stuttgart und
Leiter des Diözesanmuseums Rottenburg

Dieter Wagner
Architekt im Staatlichen Vermögens-
und Hochbauamt

Dr. theol. Johannes Michael Wischnath
Archivdirektor an der Universität

Dr. phil. Stefan Zauner
Akademischer Oberrat an der Fakultät
für Philosophie und Geschichte

Miriam Zitter M.A.
Doktorandin an der Fakultät für Philosophie
und Geschichte, Archivreferendarin des
Landes Baden-Württemberg

NATURWISSENSCHAFTEN MORGENSTELLE

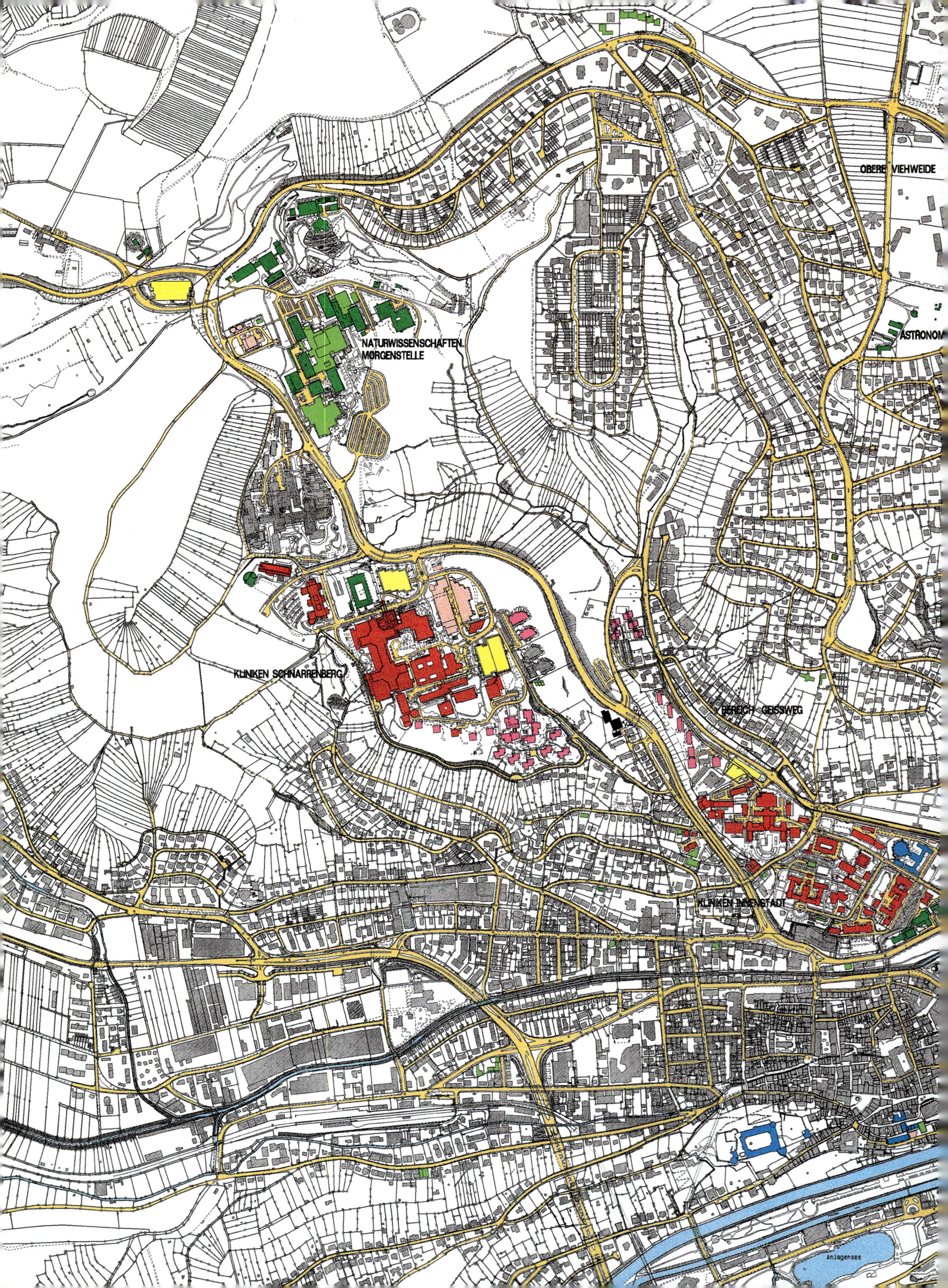

KLINIKEN SCHNARRENBERG

OBERE VIEHWEIDE

ASTRONOM

BEREICH GEISSWEG

KLINIKEN INNENSTADT